中国国际发展研究丛书

China International Development Studies Series

发达国家的国际发展援助

黄梅波 朱丹丹 主编

中国社会科学出版社

图书在版编目（CIP）数据

发达国家的国际发展援助 / 黄梅波，朱丹丹主编 . —北京：
中国社会科学出版社，2018.4
（中国国际发展研究丛书）
ISBN 978 - 7 - 5203 - 2272 - 0

Ⅰ.①发… Ⅱ.①黄…②朱… Ⅲ.①发达国家—
对外援助—管理体系—研究 Ⅳ.①D812

中国版本图书馆 CIP 数据核字（2018）第 065232 号

出 版 人	赵剑英
责任编辑	陈雅慧
责任校对	王 斐
责任印制	戴 宽

出　　版	中国社会科学出版社
社　　址	北京鼓楼西大街甲 158 号
邮　　编	100720
网　　址	http://www.csspw.cn
发 行 部	010 - 84083685
门 市 部	010 - 84029450
经　　销	新华书店及其他书店
印　　刷	北京明恒达印务有限公司
装　　订	廊坊市广阳区广增装订厂
版　　次	2018 年 4 月第 1 版
印　　次	2018 年 4 月第 1 次印刷
开　　本	710×1000　1/16
印　　张	15.5
插　　页	2
字　　数	239 千字
定　　价	69.00 元

凡购买中国社会科学出版社图书，如有质量问题请与本社营销中心联系调换
电话：010 - 84083683
版权所有　侵权必究

丛 书 序

经过30多年的改革开放，中国的经济实力迅速增长，国际政治经济地位逐步上升。中国与亚洲、非洲、拉美等地区的发展中国家的贸易投资关系日益深化，中国的对外援助也开始引起国际社会的广泛关注。根据中国对外援助白皮书（2011，2014），到2012年底，中国共向166个国家和国际组织提供了近4000亿元人民币的援助，建设了2700多个成套工程项目，年均援助资金约66亿元。2015年9月，联合国发展峰会通过了2030年可持续发展议程，开启了人类发展历史的新纪元。习近平主席在会上宣布了一系列的发展合作举措，代表着中国将会在国际发展领域发挥越来越大的作用。2018年国务院开始组建国家国际发展合作署。在这一历史背景下，中国需要对国际发展理论与政策、中国国际发展援助以及对外开发合作中遇到的重大问题进行研究，为政府和企业的国际发展援助与国际开发合作工作提供理论与政策上的支持。

战后主要发达国家均建立了国际发展理论与政策研究机构，许多大学设有国际发展专业，以加强对国际发展理论与政策的研究和人才的培养。相比之下，虽然近年中国也开始设立国际发展研究机构，如商务部国际贸易与经济合作研究院发展合作研究所、中国农业大学国际发展研究中心、对外经贸大学国际发展研究中心、厦门大学中国国际发展研究中心等，但总的来说，研究中国国际发展的机构仍然很少，迄今在教育部的专业设置中也还没有国际发展学科。当前中国对国际发展理论与政策问题的研究要么是从国际关系视角、公共管理视角、经济学视角等的研究，抑或是国际发展援助主管部门以及业务部门人员的工作介绍和总结，缺乏系统性的学科建设、人才培养和深入的理论与政策研究，难以满足政府主管部门和实际业务部门科学决策的需要及国际发展人才的需求。中国在崛起，在国际政治经济舞台中的作用越来越大。国际发展援助体系的特点和趋势是什么？中国在国际发展援助体系中应该处于什么地位，应发挥什么作用？中国在对外援助中如何更好地实现供需对接，提高援助的精准度和实施效率，有效帮助发展中国家实现经济社会环境的发展，这些是国际上关注的问题，也是我们自己需要深入研究和把握的事项。而这些都必须以相应的理论和实证研究作为基础。

2006—2007年我到牛津大学参与其全球经济治理项目（Global Economic Governance Program），开始接触国际发展问题的研究。2010年经财政部推荐，我成为联合国贸发会议（UNCTAD）"负责任的主权债务的原则"专家组的中方专家，对中国的发展援助特别是政府贷款问题进一步深入探讨和研究。2011年在联合国贸发会议的支持下我在厦门大学成立了中国国际发展研究中心，开始全方位大规模地研究国际发展援助特别是中国对外援助问题。几年来，我一方面坚持世界经济、区域与国别经济、国际发展基本理论的基础研究，另一方面以科研项目为支撑，积极参与构建中国国际发展合作理论与政策体系及南南国际发展合作体系的建设。2011年度我获得教育部哲社科研究后期资助重点项目"负责任的主权借贷行为研究：国际规则与中国对策"，2013年度得到国家社科基金一般项目"援助有效性、发展有效性与中国对外援助的质量研究"（13BJL054）的资助，2016年度获得国家社科基金重大招标项目"中国国际援助和开发合作体系创新研究"（16ZDA037），整合国家发改委宏观经济研究院、商务部国际贸易经济合作研究院、厦门大学、四川大学、南开大学的相关研究力量，进一步全面深入地对中国对外援助及开发合作体系问题进行研究。

近年来我在国际发展领域的理论与政策研究主要包括国别与区域经济研究、国际发展合作研究特别是南南发展合作研究、国际发展融资研究以及南南经济合作研究等。在国别与区域经济研究领域，主要是对发展中国家经济研究，非洲经济研究；在国际发展合作领域，主要是对国际发展目标及国际发展议程研究、发达国家发展援助管理体系研究、新兴市场国家发展援助管理体系研究，关注中国发展援助及其在国际援助管理体系中的地位；在国际发展融资领域，主要是对国际发展融资机构特别是亚洲基础设施投资银行、新开发银行研究；在南南经济合作领域，依据历次中非合作论坛中非合作政策的陆续推出，以及"一带一路"倡议的需求，积极进行中非以及中国与"一带一路"国家援助、贸易与投资关系研究，取得了一系列的重要成果。

除了国际发展领域理论与政策的研究，近年来我也积极参与国内外南南发展合作的学术交流，努力推动中国国际发展合作体系的理论与政策平台的构建。首先，积极参与中国国际发展研究网络（China International Development Research Network，CIDRN）的管理工作和学术活动，协调中国国际发展研究相关研究机构和智库的学术活动；其次，积极参与新兴市场国家发展智库 NeST（Network of Southern Thinktank）关于南南发展合作的研究工作，每年参与联合国经济社会理事会东北亚办公室组织的"东北亚发展合作论坛"，积极同日本、韩国、俄罗斯等东北亚各国同行进行国际发展合作理论与政策方面的交流，探讨国际发展援助的"东亚模式"；最后，2016年随着联合国开发计划署（UNDP）"全球南南合作智库网络联盟"南南合作的概念、态势及能力建设问题的研究工作的开始，我也积极推进此领域的研究和交流工作。

2018年我加盟上海对外经贸大学国际经贸研究所，并开始组建国际发展研究院。上海对外经贸大学校领导充分支持该领域的研究和研究院的建设。应该说，上海对外经贸大学的学科建设和研究实力能够为国际发展教学与研究工作的开展奠定扎实的基础。一方面，上贸大多年来重视理论经济学与应用经济学的教学和研究工作，不论是在国际贸易、国际投资、国际经济、区域与国别经济的理论底蕴方面，还是在具体问题的实证研究、政策研究方面都已经具备很强的研究能力。另一方面，上贸大的国际关系、公共事务、语言学等的学科力量也可以为国际发展研究提供充分的支持。国际发展研究院成立后，将充分发挥上海对外经贸大学多学科的综合优势，以上贸大国际经贸学院、法学院国际关系等专业为基础，整合金融管理学院、国际商务外语学院等相关学科资源，在国际发展领域开展高水平的理论研究、政策研究与实证研究，为建设知名的国际发展研究机构和具有中国特色的国际发展学科体系，培养一流的国际发展研究与政策咨询人才，并为政府相关部门国际发展政策提供科学化的服务做出重要贡献。

中国国际发展研究丛书是以上海对外经贸大学国际发展研究院为主

◆ 丛书序

体整合国内国际发展研究力量在国际发展合作领域推出的系列研究成果,该系列成果的推出,一方面汇集上贸大国际发展研究的阶段性成果,另一方面也希望由此推动中国国际发展研究学科的建设以及中国国际发展学术研究的进一步深入,为中国的国际发展合作事业做出贡献。

特别希望国内国际发展相关领域的专家学者、政府相关部门及国际发展实践者能对我们的成果提出宝贵意见。希望我们共同努力,为推进中国国际发展理论与政策的研究工作、为提高中国对外援助政策与实践水平发挥作用,为中国国际发展学科的建设与人才培养做出贡献。

黄梅波
2018 年 3 月

目　录

第一篇　发达国家发展援助管理体系

主要发达国家对外援助管理体系的总体框架 …………………… (3)
援外管理机构：主要类型和演化趋势 …………………………… (17)
国际发展援助的评估政策研究 …………………………………… (34)
国际发展援助创新融资机制分析 ………………………………… (46)
知识合作在国际发展援助中的作用 ……………………………… (62)

第二篇　主要发达国家发展援助政策与管理

新世纪美国的对外援助及其管理 ………………………………… (79)
法国对外援助：近期状况及走向 ………………………………… (93)
英国的对外援助：政策及管理 …………………………………… (108)
德国发展援助体系及管理制度 …………………………………… (123)
新世纪日本的对外援助及其管理 ………………………………… (138)
瑞典的对外援助及其管理 ………………………………………… (155)
挪威对外援助政策及管理机制 …………………………………… (170)
欧盟对外援助政策及管理体系 …………………………………… (182)
韩国官方发展援助及其管理体系 ………………………………… (199)

目 录

第三篇 发达国家发展援助效果分析

联合国千年发展目标及发达国家承诺的履行 …………… （215）

八国集团对非援助效果及对策
  ——基于遵约率角度的分析 …………… （230）

后 记 …………… （241）

第一篇

发达国家发展援助管理体系

第一章

主要发达国家对外援助管理体系的总体框架

黄梅波　郎建燕

摘要：DAC成员国所提供的对外援助占全球对外援助总额的90%以上。可以说当前主要发达国家的对外援助体系是由DAC建立并规范的。分析研究DAC对外援助管理体系的总体框架，对把握主要发达国家对外援助管理体系的主要内容和特点，借鉴其对外援助管理政策及实践方面的经验教训具有重要意义。

关键词：国际援助　DAC　对外援助管理　援助有效性

发展援助委员会（Development Assistance Committee，DAC）是经济合作与发展组织（OECD）属下的委员会之一，主要协调发达国家对发展中国家的援助，调整对外援助国的政策。该委员会1960年以经合组织属下的发展援助集团（DAG）模式为基础成立，1961年OECD成立后改为DAC。到2010年DAC有24个成员。据DAC宣称，其工作内容包括：汇总40多个OECD以及非OECD成员国的对外援助数据，通过数据的公开与分析使援助资金更好地发挥作用；通过集中世界上主要的对外援助国，制定确定发展领域的全球标准并进行评估；制定《关于援助有效性的巴黎宣言》（简称《巴黎宣言》），总结发展援助领域的良好政策与措施并进行推广；为各援助国提供发展援助方面观点和经验的交流平台。

---

* 原载于《国际经济合作》2011年第1期，第50—56页。

2008年DAC成员国提供了全世界90%以上的对外援助。当前的国际援助体系或者说西方的对外援助体系是由DAC建立并规范的。应该说，我们并不完全认同DAC所构建的国际援助体系，发达国家的对外援助也远没有达到其所声称希望达到的效果。但是，我们也必须承认，成立五十年来，DAC在构建国际援助体系，规范和协调发达国家对外援助管理政策和实践过程中所取得的进展，特别是在对外援助管理体系的构建方面，很多内容值得我们深入研究。

一 援助的法律、政治基础和政策一致性

国际援助需要各国建立相应的法律和政治基础以保证其发展援助政策和对外援助工作具有合法性和操作权力。立法及高级别的政策声明能够确立发展援助的目标和工作重点，协调各部门在发展援助方面的职责，提高各部门对发展援助工作的重视程度，这些在保证发展援助的有效性方面的作用十分明显。

（一）制定发展援助相关法律

很多发达国家都制定了发展援助方面的相关法律。发展援助相关法律一般会明确规定政府在发展合作中的责任，确定援助的优先事项和目标，保证援助方案的顺利实施。目前，一半以上的DAC成员国已通过相关立法确立了发展援助的优先事项和主要目标。例如，2008年6月28日生效的加拿大《官方发展援助责任法案》，就规定了官方发展援助所必须满足的一系列条件。没有对发展援助进行立法的国家，其援助可能会受到不断变化的其他政治事项的影响。但是实践中，发展援助的立法如果过于详尽有时也会影响援助效率，特别是在法律不能定期更新的情况下。因此，澳大利亚、爱尔兰、挪威和瑞典，虽没有相关法律法规，发展援助工作却有更强的灵活性，可以根据迅速变化的发展合作问题进行政策的调整。

（二）营造有利于发展的政治环境

对于每个DAC国家来说，都必须考虑如何在对外援助所追求的发

展目标和其他政策目标之间进行取舍和平衡。这涉及一国短期利益与长期利益，政治、外交、经济、人道主义等因素之间的权衡。超过一半的DAC成员都认为发展援助是一国对外关系的重要组成部分。芬兰、法国、荷兰和葡萄牙明确表明，发展援助是全球稳定中外交政策和国家利益的重要组成部分。美国历来认为发展援助无论从受援国的需要还是从自己的外交政策目标来看都是十分重要的。近年，美国已将发展援助和外交、国防并列，提升至美国外交政策的三大支柱之一。

（三）发表有关发展援助的总体政策声明

政府方面发表一个概述对外援助主要目标的总体政策声明能起到明确发展援助地位的重要作用。这类声明一方面是政府各部门发展援助工作的承诺（如政府做出的未来将ODA水平提高到国民总收入一定百分比的承诺，实现千年发展目标的计划，为实现《巴黎宣言》和《阿克拉行动议程》的改革方案等）。另一方面也有利于协调竞争性的国家利益。政策声明也可成为监测政府发展援助工作实施效果的基准，这种政策声明对于那些一国有几个机构共同执行对外援助的国家，如德国、西班牙和美国更为有效。

政府发表政策声明的方式有：白皮书、部长在议会的发言和经济发展总体规划。政府或者发布发展援助的专门的政策声明，或者在关于国际发展、对外关系或国家安全的政策声明中涉及发展援助问题。略超过三分之二的DAC成员国发表了高级别的政策声明。除法国之外的所有DAC成员有立法和/或高级别的政策声明。政策声明一定程度上可以补充立法方面的缺失。有些政策声明还涉及援助的地理范围、部门领域和国家的发展援助战略。目前，DAC中17个成员发展援助的总体目标为减贫和千年发展目标。近年来，越来越多的援助国在政策声明中包含了援助有效性的原则。例如，欧洲共同体的发展共识（2005）就制定了委员会和成员国对援助有效性的共同愿景。

（四）加强各部门政策的一致性

实现发展目标、成功减贫需要一国经济、社会和环境等多领域政策之间的协调。2008年OECD部长级会议通过了一项发展的政策一致性的声明，重申了政策一致性的重要性。所谓政策一致性是指应保证政府发展政策的目标和成果不被其他政策所破坏。政策一致性包含以下几个层次：发展合作政策内部的一致性；一国内部援助与非援助政策的一致性；援助国之间即不同OECD国家的援助与非援助政策的一致性；援助国、受援国之间发展政策目标的一致性。

一致性政策涉及政府其他部门和特殊利益团体和发展援助主管机构之间的权衡。这就要求各部门的决策者在制定政策过程中应充分考虑其对发展中国家的发展政策的影响。2005年，欧洲理事会决定在12个优先领域（即贸易、环境、气候变化、安全、农业、渔业、全球化的社会层面、移民、研究和创新、信息社会、交通和能源领域）加快推进千年发展目标的进程。随后欧洲委员会即评估了成员国在这12个领域的政策，以达到发展政策的一致性。DAC成员国不同的政策制定和组织文化决定了它们会通过不同的方式来取得发展的政策一致性。影响政策一致性的主要因素有三个：一是政治承诺和政策声明对政策一致性的支持程度；二是政府部门之间的政策协调机制；三是政策监测、分析和报告体系的运作及其有效性。

（五）赢得公众对发展援助的支持

公众对发展援助的支持是对国家发展援助计划和实现这些计划的政治和立法支持的最好保证。公民是关键的利益相关者，他们一般通过投票决定和检测援助政策的实施及其效果。发展援助机构有必要向公众宣传相应的发展援助成果以赢得公众的支持。这对新兴援助国就更为重要。调查显示，公民也能认识到发展中国家更高的经济增长将会给世界带来更多的繁荣和安全，但他们对发展问题一般没有深入的了解，且常常对援助的有效性表示怀疑。公众所认识的发展援助常常指的是人道主义援助。

为提高公众对发展援助的意识，法国、日本、荷兰、瑞典和英国都定期举行年度民意调查以监测民意趋向，并有针对性地进行发展援助的宣传。但是，由于民意测验和调查成本很高，这种民意调查一般每隔几年进行一次。OECD发展中心目前建立了DAC发展援助交流的非正式网络，帮助DAC成员在提高公众意识方面交流经验。

二 对外援助的组织与管理

国际援助管理体系的组织与管理包括建立发展援助政策的制定和执行机构，并根据国内外政治经济形势的变化进行调整，努力推进部门之间发展援助方面的协调，加强人力资源管理，开展援助的监测与评估等。

（一）组织机构的设置及其改革

DAC 各国援助管理的组织机构的设置并不相同。就每个国家来说，其发展援助的组织结构也是动态演化的。DAC 成员国的发展援助方面的组织结构主要有四种类型：一是外交部自身负责发展政策的制定与执行，丹麦和挪威即采用此模式。二是外交部的内部机构负责发展政策的制定与执行，芬兰、希腊、爱尔兰、意大利、荷兰、新西兰、瑞士采用此模式。如芬兰的对外援助政策的制定与执行由其外交部的发展政策部（Department for Development Policy）负责；瑞士大部分的发展援助和人道主义援助由外交部的瑞士发展合作署（SDC）负责，经济援助和贸易援助由处理经济事务的国家秘书处管理。三是一个部门全权负责发展政策，另设一个独立的机构负责执行，如奥地利、比利时、法国、德国、日本、卢森堡、葡萄牙、西班牙、瑞典和美国等。瑞典就由外交部的全球发展部全权负责瑞典的对外援助，国际开发合作署负责执行。四是由外交部外的部门或机构负责对外援助的政策和执行，典型的如澳大利亚国际发展署、加拿大国际发展署和英国国际发展部。

各国负责发展援助的组织结构不是一成不变的，其调整可能是由于政府更替，或者由于主管部门如外交部领导的变化，或者由于政府对发展援助的定位和政策发生了变化，如政府可能希望协调发展援助各机构之间的关系，或者希望对发展援助实行集中管理等。例如，新西兰在外交部和贸易部建立了一个新的半自治的发展机构。美国则建立了一个美国国际开发总署（USAID）之外的独立政府公司——千年挑战公司（Millennium Challenge Corporation），以吸引其他政府机构、私营部门、大学、国际发展机构以及非政府组织对发展援助的参与。

(二) 跨部门的协调与管理

与发展援助有关的减贫、性别平等、良好治理、环境可持续性、能力发展、艾滋病毒/艾滋病（HIV/AIDS）和人权等问题涉及所有政府部门。为缩小跨部门政策及其执行之间的差距，使援助产生更有效和更持久的影响，必须协调各部门之间的政策。几乎所有的 DAC 成员都制定了跨部门的协调政策，但是只有少数成员国拥有实施这些协调所必需的人员、预算和管理。政策和执行之间尚存在较大的距离。为推进跨部门之间的协调，一方面需要拨付相应的专项基金，另一方面，需要匹配政策目标与执行它们所需的人力资源。

(三) 发展援助的监测和评估

为保证发展援助计划得到有效的执行，必须对发展援助工作进行监测，对援助效果进行评估。对发展援助工作的监测与评估可以提供反馈机制，有利于总结经验教训并促进问责制。监测和评估的结果将有助于决策者调整援助政策，改变今后的援助资源的使用和分配。对发展援助效果的评价包括监测和评估、成果管理、国家审计、反馈和咨询机构的审查。

对发展援助工作的监测与评估提供反馈机制，有利于总结经验教训并促进问责制。DAC 各成员国监测与评估发展援助工作的程度不同。英国和美国已制定了较为完善的战略管理体系，制定了监测和评估程序，能够较有效地监测和评估一个发展援助方案对整体发展援助目标的影响。一些 DAC 成员国根据具体的发展援助活动和国家的总体目标确定评估指标。还有一些国家则采用受援国政府的监测和评估系统。监测和评估要想获得成功，必须保证其独立性和透明度。为确保评估结果的客观和可靠，许多 DAC 成员国建立了独立的评估系统。目前瑞典的评估工作就由一个外部机构——瑞典开发评估署（SADEV）实施，爱尔兰则在外交部设立了一个独立的咨询委员会以进行更独立和更有价值的评估。

近年来越来越多的 DAC 国家开始采用联合评估。2006 年，DAC 发展评估网络推出了关于发展方案联合评估的指南，推动并鼓励联合评估。联合评估的趋势显示了评估越来越注重发展方案的整体效果,要求援助计划促进受援国发展和实现千年目标的要求,以及配合《巴黎宣言》满足援助有效性协调和统一原则的需要。

越来越多的DAC成员使用计算机系统监测和评估它们全球范围的发展援助活动。大多数DAC成员国意识到分享发展援助方面经验教训的重要性,并开始建立基于互联网的知识分享体系。

(四)人力资源管理

有效的发展合作依赖于熟练的和有经验的员工。保护和发展高质量、高活力的本地和外籍员工对任何机构的有效运作都是必不可少的。管理人力资源的关键问题包括:创造一个良好的工作环境、培养员工的合作能力、寻找合适的技能组合、提供适当的员工激励、鼓励人员流动。

三 援助分配及其管理

援助分配是国际援助管理的一项重要内容,既要符合本国的分配标准又要尽可能地实现千年发展目标。目前,官方发展援助仍是国际援助的主体,双边及多边援助的管理仍是国际援助管理的重点。

(一)援助分配

援助分配是援助管理的一项重要工作内容。援助分配过程中需要关注千年发展目标,遵循一定的国家和部门分配的标准,一方面要保持一国发展援助额一定比例的增长并提高其可预测性,另一方面还需要平衡双边和多边分配,应对人道主义危机,并在援助中有效实施《巴黎宣言》和《阿克拉行动议程》。援助分配涉及几个方面的问题:

首先是援助资金的来源。援助资金主要来自官方发展援助(ODA),具体的渠道有双边援助和多边援助。其中,双边援助机构提供了总援助资金的70%,而多边援助机构提供了其余30%,近年增加了一些新的基金,如对抗艾滋病、结核、疟疾的全球基金(Global Fund to Fight AIDS, Tuberculosis, and Malaria, GFATM)、千年挑战公司

（MCC，Millennium Challenge Corporation）等。

　　ODA体系中的双边援助大部分都是DAC国家提供的，其中最主要的是美国、日本、法国、英国、德国等发达国家。2008年，以现价计算的ODA净额最多的前上位国家是：美国（26842百万美元）、德国（13981百万美元）、英国（11500百万美元）和日本（9579百万美元）。最近几年，超过联合国规定的ODA占国民总收入0.7%目标的国家，有丹麦（0.82%）、卢森堡（0.97%）、荷兰（0.80%）、挪威（0.88%）、瑞典（0.98%）等。

　　多边援助组织ODA的资金来源基本上也是由DAC成员国捐助的。当前最主要的多边援助组织为联合国系统［主要为联合国所属的各专门机构，包括联合国开发计划署（The UN Development Programme, UNDP）、联合国儿童基金会（The UN Children's Fund, UNICEF）、世界粮食规划署（The World Food Programme, WFP）、联合国人口基金（The UN Population Fund, UNFPA）、联合国环境规划署（The UN Environment Programme, UNEP）、联合国人类住区规划署（UN-Habitat）等］、欧盟、世界银行及区域开发银行（如非洲开发银行，美洲开发银行和亚洲开发银行）、国际开发协会（IDA）等。多边援助以优惠贷款和赠款的形式为主，其中，区域开发银行（RDBs）、欧盟和IDA注重经济基础结构和生产部门，而联合国则在提供食物和其他救助品援助中占支配性地位。就最大的几个多边援助组织而言，近年来DAC捐助者逐渐将其资金由国际开发协会和区域开发银行转向联合国（UN）和欧盟委员会（EC）。

　　最近，DAC成员国在双边与多边分配的渠道的选择方面，逐渐偏向双边援助。影响各国援助分配渠道的主要因素包括：国家安全利益，以及对之前援助结果和有效性的评估。一些国家对多边援助机构的绩效不甚满意，已经开始减少或停止向一些多边机构提供ODA。

　　近年来，非DAC援助国在国际援助舞台中开始崭露头角。一些非DAC成员国，例如，墨西哥、韩国和泰国，开始开展对外援助工作。2010年韩国成为DAC成员国。而中国、印度、沙特阿拉伯和委内瑞拉的对外援助也开始引起国际社会的关注。

　　要实现千年发展目标，完全依靠目前DAC的官方发展援助与非

DAC 援助国的援助是远远不够的，缺口至少有 500 亿美元。DAC 成员于是开始探索区别于传统途径的援助以补充官方援助资金的不足。目前列入考虑的选项或者已经实施的主要项目为：全球货币交易和能源使用税（Global taxes on currency transactions and energy use）；私营部门通过捐款、全球彩票、政府有奖债券或全球性基金自愿捐的款（Voluntary private sector contributions through donations, global lotteries, premium bonds or global funds）；国际融资机制（The International Finance Facility，2006 年 1 月，国际融资机制在法国、意大利、挪威、西班牙、瑞典和英国的支持下设立了一个关于免疫的试点方案）；机票统一税（Solidarity taxes on air tickets，目前，9 个国家采用了这种税，并且所得款项主要是通过国际药品采购机制，扩大对艾滋病毒/艾滋病、肺结核和疟疾药品的使用）；先进市场承诺（AMC，为对发展中国家来说重要的疫苗发展提供激励）；主权财富基金（Sovereign wealth funds，由不可再生资源赚取的出口收益或者由非常高的企业或家庭的储蓄率的盈余建立的，这些基金可能会成为发展资金的主要来源）等。每一种方案都有其优势和劣势。这些创新的融资方案有可能成为援助资金来源的重要组成部分。

其次是援助资金的去向，亦即对受援国的选择。影响援助分配的因素包括，援助国与受援国的历史和文化联系、与受援国的政治外交关系，援助国公众对发展援助的支持和/或国家安全因素等。明确选择受援国的标准有助于援助主管部门制定发展援助的国别方案。例如，荷兰设立的受援国标准是人均国民生产总值水平、民主化和政府治理的积极趋势、已有的受援国的数量、人均援助额、荷兰发展援助的增减趋势等。卢森堡从联合国人类发展指数排名最低的国家中选择受援国。此外，援助国也要根据情况变化调整受援国，制定援助退出战略。一些国家根据受援国的人权和民主政治情况决定减少或停止对其的援助。

目前，全球仍有 10 亿人生活在脆弱或冲突的环境中，每天的生活费用少于 1 美元。ODA 在对象和地区的选择上呈现侧重于贫困国家和地区的趋势。从受援国的收入类型看，ODA 主要流向低收入和中低收入国家。从受援国所处地区来看，ODA 的援助重点集中于撒哈拉以南的非洲和中东地区。虽然 DAC 成员国对这些脆弱国家给予了关注，特别是 2000 年和 2005 年对这类国家给出了更多的援助，但真正的受益国仅为少数国家，如阿富汗、刚果民主共和国和苏丹，并且援助大多数是以紧急救助的形式给予的。

发展援助还包括区域方案。区域方案可用于解决跨越国家边界的地域发展问题。区域层面的发展问题必须通过各国政府紧密合作，制定整体的区域发展政策和应对措施。这可以采取发展援助的集体行动，加强受援国政府的协调能力以解决区域问题。解决区域问题的另一种方法是资助和支持区域组织和团体在发展援助中的协调作用。DAC 成员国总的来说支持大多数区域组织的活动，包括南部非洲发展共同体、亚太经合组织和南亚区域合作协会（the South Asia Association for Regional Co-operation）。

再次是援助的部门分配。选择对受援国的哪一个部门或行业进行援助是援助管理的一个重要方面。在 ODA 的部门分布中，社会公共基础设施已经成为国际援助的重要领域。具体表现为社会公共基础设施、人道主义援助占全部双边官方援助的比例不断增加，生产部门如农业、工业和其他产业的援助以及物质和项目援助的比例相对下降。2006 年，DAC 成员国提供了超过 67 亿美元的人道主义援助，占 ODA 总额的 6.5%，但个体成员间给予人道主义援助的数额差别很大。

为提高援助的有效性，越来越多的 DAC 成员国开始压缩其在主要受援国经营的部门数量和/或向另一个受援国提供双边发展援助的部门数量。荷兰对受援国的援助一般集中于两个或三个优先部门。由受援国政府主导的援助国协调合作可以防止受援部门的重复，确保所有的重要部门得到援助。

（二）双边援助的管理

DAC 成员国筹集双边发展援助方案资金的方法有多种，包括通过预算拨款，通过次国家机构（Sub-National Authorities）、公民社会组织（Civil Society Organizations）和债务减免补助提供资金。

DAC 成员国一般主要通过每财年一至三个月前国会通过的政府年度预算拨款来保证对外援助计划的执行。一旦国会批准预算，预算即具有法律效力，资金就会分配给发展援助支出授权机构（政府部门、援助机构或大使馆）。在某些国家，预算会明确规定援助资金的地理分配、特殊国家或地区的援助水平或特殊用途。这种做法看似更规范，却可能降低对外援助的效率和作用。因为这迫使援助主管部门必须调整已经制定的援助计划和资金分配，以符合国会提出的要求。那些由多个部门负责对外援助活动的DAC成员国，可能没有综合的援助预算，每个部门与援助相关的活动的资金都来自于其本身的预算分配。这种体系往往影响援助的总体效果，使得对与发展援助相关的支出的监测更加复杂，也会增加援助国和受援国的交易成本。

DAC成员国的某些国家，如奥地利、比利时、加拿大、法国、德国、意大利、葡萄牙和西班牙，它们的次国家机构对对外援助的贡献近年来逐渐上升。次国家机构参与对外援助活动提高了一国援助的整体水平，使其公民更易于参与发展援助的相关活动，提高公众对发展问题的认识和了解。但是，一些次国家机构可能没有足够的发展援助方面的专门员工或专业知识，没有发展援助方面的战略框架，其活动较为分散，有可能相互重复。对它们的监测和评估机制相对薄弱，对它们的活动的报告等也相对不完全。

各国政府正致力于规范和提高次国家机构在对外援助中的表现。如建立数据库收集次国家机构发展活动的信息，总结次国家机构发展合作方面好的做法，制定监测和评估的通用工具。次国家机构不一定会遵循援助有效性原则，但是可以开发适合的工具供它们使用，使它们逐渐认识《巴黎宣言》承诺的重要性，并朝这个方向努力。

发达国家的公民社会组织也是援助资金的重要来源。OECD/DAC估计，2006年，与官方大约1040亿美元的资金流动相比，公民社会组织向发展中受援国提供了200亿—250亿美元资金。公民社会组织还提供了大约10%的官方资金。

此外，债务减免一直是近年来ODA的重要组成部分。2005年和2006年DAC成员国向受援国提供的债务减免分别为227亿美元和191.8亿美元，分别占当年官方发展援助资金总额的21.3%和18.4%，2007年，这一比例下降到9%。

（三）多边援助的管理

多边机构是 DAC 成员国 ODA 流出的重要渠道。对 DAC 成员国来说如何协调负责多边援助不同方面的国际组织及各部门之间的关系也是其面临的一个重要挑战。

几乎所有的国家都是几个部门共同负责多边援助。一般情况下，财政部管理援助资金并主导与多边开发银行特别是世界银行的政策对话。外交部在发展援助的国内政策方面，一般负责协调本国发展援助机构之间的协调及其与其他援助国发展援助机构之间的关系；在多边问题上，外交部主要负责协调与多边发展援助部门，如联合国机构、欧共体以及国际金融机构之间的关系，同时，负责多边组织与其他部门的协调。例如，爱尔兰为全面加强多边发展援助的内在一致性并在公共服务中更好地使用专业知识和技能，专门成立了一个跨部门的发展委员会。

在多边援助方面，近年新出现的一个新生事物为全球基金（Global Funds）。全球基金向 DAC 成员国提供了另一种方法以解决区域或全球性发展带来的挑战。全球基金可以有效地补充多边和双边发展援助，以实现具体的发展目标。其资金来源于公共来源以外的资源，并可杠杆化私人基金会的基金。全球基金的缺点在于其往往集中于解决单一问题而忽视了协同作用，并可能与国家主导的基于国家优先事项和发展伙伴关系的发展援助战略相矛盾。而且全球基金可能会重复现有的援助结构并增加交易成本。相对多边组织和政府来说，全球基金拥有较少的民主责任。这些优点和缺点可能会显著影响 DAC 成员国分配资金的决策，特别是在许多成员国期待战略性地参与多边组织的发展援助活动的情况下。在考虑创立新的全球基金时，援助国需要权衡其资金被分散的缺点和潜在收益。

四 实施援助有效性议程

2005 年 3 月在巴黎举行的关于援助有效性的高层论坛通过了《关于援助有效性的巴黎宣言》，该宣言制定了所有权（Ownership）、同盟（Alignment）、协调（Harmonisation）、结果管理（Managing for Results）

以及多边责任（Mutual Accountability）五项原则。2008 年 9 月在阿克拉举行的第三届援助有效性高层论坛又通过了《阿克拉行动议程》（Accra Agenda For Action），进一步强调了加强协调，增进援助有效性的重要性。

DAC 成员国在实施援助有效性议程过程中面临着政治、政策和实际实施上的挑战。执行《巴黎宣言》的原则通常意味着援助国发展援助的法规、发展合作政策需进行相应的调整。而且《巴黎宣言》的某些原则与援助国的政治目标可能并不一致。

（一）援助有效性议程：制度上的挑战

实施援助有效性议程有三个制度上的挑战：一是国家援助资源在部门之间的分配；二是调整人力资源管理；三是改革援助实施程序。援助有效性议程对援助国的发展援助管理系统往往有直接影响，如其要求对受援国中期以后的援助资金更具有可预见性（援助国的年度预算编制对此有限制）、要求使用以项目为基础的援助，要求将援助集中于少数国家、部门和活动。

（二）各援助国在提高援助有效性方面的进展

目前，大多数 DAC 成员已经制定了援助有效性行动计划。这些计划往往是明确、可操作和有时间约束的。例如，援助国的"北欧＋"集团（the Nordic Plus group）制定了一项行动计划以及援助有效性准则和工具。丹麦、荷兰和瑞典修改了国家援助战略的内部操作准则。但是，将战略和原则转变为可执行的实施细则需要花费大量时间，因此各国这方面改革的速度和深度并不一致。

为提高援助有效性，援助国应帮助受援国拟订发展规划，确保援助计划与受援国优先发展战略相一致；援助国与受援国之间应加强协调和信息共享，加强对援助效果的评估，减少援助过程中的交易成本，从而提高援助的有效性，使有限的援助资金发挥更大的作用。

（三）受援国在提高援助有效性方面的责任

受援国如何实施援助有效性议程目前还没有一个统一的标准化的战

略,各国的进展不一。布基纳法索(Burkina Faso)、加纳、莫桑比克和越南已经将《巴黎宣言》作为国家优先事项并开始实施援助有效性原则,但是,在脆弱国家,由于其应用原则的环境不佳,政府执政能力有限,其实施援助有效性原则的发展进程十分缓慢。

《巴黎宣言》中的所有权原则要求受援国具有可操作的国家战略、可信赖的国家体系,所接受的援助应按照国家的优先次序进行分配,通过援助合作过程增强其能力建设。为提高援助的有效性,受援国应尽力对国家发展战略、援助管理体系和相关组织机构进行全面调整。援助国应给予相应的帮助。受援国应对来自各援助国的援助进行协调,协调的范围包括援助国之间信息的交流,援助国协调小组的创建,简化程序,设计、管理和实施援助的共同安排,实施以结果为导向的绩效评估。援助国和受援国的发展援助的成果应对各自国家的公民负责,援助国和受援国还应相互负责。

国际援助体系经过半个世纪的发展,尽管对外援助管理框架还不够完善,但管理政策与管理实践不断取得进展。如何进一步规范国际援助管理体系,增进援助有效性,实现援助目标仍是未来国际援助的一项重要课题。

参考文献:

黄梅波、王璐、李菲瑜:《当前国际援助体系的特点及发展趋势》,《国际经济合作》2007年第4期。

李小云、唐丽霞等:《国际发展援助概论》,社会科学文献出版社2009年版。

王晨燕:《西方国家发展援助管理模式及特点》,《国际经济合作》2005年第8期。

Andrew Rogerson, Adrian Hewitt and David Waldenberg, The International Aid System 2005 - 2010 Forces For and Against Change, Working Paper, March 2004.

OECD, Managing Aid: Practices of DAC Member Countries, 2009.

OECD, Development Cooperation Report 2009, OECD (2009b).

Stijn Claessens, Danny Cassimon, Bjorn van Campenhout, Empirical Evidence on the New International Aid Architecture, IMF Working Paper, Research Department, December, 2007.

援外管理机构：主要类型和演化趋势[*]

黄梅波　韦晓慧

摘要：发达国家对外援助在 OECD 发展援助体系的规范下已经逐渐形成体系。但是为实现特定的发展援助目标，对外援助管理机构的设置形成了不同的模式。近年来，新兴市场国家在对外援助领域也逐渐崛起，越来越引起国际社会的关注，其对外援助管理体系也在逐渐的规范和完善之中。通过分析，我们发现，当前主要援助国中，援助"小国"大多由外交部兼管或其下属部门负责对外援助，援助"大国"往往设立独立的对外援助管理机构，多部门涉及援助工作往往需要建立中央协调机构或协调小组，同时不少国家已将民间机构纳入发展援助体系。

关键词：对外援助　管理机构

一　发达国家对外援助管理机构的设置

总体上看，大部分发达国家对外援助管理机构或由外交部管理，或由外交部所属机构管理，也有国家建立了独立的发展部统一管理国家的对外援助事务。总的来说，根据其是外交部下属机构还是独立机构，其职能为政策制定、项目执行还是沟通协调，主要发达国家对外援助管理机构结构可以划分为以下四种类型：

---

[*]　原载于《国际经济合作》2013 年第 12 期，第 37—44 页。

（一）外交部自身负责援助政策制定及项目执行

这一模式下，国际发展援助事项全部集中在外交部，一种情况是由外交部统一规划对外援助事务，并由外交部下设各区域外交部门，如亚洲部、非洲部、拉丁美洲部等分别负责本国与区域内国家的外交政策。丹麦、挪威就是这种模式。这种模式将外交与发展统合，体现了外交对于援助的判断，能够在对外援助中很好地体现一国的外交动机。但其缺陷是，外交人员对于发展援助业务理解和执行能力有限，往往不能很好地达到援助效果。

在挪威，对外援助系统中外交部处于中心地位，外交部负责对所有国家对外援助的计划、执行和管理。项目具体执行由挪威驻受援国的大使馆负责。外交部下的挪威发展合作署（Norad）为外交部和大使馆提供发展援助技术支持，依据外交部的年度财政分配计划，进行发展援助工作，并承担对援助效果的评估。挪威发展合作署的三个主要职能为：技术咨询、质量与知识管理和评估。挪威发展合作署的负责人每年都要向外交部的国际发展部提交报告。

（二）外交部内设机构负责援助政策制定及项目执行

为实现外交与援助业务的良好结合，可以在外交部内部设置发展援助总司这样的专门机构，负责对外协调贸易、援助与发展等政策的制定与项目的执行。芬兰、希腊、意大利、荷兰、新西兰、瑞士和爱尔兰采用这种模式。希腊外交部下的国际发展合作部（The Hellenic International Development Cooperation Department）在对外援助管理中起到核心领导作用；爱尔兰对外援助管理的主要部门是外交部下的发展合作理事会（Development Cooperation Directorate，DCD）。但由于外交部规模的限制，一般而言，实行这种模式的国家国际发展援助规模有限，这种模式并不是主流模式。

希腊的发展援助部门为希腊国际发展合作部（简称希腊援助），于1999年建立，隶属于外交部。其主要负责监督、合作、监测和促进紧急人道主义和粮食援助行动，以及由其他政府部门、大学、非政府组织和其他团体实施的发展中国家基础设施的重建和恢复方面的援助活动。

希腊的人道主义援助和粮食援助有很多政府部门参与，包括国防部、农业部以及国家紧急援助中心，希腊援助负责协调它们之间的关系。希腊援助还负责处理非政府组织和双边组织之间的关系。

希腊大约有 14 个政府部门参与发展合作，政府部门实施和管理各自单独的援助活动，使得开展发展合作和制定统一政策很困难。由希腊外交部领导的国际经济部际委员会（EOSDOS）从 2000 年开始协调发展政策，大多数政府职能部门都参与了这个部际委员会。希腊《五年发展合作与援助计划（2011—2015）》的法律草案将 EOSDOS 重新命名为国际发展政策协调部际委员会（Inter-ministerial Committee for Coordination of International Development Policy, DESDAP），作为协调和促进发展合作活动中政府参与者的相关性和一致性的重要平台。

（三）独立设置发展部负责援助政策制定及项目执行

这种模式下，援助政策执行和项目执行由外交部外的一个独立的部门，如发展合作部或援助署负责。这种模式由英国独创，英国 1997 年创立了英国国际发展部（Department for International Development, DFID），该部是英国处理国际发展事务的核心部门。澳大利亚、加拿大也曾采用这一模式。该模式能够将政策制定与执行高度结合，但由于历史和国内政治结构原因，并不被大部分国家采纳。

国际发展合作中的所有事务，不论是双边的还是多边的，不论是对外援助政策的制定还是项目的执行，都在英国国际发展部的管辖范围之内。英国国际发展部还负责就对外援助议题同相关政府部门进行协调，这些部门主要包括国防部（FCO）、财政部（HMT）、外交部（MOD）、贸易和工业部（DIT）、环境食物和农村事务部（DEFRA）、卫生部（DH）等。英国国际发展部在内阁受国际发展事务大臣的直接管理，同时受下议院国务大臣（Minister of State）和议会副国务秘书（Parliamentary Under-Secretary of State）的管理，主要的发展援助议题需获得他们三位的一致同意才能通过。英国国际发展部的最高职务是常任秘书长。下设三个主管配合其工作：国家项目总管（Director General for Country Programmes）、政策和全球事务总管（Director General Policy and Global Issues）和公司绩效总管（Director General Policy for Corporate Performance)。

(四) 援助政策制定及项目执行机构分别设立

这种模式下，援助政策的制定有三种类型：外交部独立制定、发展部独立制定或外交部与其他公共部门，如财政部、工贸部等共同制定。援助政策的执行则由一个或多个独立的部门负责。采用此种模式的国家有美国、法国、德国、日本、西班牙、葡萄牙、奥地利、比利时、卢森堡、瑞典等。该模式将政策制定与业务执行分离，最大特色是专业性非常强。著名的国际发展援助机构如美国的 USAID、法国的 AFD、德国的 GIZ、日本的 JICA 均雇佣了大量专业人员，在发展中国家进行田野作业，取得了丰富的国际发展援助实践经验。但该模式也存在政策制定部门与专业执行部门之间认识理解有偏差的问题。

1. 美国对外援助管理机构

美国约有26个政府机构参与提供官方发展援助，其中国务院为政策制定机构，美国国际开发总署（USAID）、千年挑战公司以及国防部、卫生及公共服务部、财政部等部门为执行部门。除去千年挑战公司，以上这4个部门2009年支出的援助额占美国 ODA 支出总额的90%以上。2006年美国还成立了对外援助指导办公室协调监督各政府部门的对外援助。

国务院（State Department）作为制定美国对外援助政策最重要的机构，根据国家外交和安全政策的需要和标准，向国会提出关于援助资金地理分布的意见，并负责实施和管理援助资金。

国际开发总署（USAID）自1961年创立以来，一直是美国发展援助系统的核心。它是一个不属于内阁的独立机构，除了军事援助以外，涉足几乎所有的双边援助领域，包括拨付维和经费、管理发展援助、组织人道主义救援、参与跨国援助行动等。2004年美国创立千年挑战公司，应对联合国提出的千年发展目标，是仅次于 USAID 的援助机构。千年挑战公司与美国其他援助组织的援助方式不同。"通过支持低收入国家的可持续性、转型经济增长，来减少贫困并在这些国家保持较好的政治环境"，董事会根据每个国家关于"规则公正、投资于人、鼓励经济自由"的明确承诺，来选择符合条件的国家。千年挑战公司在管理方面具有一定的独立自主性，国会对其减免了很多微观管理程序，以保证资金是需求驱动型、无条件、无年限、非专项划拨的。

美国其他部门也开展了大量的对外援助工作。国防部（Department of Defense）从 2005 年开始在美国 ODA 中的作用大大提升，这主要源于美国在伊拉克和阿富汗的重建工作以及印尼海啸后的人道主义救援。卫生和公共服务部（HHS）主要负责对外援助中与健康和传染疾病有关的项目，如霍乱、艾滋病、肝炎防治等。财政部（Treasury Department）主要负责协调国际金融机构（比如世界银行等）的对外援助项目以及债务减免项目。

美国国务院 2006 年 4 月宣布设立对外援助指导办公室（Office of the Director of Foreign Assistance, DFA），旨在增强美国对外援助政策、计划和监督体系的协调性以及合理性。对外援助指导办公室在协调、监督各政府部门的援助方面发挥了重要作用，并与国务院、USAID 一起实行对外援助，以更好地实现政府的援助目标。

2. 德国对外援助管理机构

德国联邦政府中主管对外援助和发展合作政策的部门是经济合作与发展部（BMZ），主要负责发展合作政策和战略的制定，在整个德国的发展合作系统中处于核心地位，继 2003 年的机构重组之后，2010 年春季德国进一步对其进行了机构精简和重组，以提高其发展合作的有效性并确保德国新的政治战略重点（即经济发展与教育领域）的顺利执行。

德国发展合作项目的具体实施则由一系列的机构、其他的政府部门、非政府组织（NGOs）、教堂以及科学培训机构等具体负责。在这些执行机构中，最重要也最具代表性的是德国国际合作机构（GIZ）。德国国际合作机构 2011 年 1 月 1 日正式运营，它是德国技术合作公司（GTZ）合并国际培训与发展公司（InWent）及德国发展服务公司（DED）而组成的。GTZ 是一家专门实施技术合作项目的非营利性机构，是德国在世界范围内开展培训与发展合作规模最大的机构。InWent 是联邦政府对外发展援助中人员培训类项目的主要实施者。DED 是由联邦政府所有的，专门从事发展援助人员派遣工作的机构。合并后组成的 GIZ 整合之前三家机构各自在国际发展合作领域的长期经验和专业技能，继续为德国在国际范围内开展发展援助项目提供服务。

3. 法国对外援助管理机构

法国对外援助政策层面的机构主要有三个：国际合作发展部际委员会（Interministerial Committee for International Cooperation and Development, CICID）、合作和法语共同体合作秘书处（Secretary of State for Co-operation and Francophonie）以及战略引导和规划会议（Strategic Guidance and Programming Conference, COSP）。CICID 主要负责协调和引导各部门的官方发展援助政策和目标保持一致，合作和法语共同体合作秘书处经外交部和事务部授权，主导政府机构的官方发展政策，确定政府机构对外援助政策的方向。

法国对外援助执行层面有三个最主要的执行机构，分别为国际合作发展理事会（Directorate-General for International Cooperation and Development, DGCID）、财政经济政策总理事会（General Directorate for Treasury and Economic Policy, DGTPE）、法国开发署（French Development Agency, AFD）。DGCID 属于外交和欧洲事务部，进行援助的战略合作和管理，负责援助法律的实施，文化合作，以及管理联合国多边基金和与健康相关的垂直基金。DGTPE 属于经济财政就业部，负责官方发展援助以外的多边和双边经济、财政和国际问题，主要处理债务和货币合作等多边事务，负责发展银行和一些专项基金。AFD 是在经济事务部、经济财政就业部和海外部共同监管下建立的，它不仅是法国双边发展援助的主要执行者，还是法国在受援国执行项目的专家中心和经验中心。

4. 日本对外援助管理机构

日本涉及对外援助的部门和机构达 13 个以上，但这些部门和机构都围绕一个中心协调运转。日本的 ODA 宪章明确规定日本外务省（MOFA）对发展援助有统筹协调权和决策制定权，并负责管理日本国际合作事业团（Japan International Cooperation Agency, JICA）。MOFA 和 JICA 职责分工明晰，前者主要制定政策而后者执行决策，JICA 提出的项目建议反馈给 MOFA 以利于其决策，这两大机构管理日本近三分之二的发展援助。当然，MOFA 并没有把所有的执行权都下放给 JICA，MOFA 还管理着部分赠款以及一些 NGO 项目。日本财政部主要负责对世界银行、IMF 和地区发展银行的援助，日本经济产业省以及日本外部贸易组织等机构也参与对外援助工作。

2008年10月1日，日本成立了新的JICA，其融合了前日本国际协力银行（Japan Bank for International Cooperation，JBIC）管理ODA贷款的部分和MOFA管理赠款的部分（但30%的赠款仍由MOFA管理），使得JICA从原来集中执行技术合作转变成融合处理三大援助机制的对外援助组织，成为世界上最大的双边援助机构。此外，MOFA内部成立于1996年的国际合作局在2009年也实现了重构，从早期的按三大援助机制单独管理变为按地区进行管理，从而有利于从整体上把握日本的援助活动。

二 发展中国家援外管理机构的设置及其演变

近年来发展中国家作为援助国在国际援助体系中扮演着越来越重要的角色，援助额逐年增加，成为国际发展合作领域的重要力量。发展中国家对外援助管理机构的设置和演变丰富了国际援助管理方式。

按照对外援助管理机构与外交部的关系来划分，发展中国家对外援助管理机构的设置可以划分为4种模式，即外交部自身、外交部下属部门、独立于外交部但与其关系密切的部门和其他政府部门。与发达国家一样，发展中国家对外援助管理机构的职能一般也包括政策制定、项目执行及协调等。

（一）外交部负责对外援助工作：印度

外交部（Ministry of External Affairs，MEA）是印度发展援助的主要机构，负责印度85%的援助，其通过向特定工程提供资金、提供项目建设咨询、派送专家、向外国学生提供在印度大学深造的机会和人道主义援助等方式向其他国家提供援助。外交部为其下设的两大援助部门印度技术与经济合作部（International Technical and Economic Cooperation，ITEC）和印度文化关系理事会（Indian Council of Culture Relations，ICCR）提供资金支持，两部门各司其职：ITEC主要负责印度的双边技术援助与培训项目，ICCR负责印度与外国的文化交流。ITEC是印度开展海外援助的主要工具，其包括：在印度对ITEC的合作伙伴国进行培训；开展援助项目和进行与项目相关的活动，比如可行性研究咨询服务；派遣印度专家到海外；科研；自然灾害救助。外交部直接负责向阿富汗、不丹和尼泊尔提供援助，对其他国家的援助由商务部和财政部负责，财政部下设的进出口银行负责优惠贷款的信贷额度管理和发放。财政部确定双边援助最终的实际援助额，并负责监督印度国家进出口银行的信贷工作。

印度对外援助的各部门之间的协调性很差，各个援助项目和政策也并未统一。为提高援助的效率以及加强与伙伴国家的合作关系，印度政府多次宣称将建立独立的援助管理机构，最终，2012年1月，印度外交部在其下设立发展伙伴关系管理处（Development Partnership Administration, DPA）。DPA不是一个独立的援助管理机构，但它标志着印度向统一援助管理体制迈出了第一步。DPA设立的目的是协调印度的对外援助和发展合作，加强对印度援助项目和技术合作的管理。此外，DPA还负责在外交部内部协调ITEC与其他援助单位在培训和技术援助上的合作，对进出口银行提供的信用贷款进行追踪管理。

（二）外交部下属部门负责对外援助：巴西、墨西哥、泰国、南非

巴西对外援助以"技术援助"为主，由隶属于外交部的巴西发展援助署（Brazilian Cooperation Agency, ABC）进行监督和协调。2011年墨西哥建立国际发展合作署，受外交部管理。泰国国际合作署隶属于外交部，主管泰国国际发展援助计划的实施。南非外交部下设的南非发展援助署负责南非对外援助工作。

1. 巴西对外援助管理机构

ABC是巴西为协调对外技术援助于1987年9月成立的，隶属于外交部（Ministério das Relações Exteriores, MRE）。

作为巴西南南合作的中心，ABC专门负责巴西的技术援助以及与之相对应的技术标准和外交政策的制定，其运营结构、人力资源组成以及管理系统都围绕着巴西国际技术援助项目展开。ABC严格依据外交部制定的政策开展活动，优先发展符合政府部门计划和设定的领域。在组织机构上，ABC设署长（Director）1名，负责整个机构的运行；下设6个协调司（Coordination Unit），分别为农业、能源、生物燃料及环境协调司（CGMA），发展中国家技术援助协调司（CGPD），社会发展、医疗及专业培训协调司（CGDS），IT、计算机科学技术、城市化及交通运输协调司（CGTI），接受双边援助及三边合作协调司（CGRB）以及接受多边合作协调司（CGRM）。需要引起注意的是，由于巴西的角色正从受援国向援助国转换，在成立之初专门负责处理巴西接受援助事项的部门，如 CGRB 和 CGRM，现在也开始从事与发展中国家之间开展技术援助的相关工作。

在巴西，除却 ABC 隶属的外交部，参与技术援助的主体还包括农业部、卫生部、教育部等联邦政府部门，州政府、市政府等地方政府部门，巴西农业研究企业（Empresa Brasileira de Pesquisa Agropecuária）等国有企业，Oswaldo Cruz 基金会（Fundação Oswaldo Cruz）等公共研究中心，国民经济与社会发展银行（Banco Nacional de Desenvolvimento Econômico e Social）等金融机构，以及私人和非政府组织。

2. 墨西哥对外援助管理机构

20 世纪 70 年代墨西哥政府成立隶属外交部的国际技术合作总理事会（General Directorate of International Technical Cooperation, DGCTI），负责对外提供发展援助和接收来自其他国家的发展援助。到了 90 年代，墨西哥在发展援助领域进行了三方面的改进：第一，将技术援助纳入发展援助，并成立了科学与技术合作总理事会（General Directorate of Scientific and Technical Cooperation, DGCTC）；第二，成立国际发展副部级办公室（Undersecretary's Office of International Cooperation, SCI）；第三，成立墨西哥国际合作研究所（Mexican Institute of International Cooperation, IMEXCI）。其中最重要的是第三个，IMEXCI 是墨西哥国际发展合作署的前身。

21 世纪的头十年，墨西哥不断改革其发展援助组织与管理。首先成立了经济与国际合作副部级办公室（Economic and International Cooperation Undersecretary's Office, SECI），之后撤销了墨西哥国际合作研究所，其后又成立经济关系和国际合作单位（Unit of Economic Relation and International Cooperation, URECI）。2011 年 4 月，墨西哥政府批准建立墨西哥国际发展合作署，并于 2011 年 9 月正式开始运作，墨西哥国际发展合作署受外交部的管理。至此，墨西哥终于拥有了专门的发展援助管理机构，为墨西哥的国际发展援助掀开了崭新的一页。

3. 泰国对外援助管理机构

泰国政府设有两个对外援助管理机构：一个是泰国国际合作署（Thailand International Cooperation Agency，TICA），隶属外交部；另一个则是周边国家经济发展援助机构（Neighboring Countries Economic Development Cooperation Agency，NEDA），由财政部监管。TICA 主管泰国国际发展援助计划的实施。主要根据政府的对外发展合作政策，协调各发展合作项目，尤其是人力资源发展项目和技术合作。为了使本国及其所在区域经济持续稳定地增长，泰国政府于 1996 年建立了周边国家经济发展基金（Neighboring Countries Economic Development Fund，NEDF），隶属财政部下的财政政策办公室，主要为泰国周边国家经济发展提供资金支持，尤其是向湄公河流域的国家提供优惠性贷款和项目技术支持。2005 年，为了使 NEDF 的运行更具灵活性，泰国政府对 NEDF 进行了机构重组，并于 2005 年 5 月 27 日，正式成立了 NEDA，由财政部监管。国家财政预算是 NEDA 资金的主要来源，除此之外，NEDA 还从借款机构以贷款形式得到资金。NEDA 同国内的组织机构合作频繁，包括国际贸易和发展机构（International Institution for Trade and Development，ITD）、财政部、交通部、泰国军人银行（TMB）等。同时，NEDA 也与国外政府机构、国际或区域银行有合作，如日本国际协力银行、世界银行和亚洲发展银行等。TICA 与 NEDA 二者职能相互补充，相互完善，有效地促进了泰国对外援助政策的落实。

4. 南非对外援助管理机构

长期以来，南非政府一直通过南非国际关系与合作部（Department of International Relations and Cooperation，DIRCO，即外交部）所掌管的非洲复兴基金（African Renaissance Fund，ARF）向非洲国家提供发展援助，援助的重点领域是促进民主和善治、人道主义援助和预防解决冲突。但是在援助实践中，ARF 暴露出很多明显的缺陷。2011 年，在加强南非统筹多元化发展伙伴关系、重构功能失调的非洲复兴基金以及非洲和全球倡议的三方合作的快速发展三方面因素的驱动下，南非政府在外交部下设南非发展援助署（South African Development Partnership Agency，SADPA），自此各种不同形式的援助汇集到这一机构下。SAD-

PA 2014 年开始正式运作。

SADPA 由南非国际关系与合作部（外交部）管理，是南非对外援助的主要管理和协调机构，主要有三项功能：政策、战略和学习的平台论坛，技术或项目执行功能以及监督与评价功能。其中，政策、战略和学习平台论坛将根据需要由小型团队构建，技术或项目执行功能主要用来对所有项目建议书进行技术和质量评估，监督与评价功能主要用来管理预算并为每个项目设定目标、时间框架和交付标准。作为南非对外发展援助管理协调最重要的机构，SADPA 在对外援助管理体系中最重要的功能就是协调南非、受援国、多边组织、双边捐赠者、民间团体、私人部门和金融机构各方，作为"合作伙伴的促进者"，促进非洲的整体发展。在整个协调过程中，SADPA 应促进利益各方之间的协同发展，促进南非政府执行发展援助的不同领域和不同组成部分之间的协调。

（三）独立于外交部，但与其关系密切：土耳其

土耳其外交部是对外援助的主管部门，负责监管各个发展援助相关机构并制定政策，土耳其国际合作与协调署（TIKA）是协调土耳其官方发展援助的主要机构。土耳其新月会和灾难及应急管理办公室负责执行人道主义援助。此外，土耳其还有一个由相关部门和机构代表组成的协调董事会，负责监管土耳其发展政策的制定。

土耳其国际合作与协调署 1992 年成立，最初归属于外交部，1999 年，为改善发展援助的协调并集中更多资源，TIKA 开始直接归属总理领导，但在外交政策和策略方面仍然接受外交部的领导。TIKA 直接隶属于总理某种程度上改善了其获得资金的能力，同时也使它更加强调专业知识、技术导向型的援助。TIKA 主要通过技术合作提高伙伴国家的制度性和人力资源发展能力，尤其是在土耳其擅长的领域。技术合作活动包括由赠款提供经费或由直接捐赠支持的培训和咨询项目。在项目执行过程中，TIKA 提供与当地利益攸关者的直接信息，收集第一手情报。在没有 TIKA 办公室的地方，由土耳其驻当地大使负责发展援助协调工作。

（四）下属政府其他部门：中国、哥伦比亚

1. 中国对外援助管理机构

中国的对外援助一直是在中共中央和国务院的直接领导下进行的，决策权集中于中央政府。当前，中国对外援助以商务部为归口管理部门、国务院所属各有关部委负责承担和管理一些对外援助事务，地方及驻外管理机构配合执行和监督。

商务部援外司归口管理中国对外援助工作，负责对外援助工作中政府层面的事务管理和对外援助政策的制定，负责援外项目的总体规划、年度计划、项目立项等政府间事务，并对执行援外任务的机构进行监督、检查和指导。根据商务部援外司、商务部办公厅关于调整援外项目管理工作职能分工的通知，2008年11月24日归口商务部具体实施和执行的援外项目主要由国际经济合作事务局（经济合作局）、中国国际经济技术交流中心（交流中心）、国际商务官员研修学院（培训中心）分工负责。

中国双边对外援助主要由商务部援外司负责。中国的双边援助政策是在受援国需求基础上，通过适当的外交途径，并且经过专家实地考察认定以后进入决策过程的。在决策程序中，各相关部委之间存在着协商关系，除商务部外，外交部以及财政部也对对外援助政策的制定有重大影响。外交部主要是出于政治和外交方面的考虑，往往视援外为实现外交总体战略的一个载体，对对外援助的原则和总体趋向等做出规定。财政部负责制定对外援助的具体预算，而商务部及其下属的援外司作为中国国务院授权的援外事务的归口管理部门，具体负责拟定对外援助政策、规章、总体规划和年度计划，审批各类援外项目并对项目实施进行全过程管理，但在制定和执行中国双边对外援助计划和政策时，比较侧重对外援助的经济层面。

虽然外交部是联合国综合性的对口部门，但中国多边对外援助主要由商务部国际经贸关系司负责。商务部国际经贸关系司负责与联合国系统多边发展机构相关的合作事宜，但联合国系统的发展机构在中国的活动是分散在各个部门比如农业部、水利部、卫生部等落实的。在中国对外多边援助中，财政部和中国人民银行二者按照中国作为受

援方与援助方的不同而分工,即财政部主管中国作为受援方与世行和亚行的合作,而中国人民银行主管中国作为援助方与其他地区开发银行的合作。

2. 哥伦比亚对外援助管理机构

哥伦比亚是拉美地区第一批设立国际技术合作部（División Especial de Cooperación Técnica Internacional, DECTI）的国家之一,该国际技术合作部归属于国家计划部门（Departamento Nacional de Planeación, DNP）,并联合外交部负责发展援助的国家间协调。1995 年 DECTI 被改组为哥伦比亚国际合作署（Agencia Colombiana de Co-operación Internacional, ACCI）。1999 年 ACCI 从 DNP 被划拨到外交部,并于 2003 年再次被划拨到共和国总统行政管理部门（the Administrative Department of the Presidency of the Republic, DAPR）。由此,总统开始直接管理发展援助政策。

2004 年外交部创办了国际合作局（the International Cooperation Bureau）,负责哥伦比亚国际发展援助问题的协商,并在双边、区域和多边层面主持国际合作谈判;同时,为推进可持续发展,国际合作局与公共机构、发达捐赠国家、国际和多边机构展开了互动。2005 年哥伦比亚建立了社会行动和国际合作的总统机构（the Presidential Agency for Social Action and International Cooperation）。2011 年 11 月,政府建立了哥伦比亚国际合作总统机构（the Presidential Agency of International Co-operation of Colombia, APC Clombia）,其归属于 DAPR,是负责管理、指引和协调国际发展援助的政府实体,也是负责执行有关外交政策和管理国际合作项目的政府实体。

三 国际援助管理机构设置的主要特征和趋势

从以上可以看出,各国援助管理组织机构的设置虽然不同,但是都随着国内外形势的变化以及各国对发展援助的不同理解进行选择和调整。从对外援助管理机构设置方面来看,发达国家虽然自身存在着诸多缺陷,但对外援助管理机构已经相对完善,与之相比,发展中国家在机构设置方面还处在动态的调整与完善之中。随着实践经验的不断积累以及同发达国家更多地交流和学习,发展中国家会逐步建立相对完善的、系统的对外援助管理体系。目前国际发展援助机构的设置呈以下特点和趋势:

(一) 援助"小国"的特点

援助"小国"往往由外交部监管或由其下属部门负责对外援助。援助总体规模不大的发达国家,如挪威、丹麦、芬兰、瑞士、新西兰等,或者处于转型期(由受援国变为援助国)、对外援助虽然近年来有所增加但援助总额仍不大的新兴市场国家,如印度、巴西、墨西哥、泰国等,其对外援助大多由外交部或外交部下属部门负责。南非对外援助由国际关系与合作部(南非的外交部门)负责。这些国家由于对外援助总额不大,援外工作作为外交部或其他政府部门内的一个部分,从机构能力到人员设置均还可以支撑。

(二) 援助"大国"的特点

主要发达国家,如美国、德国、法国、日本、英国等的对外援助额度大,覆盖面广,单靠外交部或其他政府部门的一个下属机构来管理对外援助政策显然力不从心,因此其大多采取设立独立的对外援助管理机构。英国的国际发展部(DFID)兼顾政策制定及项目执行,德国的经济合作与发展部(BMZ)负责政策的制定,美国国际开发总署(US-AID)、法国开发署(AFD)和日本国际合作事业团(JICA)主要偏重项目的执行。独立的对外援助管理机构拥有较高自主权,可在全面考虑国内外形势的基础上作决策,更好地为一国的内外战略服务;建立专门机构也可以提高对外援助的决策效率,使有限援外资金发挥更大效用,避免各部门间的相互牵制或重复援助,形成一国对外援助领域决策、管理、评估一体化的系统机制,改善对外援助效果。

(三) 政府多部门涉及对外援助工作往往需要建立中央协调机构或协调小组

很多国家的对外援助的管理并没有实现统一,而是由多个部门参与并交叉负责,这就出现援助管理分割化,容易造成资源的重复浪费和信息的不透明。为此,不少国家设立了对外援助的协调机制,如美国的对外援助指导办公室、法国的国际合作发展部际委员会和海外属地部际委员会、希腊的国际发展政策协调部际委员会等。近年来,新兴援助国为提高援助的效率,也相继建立了对外援助协调机制。2012年1月印度设立发展伙伴关系管理处(DPA),以协调印度的对外援助和发展合作。南非的 SADPA 的建立也是希望其成为一个中央协调机构,目前南非的发展援助体系的运作高度分散,比如项目决策和执行很可能归不同的部门和机构负责,所以建立一个集中的中央机构以协调南非的各部门以及各发展援助伙伴显得十分必要。一些国家为进一步提高对外援助在国家对外关系中的地位,援助管理机构直接由总理或总统负责,如泰国的国际合作署(TICA)隶属外交部由总理直接管理,哥伦比亚对外援助则由直属总统的国际合作总统机构(APC Columbia)负责。

(四)不少国家已将民间机构纳入发展援助体系

发达国家大多已经把民间机构纳入发展援助体系。挪威发展合作署(Norad)与挪威的大型非政府组织开展了长期的框架性合作,Norad 监督 NGO 的援助安排,评估 NGO 的援助能力,这样做可以提高资金的可预测性,并且可以适应不断变化的环境,灵活地回应受援国的需要。美国的公民社会团体从国际开发总署(USAID)1961年建立起就与之保持合作关系,也是国务院的重要合作伙伴。USAID 会对公民社会团体的援助方案进行全部或部分资助。同时 USAID 也会参与公民社会团体援助方案的执行,包括制订年度工作计划、确定援助领域、审批人员、监测绩效等。

参考文献:

黄梅波、郎建燕:《主要发达国家对外援助管理体系的总体框架》,《国际经济合作》2011年第1期。

黄梅波、万慧:《英国的对外援助:政策及管理》,《国际经济合作》2011年第7期。

黄梅波、施莹莹:《新世纪美国的对外援助及其管理》,《国际经济合作》2011

年第 3 期。

黄梅波、杨莉:《德国发展援助体系及管理制度》,《国际经济合作》2011 年第 8 期。

黄梅波、许月莲:《法国对外援助:近期状况及走向》,《国际经济合作》2011 年第 4 期。

黄梅波、蒙婷凤:《新世纪日本的对外援助及其管理》,《国际经济合作》2011 年第 2 期。

黄梅波、许月莲:《挪威对外援助政策及管理机制》,《国际经济合作》2011 年第 4 期。

黄梅波、谢琪:《印度对外援助的特点和趋势》,《国际经济合作》2012 年第 1 期。

黄梅波、谢琪:《巴西的对外援助及其管理体系》,《国际经济合作》2011 年第 12 期。

李小云等编著:《国际发展援助——发达国家的对外援助》,世界知识出版社 2013 年版。

哥伦比亚国际合作总统机构（APC Colombia）, http: //www.apccolombia.gov.co/contenidos/apc.html, 2013 年 6 月 8 日。

印度外交部官方网站, http: //www.mea.gov.in。

《商务部办公厅关于调整援外项目管理工作职能分工的通知》, 中华人民共和国商务部, http: //www.mofcom.gov.cn/article/b/bf/200811/20081105910006.shtml, 2008 - 11 - 24。

《中国的对外援助》白皮书, 中华人民共和国国务院新闻办公室, http: //www.scio.gov.cn/zxbd/nd/2011/201104/t896471.htm, 2011 年 4 月 21 日。

Vaz, Alcides Costa and Inoue, Cristina Yumie Aoki, Emerging Donors in International Development Assistance: the Brazil Case, Ottawa: International Development Research Center, December 2007

Hirst, Monica, "Brazil's Renewed Responsibilities in Cooperation for Development and International Security", In Engagement on Development and Security: New Actors, New Debates, Sherman, Jake, Gleason, Megan M., Sidhu, W. P. S. and Jones, Bruce, eds., New York: Center on International Cooperation, New York University, September 2011.

Lídia Cabral, Julia Weinstock, Brazilian Technical Cooperation for Development: Drivers, Mechanics and Future Prospects, Overseas Development Institute, 2010, 9, p.9.

Gray P. A., The Emerging Powers and the Changing Landscape of Foreign Aid and

Development Cooperation Public Perceptions of Development Cooperation, 2011.

　　Establishment of SADPA: Presentation, Presentation to the NCOP Select Commitee on Trade and International Relations, 2011.

国际发展援助的评估政策研究*

黄梅波　朱丹丹

摘要：近年来，国际发展援助的评估越来越受到双边和多边援助机构的重视。各援助国都制定了本国的援助评估政策，并据此建立了自身的援助评估体系。作为发展援助的一个重要组成部分，评估对提高援助的有效性和改善问责都非常重要。本文主要研究援助评估的基本原则和评估方法，分析主要的双边和多边援助机构的评估体系，指出评估中存在的问题，并提出相关的政策建议。

关键词：国际发展援助　评估体系　原则方法

经济合作与发展组织发展援助委员会（OECD/DAC）将评估定义为"对一项正在进行或已经完成的工程、项目或政策的设计、实施和结果进行的系统和客观的评价，评估旨在确定目标之间的相关性和完成情况，以及援助的效率、有效性、影响和可持续性。一项评估应该提供可信和有用的信息，使得获取的经验教训能够纳入援助国和受援国的决策过程中"。评估能够提供反馈，进行经验学习和改善问责，并最终提高援助有效性。因此，发展援助委员会（DAC）要求其成员国的援助机构必须制定清晰的评估政策，对援助的评估也日益成为援助双方以及其他援助机构援助活动中不可或缺的部分。

近年来，评估原则和方法的运用及其改进的确促进了援助独立性和有效性的提高，但是，就评估本身而言，在评估资金的来源和应用、评

---

* 原载于《国际经济合作》2012年第5期，第54—59页。

估结果的传播和使用、援助双方在评估中的自主性和主动性程度等方面，仍然存在一些问题和不足。这些问题和不足限制了评估功能的发挥，进而影响了问责和整个援助活动的有效性。

一 国际发展援助评估的基本原则和方法

评估原则和方法的制定是评估的前提和基础。评估原则侧重于对评估的管理和制度性安排，为评估提供整体性的指导，保证评估过程的顺利进行和评估目标的实现。评估方法为评估提供具体性的指导，评估方法和问题的设计是否恰当同样会影响评估的效果。因此，DAC 制定了全球性的评估原则和方法。

（一）评估原则

国际发展援助评估原则中最重要的是 DAC 于 1991 年制定的《发展援助评估原则》，其核心评估原则包括以下主要内容。

（1）评估机构必须制定评估政策，明确规定评估的指导原则和方法，并阐明其在整个援助框架中的作用、责任和地位。

（2）评估过程必须公正，且独立于援助政策的制定、援助款项的拨付及援助活动的管理。

（3）评估过程必须尽可能公开透明，评估结果能够被广泛获得。

（4）为保证评估的有用性，评估结果必须被使用，必须向决策者和实地操作的员工提供反馈。

（5）在评估过程中，受援国与援助国之间及援助国之间应进行合作；评估合作是受援国援助制度建设和援助协调的重要组成部分，可以减少受援国的管理成本。

（6）援助评估及其要求必须在一开始就作为援助计划的主要部分。确定援助想要达到的目标是客观评估的必要前提。

2010 年 DAC 制定了《发展援助评估质量标准》（Quality Standards for Development Evaluation, 2010）。该标准与上述基本的评估原则一脉相承，但更为具体，主要用于告知评估进程和结果。其关于评估的质量标准包括：自由和公开透明的评估进程；评估的道德标准；合作方式；

协调一致；评估能力的建设；评估质量的控制。

除了这些基本的评估原则，在评估具体的项目和工程时，一般要应用相关性（Relevance）、有效性（Effectiveness）、效率（Efficiency）、援助影响（Impacts）和可持续性（Sustainability）等具体的、可操作性的评估准则。

（二）评估方法

评估方法的选择主要取决于评估希望达到的目标，主要的评估方法有面谈、问卷调查、样本调查、案例研究、文献回顾等。评估方法的选择是整个评估过程的一部分，图1展示了评估的一般过程。一个完整的评估过程依次为：评估规划和设计、评估实施、评估结果使用、反馈。评估规划和设计是评估的前期准备阶段，主要任务是确定评估的原则、目的、方法、范围和评估小组等；接下来是评估的具体实施，主要进行数据搜集和分析，通过实地访问获取各利益相关主体的评论和建议，并起草评估报告；然后是对评估结果的汇报、传播及管理层回应；最后是所采取的改善未来评估的后续行动及对评估结果和建议的反馈。

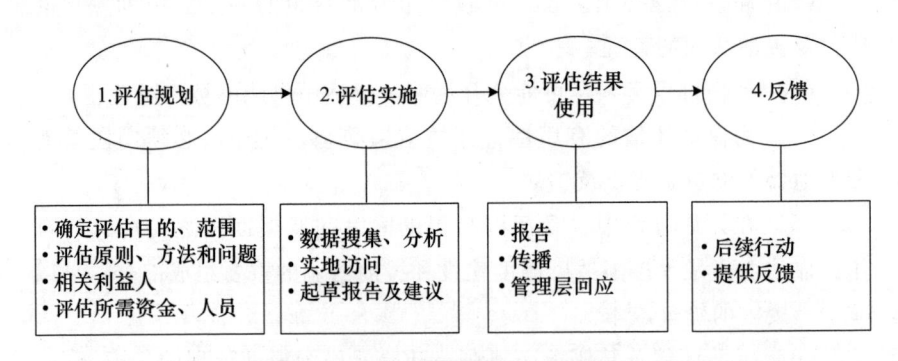

图1 国际发展援助评估的一般过程

资料来源：根据OECD《发展援助评估质量标准》和《过去与未来评估指南》绘制。

二 国际发展援助的评估政策分析

对国际发展援助整体的评估政策进行分析，有助于把握各援助机构评估政策共同的发展趋势，推动国际发展援助评估体系的统一协调；而对典型援助机构的评估进行分析有利于援助机构之间互相学习，取长补短，更好地促进评估功能和作用的发挥。

（一）国际发展援助整体评估政策分析

国际发展援助整体的评估政策是各国援助评估政策的一般化，体现各国援助评估体系的共同特点和趋势。结合评估原则和评估过程，可以从评估政策的功能和内容、评估的独立性、评估结果的报告、评估结果的使用和后续行动及评估主体的参与度几个方面对国际发展援助评估政策进行具体分析。

1. 评估政策的功能和内容

援助机构必须制定明确的评估政策，以界定评估的功能和内容。至今，大部分援助机构已经建立了至少一个评估部门，并且明确规定了评估政策的功能、地位及内容。各国评估机构的功能各不相同，有的评估涉及政府部门的整个援助项目的有效性（如德国）；有的不仅评估官方发展援助的影响，而且评估外交部其他政策的影响（如荷兰）；有的仅评估某一部门援助的作用（如瑞典）；所有多边援助机构的评估机构都用来解决组织的有效性和影响问题。而且，各国评估机构的评估功能不再仅仅服务于问责机制，还有助于该组织的整体策略的推进。

图2概括性地描述了援助国评估政策的主要内容。在38个援助评估机构中，所有评估机构的评估政策中都明确规定了评估的作用和功能，其中，约91%的评估机构的评估政策涉及评估的法律地位，81%的评估机构的评估政策设定了评估的质量标准。在评估政策中规定明确的报告程序的评估机构仅占所有评估机构的约三分之二，且报告程序存在很大差异。虽然评估结果的传播和使用比例很高（91%），但是对评估结果作出反应进而采取后续行动的评估机构相对较少（78%）。一半左右的评估机构在其评估政策中强调了受援国在评估中的地位，主张进行联合评估，并指出了评估机构在支持受援国评估能力建设中的重要作用。

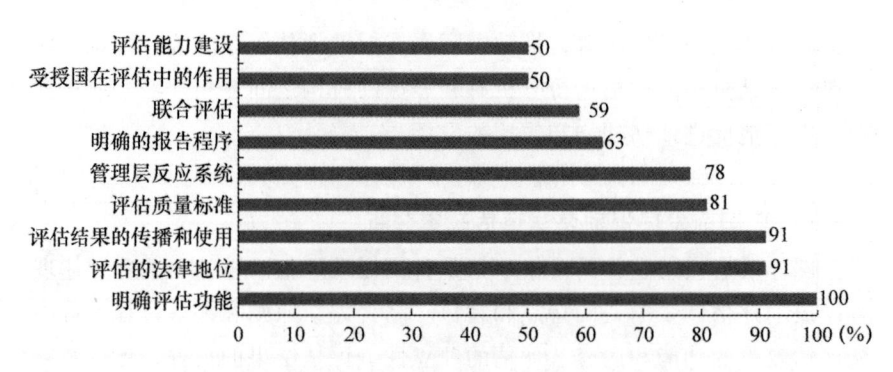

第一篇　发达国家发展援助管理体系

评估政策内容	占比(%)
评估能力建设	50
受授国在评估中的作用	50
联合评估	59
明确的报告程序	63
管理层反应系统	78
评估质量标准	81
评估结果的传播和使用	91
评估的法律地位	91
明确评估功能	100

图2　国际发展援助评估政策的内容——评估政策中包含该内容的评估机构占比

资料来源：根据OECD《更好的援助：发展机构评估》2010年版绘制。

2. 评估的独立性

根据DAC的相关定义，评估的独立性能够保证评估的可信性和客观性，因而独立性是评估的核心原则之一。独立的评估意味着评估不会受到政治因素的影响，没有组织方面的压力，具有完全的信息获取权，在开展调查和报告评估结果时拥有完全的自主权。根据世行的要求，独立性包括几个相互联系的方面：组织独立，评估人员的行为独立，免受外部因素影响，避免利益冲突。

近年来，评估功能的独立性日益增强，但在评估目标的选择和评估预算的安排方面，独立性仍显不足。为了确保评估的独立性，一些评估机构在评估政策中作出了相关规定，包括：在法律地位方面，建立独立于援助规划部门和执行部门的评估机构；在劳动分工方面，分散评估功能，并令与援助的实际执行无关的内部员工负责评估；在监督方面，聘请外部的咨询专家和指导小组保证评估的质量；在报告方面，批准评估部门全权负责最终报告的拟定和发布，管理部门不能干预。

3. 评估结果报告体制

在保证一定程度的可信性和客观性的基础上，评估机构也在试图增加与援助管理和执行部门的联系，以使其报告结果应用到援助项目的规划和管理中。基于这些考虑，援助机构建立了不同的报告体制。从表1可知，主要的评估机构都倾向于向更高层的领导汇报，约三分之二的援助机构向整个援助机构的负责人或外交部部长汇报。所有的多边援助机构都通过直接或间接的方式向其执行董事会汇报。2009 年，为了增加评估的独立性，法国开发署（French Development Agency，AFD）设置了一个外部评估委员会（External Evaluation Committee），委员会由 4 名来自监督部门的成员和 4 名外部专家组成，受一名外部专家的领导。法国开发署内部的评估和信息发展部（Evaluation and Knowledge Development Unit，EVA）的评估报告必须经过该外部评估委员会再上报给执行董事会。比利时的专门评估委员会（Special Evaluation Office，SEO）和荷兰的政策与执行评估部（Policy and Operations Evaluation Department，IOB）均直接向议会报告，虽然中间会经由外交部或援助部门，但它们不能对报告做任何改动。其他评估部门（如美国的 USAID 等）直接向援助的管理、规划或执行部门的负责人汇报。

表 1　国际发展援助评估报告体制——评估机构（或评估负责人）报告路径

向援助管理、规划或执行部门的负责人	向执行董事会	向整个援助机构的负责人	向外交部部长	经外交部部长或援助机构部长向议会
德国（GTZ） 德国（BMZ） 新西兰 西班牙 英国 美国（USAID） 瑞士（SECO）	非洲发展银行 亚洲发展银行 美洲开发银行 国际货币基金组织 世界银行 联合国开发计划署 欧洲复兴开发银行 法国（AFD） 德国（KfW）	奥地利（ADA） 澳大利亚 加拿大 爱尔兰 意大利 卢森堡 法国（DGMGP） 日本 葡萄牙 瑞士（SDC） 瑞士（SECO） 韩国（KOICA）	奥地利（MFA） 丹麦 欧盟 芬兰 法国（DG Treasury） 挪威 瑞典（SADEV） 瑞典（UTV） 美国（DFA） 韩国（EDCF）	比利时 荷兰

资料来源：根据 OECD《更好的援助：发展机构评估》2010 年版绘制。

4. 评估结果的使用和后续行动

各国的同行评议及其他研究指出，评估过程存在的最大问题是援助机构常常缺乏对评估结果的关注和使用，这与评估原则相悖。从一定程度上来讲，援助的规划和执行部门对评估结果的使用以及据此采取的后续行动是评估的直接目的。只有评估结果被这些部门使用并采取后续行动，才能实现评估的最终目的，即提高援助的有效性。

评估结果的传播是评估结果使用的第一步。评估结果可通过报告发布、研讨会、概要的传播或其他方式来传播。一般而言，援助国的相关部门和员工（包括总部的和实地的）会较好地获得评估结果；开展联合评估的援助国也可能会将评估结果传达给合作国；约有一半的援助国还会将评估结果发布给本国的民间团体。然而，受援国的援助部门及其他机构获取评估结果的程度相对较低。

评估结果必须得到管理层的回应且采取相关行动，才能提高未来援助的效果，保证评估的有用性。为了实现这个目标，援助机构必须建立一个正式的管理层评估应对系统，把评估结果纳入援助政策的制定和项目管理中。该系统通常应包括援助规划部门正式的、书面的回应文件以及与评估建议相对应的后续行动的共同协议。目前，已有20多个援助国建立了这样的应对系统。但是，援助机构所采取的后续行动远远落后于对评估作出的回应。迄今为止，至少有一半的援助机构缺少确保后续行动被实施的系统；即使设立了实施系统的机构，执行效果也不理想。

5. 评估主体的参与度

联合评估（Joint evaluation）的比重是衡量评估主体参与度的最重要的指标。联合评估是由不同援助国和/或受援国共同开展的评估。[①] 联合评估既包括援助国之间的合作，也包括援助国和受援国之间的合作。援助评估系统（Network on Development Evaluation）是OECD/DAC的一个附属机构，现有40个评估机构加入。其目标是增加援助政策和援助项目的有效性，并通过推动独立的、高质量的评估来改善援助结果。新西兰是DAC唯一一个评估全部为联合评估的国家，DAC未进行联合评估的成员有：卢森堡、比利时、葡萄牙、澳大利亚、国际货币基金组织。成员之间联合评估的比重相差很大，有的成员几乎所有的评估都是与别国联合开展的，有的则至今未开展过联合评估。成员国每年平均共开展696项评估，其中76%是一国单独进行的；在其余24%的联合评估中，15%是与受援国合作进行，7%是与其他援助国合作进行，

---

① 详见 DAC Criteria for Evaluating Development Assistant, OECD/DAC, 1998。

剩下 2% 是未指明合作对象（即未指出是与援助国还是受援国联合开展）的联合评估所占的比例。如果排除日本国际合作事业团（Japan International Co-opration Agency，JICA）开展的评估，则数据调整为：73%，4%，9%，3%。可见，日本每年会开展大量的联合评估，其联合评估比重明显高于 DAC 平均水平；而且日本与受援国联合开展的评估数量远大于与其他援助国联合评估的数量。

（二）典型援助国评估体系的特色分析

虽然国际发展援助的评估体系整体上具有一些共同的趋势和特征，但是各国援助机构的评估体系却形式各异，相差甚远。其中，法国的报告体系最为复杂和典型，瑞典评估的独立性相对较好，而挪威则建立了较为完善的管理层回应和后续行动系统。

1. 最为复杂和典型的报告体系——法国

法国的评估体系比较复杂，评估机构包括 6 个部门。其中，评估点（Evaluation Pole）与评估和信息发展部及援助活动评估部（Development Activities Evaluation Unit）负责整个评估过程；评估委员会（Evaluation Committee）和评估部（Evaluation Unit）负责评估质量控制，可以对评估报告附加评论，但不能修改原始报告；外部评估委员会（External Evaluation Committee）是为增加评估的独立性而新设立的（2010 年），接收评估和信息发展部的报告并直接转交给法国开发署的董事会。前三个评估部门向不同的部门递交报告。

评估和信息发展部是研究部（Research Department）的一部分，独立于援助管理和执行部门，主要负责法国开发署的援助评估活动，并通过外部评估委员会向法国开发署的董事会报告。评估点隶属于国际援助和合作部，评估国际援助和合作部进行的官方发展援助，并通过评估委员会这一质量监控部门向国际援助和合作部报告。国际援助和合作部会将报告上交至外交和欧洲事务部（Ministry of Foreign and European Affairs）。援助活动评估部隶属于财政部（DG Treasury），通过评估部这一质量监控部门向财政部报告，财政部将报告上交至经济、产业和就业部（Ministry of Economy，Industry and Employment）。三条评估线路相互协调，最终由法国开发署、外国和欧洲事务部及经济、产业和就业部向议会递交一份关于评估结果的年度联合报告。

2. 较好的独立性保证——瑞典

瑞典建立了一个完全独立的评估机构——瑞典开发评估署，它具有自主决策权和机构上的独立性，其独立地位可以大大提高其援助评估的独立性。瑞典开发评估署可以评估瑞典所有的援助项目，并通过外交部直接向瑞典政府报告。瑞典开发评估署制定了一份评估手册以保证评估质量，该手册基于 DAC 的《发展援助评估质量标准》（Quality Standards for Development Evaluation，2010），内容包括使用内部和外部顾问、举办研讨会及审查事实和决策透明度等方面的规则。与此同时，瑞典在瑞典国际援助署（Swedish International Development Agency，Sida）内部设立了外部顾问（External Consultants），执行国际援助署的大部分援助评估活动，以进一步提高评估的独立性和有效性。瑞典国际援助署下的另一个部门——援助评估局，管理其战略性评估，例如，对援助政策、援助方式及一些较大的援助项目的评估，并向瑞典国际援助署报告。之后，瑞典国际援助署会经外交部向瑞典政府报告。目前，瑞典还没有正式的机制确保政府、外交部或瑞典国际援助署对其援助评估机构的评估结果进行评估。

3. 较为完善的管理层回应和后续行动系统——挪威

挪威的评估体系比较简单，是直线式的层层上报程序：外部顾问执行评估局确定的所有评估，向评估局报告并受其领导；评估局经挪威发展合作署（Norwegian Agency for Development Co-operation，Norad）将报告上交给外交部。六周之内，外交部秘书长会将一份官方回应文件交给相关的项目部门，即挪威发展合作署和评估局。援助的规划和执行部门将依据官方回应文件采取后续行动，对其援助政策和相关的援助活动进行调整和改进。一年以后，项目部门向秘书长提交关于规划部门和执行部门后续行动的报告。

三 改善国际发展援助评估的政策建议

自 20 世纪 50 年代末期开展援助评估以来，国际发展援助的评估取得了很大进步：评估范围扩大，评估的独立性增强，评估主体的参与程度和协调程度不断提高。但是，国际发展援助的评估仍然存在一些不足，影响了评估功能的发挥。因此，必须进一步改善国际发展援助评估，增强评估的有效性。

1. 兼顾评估的独立性和整体性

为了确保独立性这一评估的核心原则，大多数评估机构不再从属于援助的政策、管理或执行部门，也不必向管理部门报告，如建立独立的评估机构，改善报告体制，聘用外部专家，等等，都可以提高评估的独立性。但是，这些措施也可能割裂评估部门和其他部门的联系，影响援助机构内部的整合，甚至使得评估结果和建议被拒绝采纳。因此，在肯定评估部门独立性的法律地位的同时，要兼顾其他部门人员的参与权，权衡评估的独立性及其与其他部门之间关系的构建，从而确保其他部门能够尊重并使用评估结果。

2. 改善评估结果的传播和使用

在评估结果的传播方面，发布结果时要面向不同的群体，采取不同的传播方式；应通过机构内部和外部的研讨会、学术会议或新闻发布会广泛传播评估结果，并确保公众能够方便地获取评估结果。

在评估结果的使用方面，可采取的方式包括：开设长期、系统的评估结果研习班，加强各部门对评估结果及建议的学习和使用，向学习型机构转变；加强总部和实地机构、政策和执行部门、援助国和受援国及其他援助国之间的联系，保证评估结果被实地员工和其他国家的相关人员学习和使用；建立正式的管理层回应和后续行动系统以及包括所有主体的反馈机制，从而为评估部门提供反馈以进一步改善评估。

3. 提高援助主体的参与度

提高援助主体的参与度既涉及与其他援助国的合作，也涉及与受援国的合作，而且更重要的是受援国对评估的参与度及其评估能力建设。尽管受援国参与的评估数量有所增加，但受援国真正的参与度并不高。受援国对评估的参与主要集中在数据搜集和实地访问阶段，在评估的规划、结果的使用及后续行动阶段参与度相对较低。另外，援助国大多强调本国的评估能力建设，很少关注受援国的评估能力建设。因此，必须采取实际的行动使受援国真正参与到评估的整个过程中；讨论受援国参与评估的恰当方式；要与受援国的评估机构合作，尽可能地利用受援国的信息系统和评估系统,培养受援国对评估的主事权,促进其评估能力建设。

在与其他援助国合作时,要尽量选择与本机构具有相似的援助哲学、组织文化和评估体系的评估机构合作;协调解决联合评估的目标、方法、进程、问责、成本控制等问题;确保评估报告的沟通和共享等。

4. 克服资源约束

资源约束主要包括预算约束和人力资源约束。与日益严格的评估要求相比,评估预算显得不足。评估预算主要来自于总的援助资金,一般而言,援助资金越多,则评估预算越充足。援助资金传统上来源于国民收入,因而受到种种限制,受经济危机的影响较大。但随着援助资金来源方式的创新,援助资金以及评估预算的压力都会减轻。同时,可以创新评估预算资金的来源方式,运用"成本—收益"分析法,提高评估资金的使用效率。

人力资源方面会面临数量约束和技能约束。评估机构的人力资源常常不足,人员评估技能也不能满足需要,且评估人员往往缺乏评估经验。评估部门应该积极发挥外部顾问的作用,聘用更多拥有综合的评估技能以及战略决策能力的人员;在确保独立性的前提下,尽可能地吸纳执行部门和项目部门的员工参与评估。同时,积极开展评估技能培训,尤其注重培养评估人员应对动荡地区和冲突后地区的援助评估,特别是人道主义援助和紧急援助评估的能力;建立激励机制,加强对实地评估人员特别是动荡地区评估人员的激励。

参考文献:

OECD/DAC, Glossary of Key Terms in Evaluation and Results Based Management, OECD, 2010.

OECD/DAC, Principles for Evaluation of Development Assistance, OECD, 1991.

OECD/DAC, Criteria for Evaluating Development Assistance, OECD.

OECD/DAC, Network on Development Evaluation, Evaluating Development Co-Operation Summary of Key Norms and Standards, OECD, 2010.

OECD/DAC, Quality Standards for Development Evaluation, OECD, 2010.

OECD/DAC, Evaluation Systems and Use: a Working Tool for Peer Reviews and Assessments, OECD, 2006.

OECD/DAC, Evaluation in Development Agencies, Better Aid, OECD 2010.

OECD/DAC, Managing Aid, Practices of DAC Member Countries, OECD, 2009.

王晨燕:《西方国家发展援助评价的原则及实践》,《国际经济合作》2002 年第 2 期。

刘世威:《鸟瞰世界评估发展之大观》, Science & Technology for Development, 2010 年第 3 期。

国际发展援助创新融资机制分析*

黄梅波　陈岳

摘要：要实行对外援助必须要有充足的资金来源。目前国际发展援助的资金主要源于两大部分：第一是传统的资金来源，主要是指 DAC 国家的 ODA，来源于各国的财政支出；第二是近年来开拓的创新融资渠道。本文在分析发展援助的传统资金来源的基础上，着重探讨在 ODA 增长速度难以及时完成千年发展目标的背景下，创新融资渠道的选择标准和发展状况，并根据融资的效果研究了 AMC、IFFIm、Debt2Health、机票统一税、（RED）产品、碳交易税等融资渠道的工作机制和融资潜力。

关键词：发展援助　对外援助　资金来源　创新融资

一　ODA 供应不足产生了对创新融资的需求

国际发展援助的资金来源主要可以分为传统资金来源和各种创新融资渠道。[①] 一方面，传统资金来源于援助国的财政预算或者区域和国际开发银行用于达成基金目标所发行的债券。对 OECD 发展援助委员会（DAC）国家来说，发展援助的传统资金主要来源于财政资金，即各成员国政府的税收。[②] 这一点可以在 DAC 成员国的年度政府财政报告上

---

* 原载于《国际经济合作》2012 年第 4 期，第 71—77 页。

① innovative financing for development 在有些文献中简称为 innovative financing，所以创新融资、发展创新融资和创新融资机制意义相同。

② 传统资金不包括特别为发展援助融资，但却可以计入 ODA 的资金来源。

得到体现。

另一方面,传统资金一直是对外援助的主要资金来源。据世界银行的统计数据,2000—2008年,为受援国提供的援助资金,总的官方发展援助(ODA)与发展银行债务之和(ODA + IFI bond)达到了12688亿美元。其中,总的ODA为9000亿美元,发展银行债务为3688亿美元。①

在2000年联合国的千年发展峰会上,世界上主要发达国家制订了将全球贫困水平在2015年之前降低一半(以1990年的水平为标准)的行动计划,简称千年发展目标(Millennium Development Goals, MDGs)。完成千年发展目标需要充足的发展援助资金,但是具体所需要的资金又是相当难以估计的。联合国2001年的一份报告显示,除了现在的发展援助之外,保守估计每年还额外需要500亿美元,才能及时完成千年发展目标。

为了完成千年发展目标,DAC组织制定了ODA/GNI达到0.7%的发展目标。具体到各个成员国,不同的国家对ODA/GNI有不同的承诺。如图1所示,虽然2009年所有成员国均实现了自己阶段性的承诺,但是大多数国家离联合国0.7%的目标仍然很远。虽然近年来DAC大多数成员国ODA的绝对数额相比ODA/GNI呈现了逐渐上升的趋势,但是ODA/GNI的比值提高却不多,尤其是对某些援助数额比较大的国家,如美国和日本,ODA/GNI的比值一直都很低(2010年美国和日本的这个比值都是0.2%)。所有DAC国家ODA/GNI加权水平2008年是0.31%,2009年是0.34%,ODA绝对数额2008年是1214.8亿美元,2010年是1284.7亿美元,援助额增加幅度不高。②

ODA的传统渠道的主要资金来源于国家财政预算,也就是来自于国家税收。要提高ODA/GNI就意味着在不压缩政府其他开支的情况下,要提高税收比重,或者在不增加税收的情况下压缩其他部门的开

---

① World Bank, Innovating Development Finance: From Financing Sources to Financial Solutions, 2009.

② OECD, Development Co-operation Report 2010, http://www.oecd.org/dac.

支。首先，提高税收需要提高公众对对外援助的支持程度。税收比重的增加幅度有限，意味着 ODA/GNI 增长幅度也是极有限的。其次，增加 ODA 而压缩本国其他部门的支出，在本国利益与对外援助之间，援助国会面临来自本国利益集团的压力，如日本从 20 世纪 90 年代一直处于经济的萧条期，在 2000 年之后，许多日本国民要求降低日本的对外援助水平，认为在国民经济状况不佳的情况之下，更多的资金应该优先用于改善国民的生活。之后日本政府开始大幅削减 ODA 支出。2008 年全球金融危机之后，很多 DAC 国家的经济状况恶化，有的国家甚至出现了主权债务危机，增加 ODA 支出面临的压力会更大。

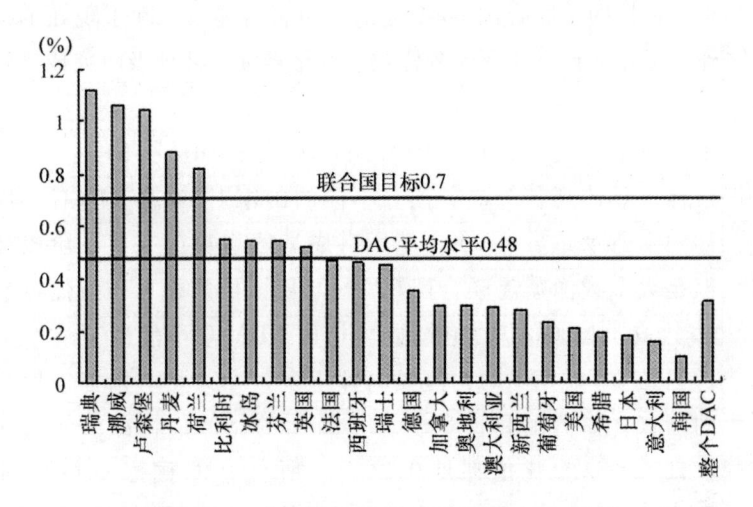

图 1 DAC 成员国 ODA/GNI 对照图（2009 年）

注：不按权重计算的 DAC 的 ODA/GNI 比值为 0.48%，如果按权重计算，即是 DAC 成员国中总的 ODA 与总的 GNI 之比，这个数值是 0.34%。

资料来源：OECD 发展合作报告统计附录，http://www.oecd.org。

因此，为实现千年发展目标，仅仅依靠各援助国政府提高对外援助预算以提升援外资金是不够的，潜力有限，而且也存在一定的不稳定因素，要使发展援助资金翻番就必须寻找相同数量级的创新融资方式，或者在 ODA 与创新融资两者之间寻求一种平衡。

二 创新融资的标准和定义

（一）创新融资的标准

2002年蒙特雷（Monterrey）国际发展融资会议开始提出要寻找创新融资渠道，之后许多发展援助创新融资的建议被提出。但是并非每种创新融资的建议都具有可行性。因为创新融资渠道的建立需要考虑种种因素。

作为发展援助传统资金来源的一种补充，创新融资需要满足如下的特征：切实的政治可行性、深厚的融资潜力、较快的融资速度，额外性、可预测性和可持续性。

第一，创新融资的政治可行性是十分重要的，接近千年发展目标2015年的每一年都预示着在接下来的时间里需要更多的资源。因此，相比有争议的建议，在国际社会上得到广泛认同的建议应当得到优先考虑。

第二，融资潜力也是一个重要的考虑因素。融资潜力要求税基足够大、足够稳固，为MDGs融资时没有过多的避税，没有强烈的政治反对。

第三，除了政治上的可行性和融资潜力，越临近2015年的最后期限，越强调迅速融资的必要性。如果援助国要兑现其承诺，每年的拖延都意味着后面年份更大的融资压力。受援国根据援助国事先的承诺制定了国内政策和计划，对得到援助资金的信心会帮助受援国形成计划—发展的良性循环。

第四，需要研究这些融资渠道是否真的是现存发展援助的额外融资渠道。发展援助的额外资金，可以通过更多的ODA或者创新融资获得。两种渠道之间的平衡，将决定发达援助国的负担程度和政治抵制程度。如果传统的ODA受到了创新融资渠道的影响，创新融资就难以达到与传统ODA共同实现MDGs的目的。蒙特雷框架下的一个共识是，创新融资渠道应该成为当前ODA承诺的补充融资方式。创新融资的扩张，不应该减轻发达国家的ODA责任。

第五，获得创新融资资金的受援国政府，仅可能在它们对额外援助的稳定性和可执行性有足够的信心时,才会做出积极的计划、正确的改革和投资。新形式的发展援助融资,必须是可预测的和可持续的。

(二) 创新融资的定义

目前发展援助创新融资在国际上还没有一致的定义。在这方面,世界银行通过详细定义资金的来源和利用方式赋予了发展援助创新融资方式两个层面的含义:其一是通过新来源及正常交易之外的投资为发展援助融资;其二是从根本上解决发展援助资金问题,涉及非传统方式的统一税(Solidarity),公私合作关系(Public-Private Partnerships,PPPs),催化渠道(Catalytic)的非传统融资方式(如表1所示)。[①]

表1　　　　　　　World Bank (2009) 创新融资的四种分类

		利用方式	
		公共	私人
资金来源	私人杠杆	**公私合作关系** 私人部门为公共服务和其他公共职能融资	**纯私人** 在市场上和民间社会中的私人机构
	动员公共支出	**统一税** 通过ODA实现公共部门向公共部门的资金转移	**催化** 公共部门对市场创造、发展,或促进私人进入已经存在市场的支持

资料来源:World Bank, Innovating Development Finance: From Financing Sources to Financial Solutions, 2009.

根据这种定义,创新融资囊括了相当广泛的融资机制,包括新兴国家的发展援助,多边发展银行发行的本国货币的债券等。

2010年OECD的一份报告则不同意世界银行的观点,报告认为创新融资应该包括支持国际发展援助的融资和行动机制,这种机制不应包括传统的官方或者私人支出方式。这些创新机制包括:用于增加或者发展受援国私人和公共税收的新方法;可用于发展援助的且有多年基础的

[①] World Bank, Innovating Development Finance: From Financing Sources to Financial Solutions, 2009.

新收益流（如新的税费、债券收入、销售和自愿捐赠机制）；用于应对市场失灵或者增加可持续的发展援助的新的激励（如财务担保、企业社会责任和其他奖励）等。

本文比较偏向于 OECD 对创新融资的理解。据世界银行的估计，多边发展银行的债券 2000—2008 年共募集了 401 亿美元，占到了总的创新融资（570 亿美元）的 3/4。多边发展银行对发展中国家发行的本国货币债券，可以缓解发展中国家对于资金的需求。但是借债总是要偿还的，仅将未来的钱用于现在而已，并不是提供同等数量的援助资金，因此其不符合创新融资额外性的要求。但是世界银行从来源和利用方式方面提出的创新融资的定义，为资金的分类提供一个良好的分析框架。本文仍将借用这种分析框架分析 OECD 所阐述的创新融资方式。

三 创新融资机制

根据 OECD 的定义，目前正在运行的创新融资方式中，融资效果比较明显的主要有机票统一税、IFFIm、AMC、Debt2Health、碳交易税和（RED）产品。从融资用途上看，这些创新融资方式大多都体现了对千年发展目标中健康部分的支持。机票统一税、Debt2Health 用于艾滋病、疟气和肺结核病的治疗；（RED）产品支持艾滋病的治疗；IFFIm 和 AMC 则致力于为疫苗的生产融资。从资金来源上看，它们大体可以分为两个部分，公共支出和私人市场。正在探索的创新融资机制中，融资潜力比较大的主要是 CTT，资金来自于私人市场。

（一）来自政府公共支出的创新融资机制

1. AMC

AMC（Advance Market Commitments）的出现是为了应对疫苗市场的短缺性。援助国向疫苗生产厂商承诺，如果疫苗生产出来，满足事先约定的标准并为发展中国家所需要，其将会以一个事先商定的价格购买疫苗。AMC 还答应向合作的疫苗生产厂商提供研究疫苗所需要的启动资金。如果 AMC 的基金被耗尽，厂商会按照约定继续在一段时间内按照事先约定的价格继续生产疫苗。援助国投入的资金确保了疫苗的价格，因此创造了一个切实可行的未来市场。

AMC 的构想首先由意大利在 2005 年的 G8 峰会上正式提出。2007年在罗马，6 个援助方，意大利、英国、加拿大、挪威、俄罗斯和盖茨基金，共担保了 15 亿美元的资金用于研究和开发肺炎疫苗。作为 AMC 的试点工作，其目标就是保证发展中国家能够在长时间内有充分的和负担得起的疫苗。

AMC 仍然是援助国（或组织）将特定的政府援助用于特定目的（疫苗）的结果，所以 AMC 仍可以算作援助国的 ODA。AMC 的资金则来自于政府的短期的财政预算资金。AMC 的融资更加快捷，但是也容易给援助国造成财政开支增长的负担。

AMC 通过与医药公司签订合同，生产前提供启动资金，生产后保证购买的方式，保证了疫苗的生产。另外一种重要的创新方式也促进了疫苗的生产，并且比 AMC 提供了更大的资金流量，这种方式就是 IFFIm。

2. IFFIm

从需求和供给两个角度都显示了对疫苗研制资金的需求。一方面，接种疫苗越早越好，人群中接种疫苗的比例越高越好。防止个人在儿童时期生病对个人的健康和将来都是无价的。同时接种疫苗也遵循"群体免疫"（Herd Immunity）效应，即使是对那些没有接种疫苗的人来说，接种疫苗的人群越大，未接种疫苗者发生疾病的概率越低。另一方面，大量用于研制疫苗的资金，可以使疫苗的生产商执行长期的研制计划，进行大规模的生产。

IFFIm 是指援助国通过发行远期债券，到资本市场出售，以换取当前发展援助所需要的资金。IFFIm 首先由英国于 2000 年开始实施，目的是为贫困国家提供疫苗的研制和接种所需要的资金。IFFIm 的实施遵循"Front Loading"原则，也就是援助国借取长期债券使其可以以更大的现金流量支持贫困国家对疫苗的短期需求。IFFIm 的参与国认为，虽然出售"疫苗债务"会有一定的成本，比如对债务利率的支付，但是所产生的收益可以极大地弥补成本。

IFFIm 的具体运作机制为，援助国向 IFFIm 提供债务保证，世界银行管理 IFFIm，IFFIm 向投资者出售"疫苗债券"，获取的资金用于支持疫苗相关项目。到 2011 年 6 月为止,正式承诺 IFFIm 债券的国家有英国、法国、意大利、挪威、澳大利亚、西班牙、荷兰、瑞典和南非。2011 年巴西有意愿成为 IFFIm 第十个援助国,准备承诺 0.2 亿美元的债券;意大利准备为 IFFIm 提供额外的 0.37 亿美元的债券。但是,IFFIm 是通过出售国家保证的债券获取发展援助所需要的资金,归根结底,这些资金还是政府资金,只不过是将将来的资金用于支持现在的项目。

表2　　　　IFFIm 参与国承诺金额（2006 年—2011 年 6 月）

IFFIm 参与国	英国	法国	意大利	挪威	澳大利亚	西班牙	荷兰	瑞典	南非
承诺年限（年）	23	20	20	15	20	20	8	15	20
债券金额（亿美元）	29.80	17.19	6.38	2.64	2.56	2.4	1.14	0.38	0.2

资料来源：IFFIm 网站,http://www.iffim.org/donors/#。

由于 IFFIm 获得了援助国政府的支持,由世界银行经营,并有国家谨慎授权的立法确保总会有足够的资金支付债务,IFFIm 的"疫苗债券"获得了 AAA 的评级。购买 IFFIm 的"疫苗债券",投资者可以获取市场回报率,还可以明白他们的资金是用于保护最贫困国家人民的健康。因此,对购买者而言,IFFIm 的债券还是有吸引力的。

IFFIm 债券的价格与主权债务类似。IFFIm 从 2006 年到 2011 年 6 月总共募集了 34 亿美元资金。① IFFIm 的总目标是在 2006—2015 年募集 40 亿美元的资金用于疫苗相关项目。截止到 2011 年 6 月,援助国提供给 IFFIm 的债务承诺已达到了 62.7 亿美元。

由于向 IFFIm 提供的债务承诺是由援助国担保的,IFFIm 所产生的资金也应该算作债务承诺国家的 ODA。IFFIm 通过发行债券的方式,为疫苗的生产融资。同样的资金,相对于 AMC 来说,对援助国财政预算的压力更小,可以获得的资金流更大。IFFIm 是 6 种正在运行的创新融资方式中融资额最大的一种。

---

① IFFIm 官方网站,www.iffim.org/library/publications/iffim-updates/iffim-update-6/。

3. Debt2Health

IFFIm 发行的是援助国的债券，Debt2Health 则利用了发展中国家对援助国的债务。Debt2Health 是一种有一定折扣率的债务交换协议。债权国免除债务国的双边债务，作为回报，债务国需要将通常相当于 50%的债务资金，提供给全球基金（Global Fund）。全球基金将所获得的资金用于支援债务国的健康项目。合作的净结果就是债权国免除了债务国的债务；债务国除了获得 50%的债务减免，还需提供 50%的资金用于本国的医疗服务。Debt2Health 主要面向不符合现在两大国际重债减免组织 HIPC 和 MDRI 减债标准的重债国。医疗服务主要面向艾滋病、肺结核和疟气等相关项目。

Debt2Health 具体实施的流程如图 2 所示。Debt2Health 协议一旦签订，首先，债务国就需要向全球基金提供对等的资金。这些资金不能来自债务国的健康预算也不能作为健康部门的开支。其次，支付完成之后，债权国就依据签订的双边协议，立即对债务国的债务进行减免。最后，全球基金接受了来自债务国的资金之后，将会根据政策和流程定期向债务国提供医疗健康方面的投资。如果在协议运行期间，债务国不能持续提供资金，或者不能适应新的建议，那么退出机制就开始启动了。退出机制要协调各方的利益，但是通常认为，如果债务国不能在 5—8 年内利用 Debt2Health 的资金，全球基金可以重新分配这些资金到其他国家。

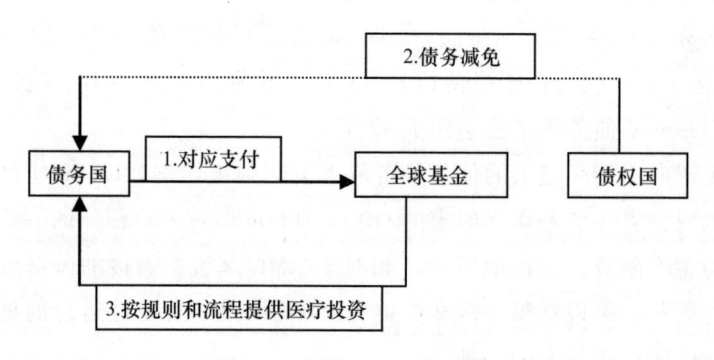

图 2　Debt2Health 工作流程

资料来源：全球基金网站，http://www.theglobalfund.org/en/innovativefinancing/debt2health/mechanisms/。

截止到 2010 年，全球已经签订了约有 1.6 亿欧元的 Debt2Health 债务交换协议。2007 年德国和印度尼西亚签订了 5000 万欧元的 Debt2Health 债务协议，同巴基斯坦签订了 4000 万欧元的债务协议；2010 年，澳大利亚同印度尼西亚签订了 7500 万澳元的交换协议，德国同科特迪瓦签订了 1900 万欧元的债务协议。[①]

Debt2Health 对参与的各方都产生了积极的影响。对债权国而言，通过 Debt2Health 项目，兑现了对全球健康事业的政治承诺，维持了 ODA 的增长，并由第三方监管，提高了援助的透明性和有效性。对债务国而言，参加 Debt2Health，减少了本国债务，增加了本国在公共健康上的长期稳定投资。对全球基金来说，通过参与 Debt2Health，有了更多可利用的资源。

Debt2Health 的优点包括：相对较低的运行成本，全球基金的立即执行性，债务国高度的主事权。

AMC、IFFIm 和 Debt2Health 资金均来源于国家公共支出。机票统一税、（RED）产品和碳交易税则来自私人市场。

（二）来自私人市场的创新融资机制

1. 机票统一税

机票统一税是通过对私人市场的利用来创新发展援助资金来源的。机票统一税是指在售出的机票价格上，基于自愿原则，增加用于发展援助的税收。征收的税额只占机票价格的一小部分，不能影响航空工业的发展。其具体的实施的方式如下，当乘客在实施机票统一税的国家订购机票的时候会接到如下的通知："先生，每张机票将会加收 2 美元，作为 UNITAID[②] 控制传染疾病的项目资金。如果您愿意提供更多的资助，我可以帮助您在您的机票中加收一个特别的费用……"不同的国家所收取的统一税不同，如最早实施机票统一税的法国对飞往欧洲境内的航班，每张经济舱机票征收 1 欧元，商务舱和头等舱征收 10 欧元。对于

---

① 全球基金网站，www.theglobalfund.org/en/innovativefinancing/debt2health。
② UNITAID 于 2006 年在联合国成立，依靠机票统一税作为主要的资金来源，致力于增加低收入国家治疗艾滋病、肺结核和疟气的药物。

飞往欧洲境外的航班，统一税则高达 40 欧元。大部分机票统一税的最终流向是 UNITAID。UNITAID 接受这些资金之后主要用于支持联合国千年发展目标的相关项目。如果这些统一税用于发展援助，则它就可以被看做各个国家的 ODA。

机票统一税的支持者的理念为：完全按照自愿原则对全球数目众多的航空乘客征收相对小的税款。这将在 3 个方面产生突破，第一，捐助不仅仅依靠发达的援助国；第二，它的稳定性不是基于附带关系，而是基于数目众多的小额捐赠；第三，网络自动支付系统能够管理这个系统——因此成本接近于零。

机票统一税得到了许多国家的有力支持，截至 2010 年 12 月，有 8 个国家已经实施机票统一税，有 4 个国家[①]承诺要实行这种统一税。法国征得的机票统一税在 2006 年底流向了 3 个国家：智利、毛里求斯和科特迪瓦。2006 年 7 月到 2009 年 12 月，法国的机票统一税总额是 544 百万欧元，90% 流向了 UNITAID，10% 流向了 IFFIm。[②] 其他承诺征收统一税的国家大多数也会将征收来的税款用于支持 UNITAID。UNITAID 现在的任务就是通过提供高质量的药物和治疗价格减免，加速工作进程，增加受援国获取治疗艾滋病、疟疾和肺结核的渠道。

2.（RED）产品

（RED）是为非洲艾滋病融资的一种带有公益性质的商标。（RED）向全球公司，如 Gap, Emporio Armani, Apple, Starbucks 等企业授权其商标。这些公司生产加有（RED）标志的产品，所获得的一部分利润（最高为 50%）会提供给全球基金用于非洲治理艾滋病。

（RED）的具体工作流程为：(1) 消费者注意到有（RED）标志的产品同没有该标志的产品价格相同。但是消费者选择有（RED）标志的产品意味着最高达 50% 的利润将会直接用于帮助消除非洲的艾滋病；(2) 消费者选择购买有（RED）标志的产品，生产厂商就提供最高 50% 的利润给全球基金而不是（RED）组织；(3) 全球基金将这些资

---

① 实施机票统一税的 8 个国家是喀麦隆、智利、法国、马达加斯加、马里、毛里求斯、尼日尔和韩国。贝宁、布基纳法索、科特迪瓦和刚果（民）正准备实施机票统一税。

② UNITAID Annual Reports 2007、2008、2009、2010. 及 UNITAID 网站，http://www.unitaid.eu。

金全部用于支持非洲地区的艾滋病项目,特别加强对妇女和儿童的关注;(4)这些资金帮助在加纳、斯威士兰、卢旺达、莱索托、赞比亚、南非及其他接受(RED)的国家中被 HIV 感染的人群;(5)结果就是购买与没有(RED)标志价格相同的产品,能帮助消除非洲的艾滋病。

出售(RED)产品所得到的一部分利润全部提供给了全球基金。全球基金和(RED)并没有抽取(RED)产品的利润作为机构的运作费用。(RED)组织通过直接向(RED)的合作公司收取授权费用为自己的经营融资。从(RED)的经营模式可以看出,(RED)的工作重心有两项:其一,同更多公司建立伙伴关系,让它们更多地生产带有(RED)标志的产品;其二,扩大(RED)产品在消费者中的影响力,使(RED)成为消费者信任和珍惜的产品标志。2006 年 1 月瑞士的达沃斯世界经济年会上,全球基金同(RED)的合作伙伴 Gap,Emporio Armani,American Express 和 Converse 向世界展示了带有(RED)标志的产品。在三个半月之内(RED)为全球基金募集了 2500 万美元。到 2007 年 1 月已经有 17% 的消费者熟知了(RED)产品。在 2008 年达沃斯世界经济年会上,又推出了 Dell 与 Microsoft 合作的带有(RED)标志的笔记本电脑。在苏富比(RED)的艺术品拍卖会上,共募集了 4200 万美元。到 2011 年 6 月,(RED)向全球基金提供了超过 1.7 亿美元的资金。①

相对于机票统一税,(RED)产品向大企业和私人提供了更为广泛和自由地参与国际援助的机会。机票统一税在国家层面上征收,所获得的资金可以算作 ODA,而(RED)产品则是由(RED)机构征收,因此不能算作 ODA。机票统一税是乘客"自愿"地向政府提供的发展援助,(RED)产品由私人购买,资金最终来自私人。

与上述两种相对自愿的捐助不同。碳交易税带有一定的强制性。

3. 碳交易税

碳交易税(Auctioning/Sales of Emission Allowances)是指政府通过拍卖碳排放许可证获得相应税收的行为。欧盟称应对气候变化,关键是要降低温室气体(Greenhouse Gas,GHG)的排放和发展低碳经济。为了实现这一目标,环境经济学家认为需要设定必要的政策引导工业、消

---

① http://www.theglobalfund.org/en/privatesector/red/?lang=en.

费者和政府降低碳排放。欧盟选择的政策是"总量管制和交易"（Cap-and-Trade）原则：政府设定特定时期内的碳排放总量，并且允许私人排放者进行交易。

2008年德国将90%的碳排放量免费发放给企业，10%的碳排放量以每个许可证25欧元的价格出售。4000万个碳排放许可证被出售，产生了大约10亿欧元的收入。2009年德国仍然只出售了10%的碳排放量。德国2008年和2009年共获得了15亿欧元的税款。欧盟商定，到2012年前，只出售10%的碳排放许可证。而2013年之后，EU-15国的所有的碳排放许可证都将出售。2010年，欧盟实际发放的碳排放总量为193.2亿吨，平均每吨的价格为14欧元，由于10%的碳排放量将由官方出售，欧盟当年可以获得约270亿欧元的收入。[①] 这些收入将归各成员国所有，用于增加国家预算，提升各国发展援助的能力。

但是需要注意的是，由于许可证按照市场机制进行交易，市场价格并不稳定，产生的收入也并不稳定。市场的碳交易税在2008年是每个许可证25欧元，而到了2008年年底价格是13欧元。另外，欧盟国家似乎也不太愿意将碳交易税的资金用于支持发展援助。截止到2010年仅有德国明确承诺将会将部分资金用于发展援助。德国2008年支出了1.2亿欧元碳交易税用于发展援助，2009年分配了2.07亿欧元作为发展援助资金。[②]

虽然已经有了上述重要的创新融资机制，新的创新融资机制还在不断探索中，现在潜力比较大的创新融资方式主要有货币交易税、碳税[③]、SDR[④]等。本文选取了研究相对成熟的货币交易税进行介绍。

---

① Committee on Climate Change 2011, Meeting Carbon Budgets – 3rd Progress Report to Parliament.

② http://www.bmz.de/de/was_wir_machen/themen/entwicklungsfinanzierung/innovative-finanzierung/emissionszertifikate.

③ 碳税（Carbon Tax）是指针对二氧化碳排放所征收的税。碳税与碳交易税的征税方式不同。碳税是通过对燃煤和汽油、航空燃油、天然气等化石燃料产品，按其碳含量的比例征税来实现减少化石燃料消耗和二氧化碳排放。对碳税的研究可以参见 Sandmo, 2004, Agnar, Environmental Taxation and Revenue for Development, in A. B. Atkinson, *New Sources of Development Finance*, Oxford University Press.

④ 对SDR的研究可以参见 Reisen, 2008, How to Spend It: Sovereign Wealth Funds and the Wealth of Nations, OECD Working Papers, OECD Development Centre Policy Insights.

4. 货币交易税

货币交易税（Currency Transaction Tax，CTT）通过向外汇交易征收极小的比例税，在尽可能小地影响市场的情况下，为发展援助融资。作为降低外汇交易资金流动不稳定性，降低汇率危机发生可能性的一种方法，CTT同19世纪70年代提出的Tobin Tax在概念上是有继承关系的。两个方法在税基和税收机制上是一致的，但是目的和税率不同。Tobin Tax的税率需要定得足够高以影响市场上的交易者，而CTT只需要极小的税率获取资金而不干扰市场的交易。

CTT的实现可以通过一国立法对实时全额支付系统（RTGS）征收外汇交易税。由于国际货币的交易量巨大，相当低税率的外汇交易税就可以产生大量可以用于发展援助又不影响市场的税收。据估计，全球每天的外汇交易量达到了3兆美元，向英镑征收0.005%的CTT每年就可以获得49.8亿美元的税款，对日元征收CTT每年可获得55.9亿日元的税款，对欧元征税每年可以获得122.9亿美元的税款，对美国美元征税每年可获得283.8亿美元的税款。如果对四大货币联合征收CTT的话，每年可以产生334.1亿美元的税收。[1] 估计实行联合CTT，可以获得170亿—310亿美元的收入，Spratt则认为是240亿美元[2]。有研究者估计，0.005%的交易税率仅会使交易差价增加一个百分点，交易额降低14%，这样既在外汇交易的可变范围内，又不会破坏外汇交易市场。[3]

依靠交易银行的计算系统，参与国联合立法通过RTGS征收CTT，可以有效地解决实行CTT的技术性问题。实行单边的CTT制度也可以解决双重和多重税收的问题。同时，可以在保持市场稳定性的前提下，获得大量的税收，一些技术性的问题也容易解决。但实施单边CTT，也

---

[1] Schmidt, The Currency Transaction Tax: Rate and Revenue Estimates, The North-South Institute (Canada), 2007.

[2] Nissanke, "Revenue potential of the currency transaction tax for development finance: a critical appraisal", in A. B. Atkinson, *New Sources of Development Finance*, Oxford University Press, 2004.

[3] Schmidt, The Currency Transaction Tax: Rate and Revenue Estimates, The North-South Institute (Canada), 2007.

会产生一些无法回避的问题。除了本国可以实现汇兑之外，还有各种离岸金融市场可以供外汇交易者兑换外汇，所以如果仅有少数国家实行CTT，就难以避免各种避税行为。由于CTT可以看作本国对外国通货的一种歧视，这与欧盟内部和欧盟同其他国家签订的GAT条约的非歧视性原则相违背。CTT是由CTT执行国征收，因此也会出现将CTT作为"国内税收"（domestic revenue）使用的问题。

由于国家单边的CTT难以解决避税行为，"国内税收"问题和对国际贸易非歧视条约的违背这些困难导致了多边CTT的产生。多边CTT是指国际上实现征收CTT的中央集权机构，通过全球结算，多边CTT银行垄断了CTT，可以有效地阻止各种避税行为，避免了国家层面上的收集和分配，集中收取CTT，也可克服"国内税收"问题。多边CTT也遵循非歧视和自由贸易原则，因为多边CTT并没有因为货币不同而改变税率。低税率克服了由于不同国家收税发生的频率不同而产生的"税收不对称"效应。假设金融机构将CTT的成本转移给它们的顾客，那么CTT引发的市场冲击也会被均匀地分散。为了能支持全球公共产品，对全球经济轻微地征税，这种税收也具有合理性。

传统资金难以按时完成千年发展目标催生了创新融资机制，但是现存创新融资机制的融资能力并没有达到预想的目标。即使按照世界银行放宽的标准，从2000年到2008年融资金额为570亿美元，也仅占ODA总额的4.5%。实现千年发展目标的主力仍是传统资金。目前亟须继续扩大DAC成员国ODA/GNI的比例并探索新的创新融资方式以实现千年发展目标。

首先，作为传统资金的一种补充，创新融资对发展援助所起的作用越来越大。2006年产生了（RED）产品和机票统一税，随后又产生了IFFIm和AMC等创新融资方式，新的创新融资机制的实施带来新的资金。这些资金来源促进了千年发展目标尤其是健康相关部分目标的完成进度。

其次，需要挖掘现存创新融资机制的融资潜力。例如（RED）产品需要与更多的公司签订合作协议，使更多的公司能够参与发展援助，同时必须扩大（RED）产品的知名度，以及增强消费者对（RED）产品的认同度，这样就能增加（RED）产品的收入进而扩大援助资金流。

再次，需要继续探索和实施新的创新融资机制。现在探索出来的创新融资机制很多，已经有机构分析过上百种的创新融资机制。① 还有新的创新融资机制正在被不断地提出和分析。有必要加强国际合作促进有潜力的创新融资机制（如CTT）实施。受机票统一税的启发，2010年一种被称为MASSIVEGOOD的志愿统一税捐助机制（Voluntary Solidarity Contribution）已经被创立。这种机制用于旅游产品的自愿捐助，资金全部流向环球健康组织（Global Health）。

最后，保证创新融资机制是对传统资金来源的补充而不是替代。在融资能力不大的情况下，创新融资机制需要保持其额外性。由于很多国家内部实行的创新融资机制都可以看作是ODA（如参与国向IFFIm和AMC提供的资金），DAC需要密切关注这些政府预算中对ODA的贡献程度是否有相应程度的降低。

参考文献：

Nissanke, "Revenue potential of the currency transaction tax for development finance: a critical appraisal", in A. B. Atkinson, *New Sources of Development Finance*, Oxford University Press, 2004.

OECD, Innovative Approaches to Funding the Millennium Development Goals, 2004.

OECD, Innovative Financing to Fund Development: Progress and Prospects, 2010.

Schmidt, The Currency Transaction Tax: Rate and Revenue Estimates, The North-South Institute (Canada), 2007.

Spratt, A Sterling Solution: Implementing a Stamp Duty on Sterling to Finance International Development, Stamp Out Poverty, 2006.

Taskforce Working Group 2, Raising and Channeling Funds, 2009.

World Bank, Innovating Development Finance: From Financing Sources to Financial Solutions, 2009.

Zedillo, Report of the High-Level Panel on Financing for Development, http://www.un.org/reports/financing/report_full.htm, 2001.

---

① Taskforce Working Group 2, Raising and Channeling Funds, 2009.

知识合作在国际发展援助中的作用[*]

黄梅波 朱丹丹

摘要：近年来，援助双方的合作方式开始从资金合作为主逐步转向资金合作与知识合作并重。目前，知识合作主要以国际组织和发达国家为主导，但南南知识合作作为一个重要补充，其重要性在不断显现。本文首先给出了知识合作的定义、内容和方式；接着，选取世界银行和联合国开发计划署、主要发达国家，以及南南知识合作三种形式分析了国际社会的知识合作实践；最后，结合中国的知识合作实践，针对中国如何在对外发展援助中开展知识合作提出了相关政策建议。

关键词：知识合作 南南知识合作 世界银行 联合国开发计划署

在国际发展援助中，单纯的资金合作不能发挥很好的援助效果，而以发展经验和知识共享为主要内容的知识合作则可以带动和促进资金合作，提高援助的有效性。近年来，国际社会采取了诸多措施开展知识合作，国际援助模式逐步从以单纯的资金合作为主转变为资金合作和知识合作并重，国际组织和发达国家在其中发挥着主导作用。与此同时，以"金砖"国家为代表的南南合作的作用逐渐显现，成为南北知识合作的重要补充

平台和专题领域的服务中心为发展中国家提供分享发展知识和经验的平台，如联合国秘书处。

中国作为国际发展援助领域日益重要的一支力量，知识合作在其援

---

[*] 原载于《国际论坛》2013年第3期，第21—27页。

助活动中的重要性不断增加。在对外援助中，中国可以通过将知识合作与资金合作相结合，尊重受援国的主事权，合理选择合作方式等措施开展知识合作，提高援助的有效性。

一　知识合作的概念、内容和方式

到目前为止，国际社会尚未给出知识合作的定义。本文认为，所谓知识合作是指不同国际组织之间、不同国家之间、国际组织和国家之间，通过各种方式获取、传播和共享、应用发展知识和发展经验，以指导和促进一国经济更快更好发展的相关活动。国际发展援助中的知识合作更多是指援助国或国际组织通过非资金援助的形式将援助国的发展知识或技术分享给受援国，以提高援助的有效性，更好地推进受援国的项目实施、理念更新、体制改革、制度创新和能力建设。

上述定义可以从三个方面来理解：从目的上来讲，知识合作的主要目的是希望通过发展知识和经验的共享和应用最终促进一国的经济社会更快更好发展，即经济发展不是知识合作的唯一目的，知识合作往往具有社会、生态等多重目的。从内容上来讲，与单纯的资金援助不同，知识合作主要是发展知识和发展经验——先进技术、管理理念、体制机制等——的共享和应用，其涉及的领域非常广泛，如发展模式、削减贫困、公共部门治理、环境保护、金融市场化等，一般而言，合作内容与受援国目前经济社会发展的优先领域密切相关。从方式上来讲，知识合作的方式有分析和咨询业务、技术援助（侧重非贷款技术援助）、能力建设、项目实施管理等。其中，分析和咨询业务往往采取经济调研和调查报告、政策建议、研讨会等方式，形式较为灵活；技术援助最大的特点是通过引进"外脑"，帮助分析和解决发展中的实际问题，它一般与资金合作相结合，并以具体的项目为载体，以资金、项目的合作带动技术、知识合作；能力建设最重要的方式就是人才培训，特别是公共部门人员可持续规划、实施和管理发展进程能力方面的培训；项目实施管理主要通过支持试点和示范项目实现项目管理经验及其他知识和技术的传播和共享。知识合作的各种方式常常是交叉进行、相互促进的，而且多与资金合作同时开展。

二 国际发展援助中的知识合作

进入21世纪,知识合作越来越受到国际组织和援助国的重视,其中,世界银行作为"知识银行",其知识合作在国际发展援助中尤为突出;联合国开发计划署(UNDP)也积极通过知识合作帮助发展中国家消减贫困和早日实现联合国千年发展目标;美国、日本等发达国家也希望通过知识合作提高其援助的效果;随着发展中国家国际地位的迅速提升,南南合作正在成为南北合作的重要补充,南南知识合作的重要性也在逐渐增加。

(一) 国际组织的知识合作——以世界银行和联合国开发计划署为例

世界银行和联合国系统是国际组织中开展知识合作的典范,而UNDP又是联合国系统中开展知识合作的最重要力量。因此,本文以世界银行和UNDP为例,结合知识合作的四种主要方式,分析国际组织在发展援助中的知识合作活动。

1. 世界银行的知识合作

二战后,世界银行一直被定位为传统的银行机构,发展知识只是帮助其发展援助战略发挥作用的辅助工具。1996年,詹姆斯·沃尔芬森行长在世界银行年会上首次提出,世界银行将致力于成为一个"知识银行"。世行的知识合作活动包括分析和咨询服务、非贷款技术援助、能力建设以及项目实施管理。

(1) 分析和咨询服务

分析和咨询服务一直是世行对外援助战略的重要方面,目前,经济和部门调研(Economic and Sector Work,ESW)已成为世行分析和咨询服务的主要内容,并在受援国产生了很大影响。[①] 经济和部门调研旨在影响借款国制定政策和计划,其主要内容包括国别援助战略(Country

---

① 江钱:《中国与世界银行知识合作研究》,硕士学位论文,财政部财政科学研究所,2010年。

Assistance Strategies）核心诊断报告和整体政策对话、国家咨询及区域报告，还包括政策备注（Policy Notes）、讲习班和研讨会等。就涉及的部门而言，司法、公共部门管理，金融部门、私人部门发展是经济和部门调研的重点。2009 财年，世行完成了 39 份国别援助战略文件和 6 份部门战略文件，开展了 437 项经济部门研究。①

世行提供的分析与咨询服务是与资金援助联系在一起的。进一步来讲，世行的知识合作采取双轨模式，即通过向受援国提供贷款使其信任和支持新技术，同时通过经济和部门调研在一些政策问题上说服受援国政府。这种模式在很多部门总体上是有效的，但在援助资金有限的情况下，有时会出现资金援助和技术援助在具体部门和项目上的脱节。

作为整体国别援助计划不可缺少的组成部分，分析和咨询活动越来越强调国家自主权、参与进程、能力建设、伙伴关系和结果。因此，世行努力提高其与其他援助方分享信息的能力，期望其政策与程序能同其他援助方的政策与程序相互协调，并与它们建立伙伴关系开展联合分析调研。其他援助机构也认同世行的经济和部门调研工作，并以此参考制定自己的援助策略。

（2）非贷款技术援助

非贷款技术援助是世界银行知识合作的重要组成部分，也是其帮助发展中国家提高发展能力、完善发展制度的重要措施。世界银行对发展中国家的非贷款技术援助主要体现在具体的体制机制的完善，如社会经济发展政策、投资计划等方面，且其提供的技术援助往往与提供贷款相结合，例如，世行曾通过技术援助项目支持中国会计制度的现代化改革、养老金制度改革、金融体制改革等。近几年，世界银行的非贷款技术援助活动迅速增加，2009 财年开展了 545 项非贷款技术援助活动，远远多于 2005 财年的 351 项。

（3）能力建设

为了确保发展规划的制定符合可持续性和实施的有效性，受援国必

---

① The World Bank, "The World Bank Annual Report 2009", p.61. published by the Office of the Publisher, External Affairs, the International Bank for Reconstruction and Development / World Bank, http://www-wds.worldbank.org/external/default/WDSContentServer/WDSP/IB/2009/08/27/000334955_20090827040954/Rendered/PDF/501750WBAR02009.pdf, 访问日期：2011 年 5 月 9 日。

须具备制定、管理和实施良好发展规划的能力。世行主要通过世界银行学院（World Bank Institute，WBI）和专门的能力建设项目为知识合作伙伴提高发展能力提供支持。

世行学院旨在促进发展知识的学习和共享。它一般根据受援国的能力需求设计能够满足这些需求的能力建设活动，包括提供技术援助、开展专题学习、组织总理级别务虚会、开设网上学院（e-Institute）及其他领导能力开发计划。世行学院还建立能力建设机构，通过推介有示范性的实践活动、召开研讨会、开设网站和举办专题活动促进发展知识的交流和共享。除提供重要的知识和教育计划外，世行学院还对45个重点国家的长期能力建设提供了支持，其中14个是非洲国家。

世行于2000年6月开通了全球发展学习网络（Global Development Learning Network，GDLN）并设立了11个学习中心。GDLN最初是一个单向的学习渠道，如今已发展成为一个通过全世界110多个学习中心使用互动式视频会议和电子学习技术的自动、即时知识交流团体。为应对金融危机和经济危机，WBI发起了一系列针对面临相似政策挑战的国家的实时全球对话；通过GDLN召开的视频会议，中等和低收入国家官员可以围绕当前和以往的危机相互交流经验。

（4）项目实施管理

世行依靠成功项目的示范作用引入新技术和管理方法，或引入政策改革以发挥项目的效果。这种自下而上的推广过程使受援国从实践中学到了项目实施和管理的经验和技术，如竞争性招标采购、环境和社会影响评估等。以中国与世行的合作为例，改革开放初期，通过与世行的项目合作，以成本—收益分析为基础的现代化项目评估技术在中国得到广泛应用；1984年，在云南鲁布格水电项目中，中国首次引入国际竞争性招标制度，创造了"鲁布格模式"，并在其他领域加以推广；1987年，在京津塘高速公路项目中，中国首次引入了第三方工程监理制度，为公路建设管理体制改革提供了有益借鉴。这些先进的管理制度和方式以及世行贷款项目通用的提款报账制、业主负责制等目前业已成为中国重大工程项目的标准做法。①

---

① 谢世清：《中国与世界银行合作30周年述评》，《宏观经济研究》2011年第2期。

2. 联合国开发计划署的知识合作

UNDP 的价值定位是致力于构建一幅更加宏大和可持续性的人类发展蓝图。这一价值定位充分体现在其对千年发展目标（Millennium Development Goals，MDGs）的追求上。2015 年就是 MDGs 的截止年，因此，UNDP 特别强调向那些已实现或超过这些目标的国家和地区学习，共享它们的发展能力建设方法和解决发展问题的方案。UNDP 通过提供政策分析、技术援助、战略性领导能力培养、创新性制度安排等知识合作方式，促进受援国的能力建设和制度变革，推动其早日实现千年发展目标。

（1）分析和咨询服务

UNDP 主要采取宣传倡议、政策对话、论坛等方式开展分析和咨询服务。为了提高发展中国家的政府、媒体、民间社会、私营部门对千年发展目标的认识，UNDP 与各国合作开展了一系列宣传活动，如组织研讨会、发挥媒体在报道 MDGs 方面的作用，与私营部门合作，鼓励商业领域的参与，加强国家和地方一级政府在收集、分析千年发展目标数据方面的技术能力等。UNDP 会为国家提供基于实践的政策建议和诀窍，帮助其获取和管理国内外资源，巩固发展成果。[①] UNDP 还会和发展中国家联合举办各种研讨会和论坛，讨论和分享发展经验，并为其发展战略的制定提供政策建议。例如，2011 年 2 月 25 日，联合国开发计划署和中国国际扶贫中心共同举办了"中国新发展阶段中的减贫挑战与对策"国际研讨会，在中国从"十一五"向"十二五"计划转变的关键时刻，该研讨会为中国未来十年减贫战略的最终确立提供了宝贵的意见。

（2）技术援助

UNDP 是世界上最大的多边技术援助机构，由联合国 1949 年设立的"技术援助扩大方案"和 1959 年设立的"特别基金"合并而成。在技术援助中，UNDP 本身并不负责援助项目的具体实施，它主要是派出

---

① UNDP，"UNDP in Action-Annual Report 2010/2011"，2011 年 5 月，p. 11，published by the Office of Communications/Partnerships Bureau, United Nations Development Programme, New York, http：// www. undp. org，访问日期：2012 年 9 月 9 日。

专家进行项目的可行性考察，担任技术指导或顾问。UNDP 的技术援助活动在 MDGs 中的"确保环境可持续性"这一目标上体现得尤为明显。例如，2011 年，为了支持非洲对清洁能源技术的利用，UNDP 帮助当地建立了补贴制度，并培养了当地的科技能力，为私人部门投资风能营造了有利环境；1991—2011 年，UNDP 帮助 124 个国家的重要部门——如制冷和空调部门、化学制剂部门、农业部门和医疗部门等——采取了降低臭氧消耗物质的技术，这既有利于降低生产成本，又节能环保。[①]

UNDP 技术援助的特点是"国内实施"（National Executive）。该制度的主要内容是受援国政府在 UNDP 的资助下，可以自主地决定包括项目设计、实施、合作机构、资金用途、时间表等技术援助项目的开展。UNDP 对援助的控制是要求受援国政府向 UNDP 的行政干事负责，保证采取最适当的执行安排，保证 UNDP 资助的技术合作项目的质量及合理的财政安排。这种"国内实施"的最大优越性在于受援国政府能够控制整个援助的进程，并根据现实需要做出适当的调整。

（3）能力建设

UNDP 将促进受援国的能力建设视为其实现 MDGs 的重中之重，为此，其设立了能力建设小组（Capacity Development Group，CDG）以支持受援国的相关活动。UNDP 目前支持 90 多个国家的能力建设以帮助它们吸引更多的投资并更好地管理投资项目和协议。

作为国家能力的基础，知识是增强国家能力的关键，它可以使国家体系更好、更稳定地运转。UNDP 支持受援国的知识网络和知识获取机制的构建以促进它们有效和可持续地获取知识。2007 年，UNDP 支持了非洲可持续、教育和变革管理（Sustainability、Education and the Management of Change in Africa，SEMCA）这一在线网络，该网络提供了发展知识学习和交流的平台，旨在培养一批具有决心和能力推动发展的改革者。UNDP 还与乌干达马凯雷雷大学（University of Makerere）合作开展农学课程，以应对农村地区的发展需求。该项目的目的是培养一批毕业生骨干，使其具备实施农村发展规划和实现国家发展目标的知识和技

---

① UNDP, "UNDP Annual Report 2011/2012", 2012 年 7 月, p. 21, published by the Bureau of External Relations and Advocacy, United Nations Development Programme, New York.

能，学员学成后必须回到其原来所在的农村地区将其所学付诸实践，促进农村地区的发展。

此外，CDG还对受援国的发展能力建设进行评估，并将其经验和信息反映在政策文件和具体的项目实施过程中。2007年2月，CDG建立了一个能力建设全球演练小组（Community of Practice），该小组由UNDP职员和UN其他机构、各国政府、非政府组织、学术机构及其他部门的专家构成，至今已有1300多名成员。利用UNDP电子邮件网络即Capacity-Net，小组成员可以交流能力建设经验、提供同行支持（Peer Support）、共享信息和知识资源并提供及时的专家建议。目前，CDG已在非洲、阿拉伯国家、欧洲和独联体国家（Commonwealth of Independent States，CIS）建立了大量的区域演练小组。

此外，UNDP也会通过支持试点和示范项目等方式开展知识合作，促进发展经验和知识的共享和应用。

（二）发达国家的知识合作

发达国家与发展中国家特别是较为落后的发展中国家之间的知识合作大多采取技术援助的方式，并据此培养发展人才。其中，美国、日本、德国作为世界上三个最重要的援助国，其技术援助的发展和运行模式具有重要的借鉴意义。早在二战初期，美国就已经在拉丁美洲进行系统的技术援助。纵观美国技术援助的历程可知，其技术援助的主要形式是派遣美国的技术专家，通过执行特定项目的方式，一方面帮助受援国解决具体的发展问题，另一方面帮助培养当地的技术人员。[①] 日本国际合作事业团（Japan International Cooperation Agency，JICA）是日本执行技术援助的负责机构。日方称，技术援助以为发展中国家培养人才为目的，向对方的居民传授日本的技术和知识。日本的技术援助形式包括接收进修生、派遣专家、专项方式技术合作、开发调查等。此外，日本还有一个颇具特色的派遣"花甲专家"的制度，就是将已退休的技术人员派遣到国外，让其发挥多年积累下来的

---

① 《日本对华援助调查》，21世纪环球报道，http://www.china.com.cn/chinese/ch-yu-wai/215266.htm，访问日期：2012年9月13日。

技术、知识和经验。① 德国与发展中国家双边技术合作的实施方式主要包括：派遣专家、人员培训、与科研机构和高校合作等。② 其中，德国的人员培训特别注重实践，通过培训来自发展中国家政治与经济界的管理和专业人员，提高其管理水平和专业素质，使之更好地制定和实施政策与项目，改善人民的生活。

（三）南南知识合作

目前，南南合作形式新颖且广泛，既有有形合作（资本和技术）也有无形合作（发展知识和解决方案），面临相似挑战的国家之间开展南南知识合作，日益被视为一种促进能力建设和创新的手段。南南知识合作致力于提高发展中国家政府的政策制定和执行能力，强调各国平等自主选择和设计适合本国国情的发展道路，鼓励发展中国家间开展平等、多向的政策交流。南南知识合作并非仅仅采取发展中国家之间合作的形式，而是大多都有发达国家特别是国际组织的参与和支持。因此，可以将南南知识合作的形式分为南—南、南—国际组织—南以及南—北—南三种。

1. 南—南形式的知识合作

近年来，南—南形式的知识合作在南南知识合作中发挥越来越重要的作用。发展中国家出现了许多区域性和世界性的发展促进中心，致力于推动本地区及世界其他地区发展中国家的社会经济发展。许多发展中国家都制定了长期战略，促进发展中国家之间的相互学习和以需求为导向的实际应用，以促进全面发展和增长。发展中国家之间的相互学习和知识共享已扩大到众多领域，如社会公正和法治、性别平等、危机预防和恢复、疾病预防和控制、农业多样化和食品安全、气候变化、新能源和可再生能源的开发与利用等。

在南—南知识合作中，中等收入国家发挥着至关重要的作用，特别是"金砖"国家。例如，按照印度—非洲论坛的进程，印度已经承诺

---

① 《日本对华援助调查》，21世纪环球报道，http://www.china.com.cn/chinese/ch-yu-wai/215266.htm，访问日期：2012年9月13日。

② 鹿宁宁：《我国对发展中国家的技术援助策略研究——以农业机械技术援助为例》，硕士学位论文，中国农业机械化科学研究院，2011年。

建立 80 个能力建设机构；巴西在非洲开发银行的支持下，在撒哈拉以南非洲分享其在国家能源独立和生产生物燃料方面的经验；新加坡则与亚洲和非洲国家分享了其在公共部门管理方面的专业知识。①

2. 南—国际组织—南形式的知识合作

这种三方合作形式强调国际组织在促进南南知识合作中的主导作用，即国际组织通过资金和技术援助发挥中介作用，为发展中国家之间的知识合作提供更多机会和平台。

联合国专门机构开展了众多活动支持南南合作。其中，与南南知识合作有关的两个重要的、正在发展的新主题是：越来越依赖网络平台以促进知识和经验分享，建立或强化战略专题领域的南方英才中心。

联合国秘书处的一项举措是由秘书长倡议开发一个被称为 Cap-Match 的网络平台，预计该网络平台将把冲突后国家的民众需要与现有恢复和平的资源相匹配，在面临同样挑战的国家中分享经验教训。世界银行也采取新的方法支持南南知识合作。联合国贸发会议则建立了一个英才中心网络，通过培训科学工作者和技术专家，支持向非洲转让技术和知识。② UNDP 作为发展中国家在实现千年发展目标方面交流发展解决方案、知识和技术的重要平台，也注重举行南南政策对话，进行政策研究和分析，以便于发展中国家的政策制定。为促进南南知识合作，UNDP 协助建立了一些专题英才中心，例如在巴西设立了国际包容性增长政策中心，在韩国和新加坡成立了其他中心。这些中心研究政策有效性，记录解决方案，编写政策简报，支持知识宣传/网络，并为政策对话论坛提供方便。

此外，联合国教科文组织、世界卫生组织等机构也通过各种措施促进发展中国家在具体领域的知识和最佳做法的交流和共享。2008 年，教科文组织在马来西亚成立了科学、技术和创新领域南南合作国际中心，该中心创设了最佳做法交流中心，为分享发展经验提供了方便。世卫组织也积极建立区域技能机构和伙伴组织网络，以促进对卫生部门的

---

① 联合国：《南南合作高级别委员会第十七届会议——南南合作促进发展》，2012 年 5 月，第 8、10 页。
② 国务院新闻办公室：《中国对外援助白皮书》，2011 年，www.scio.gov.cn，访问日期：2011 年 12 月 3 日。

技术援助，该网络通过建立"知识中心"进行培训和技术协助活动，传播和交流知识与经验。

3. 南—北—南形式的知识合作

与南—国际组织—南形式的知识合作类似，发达国家在该合作形式中发挥了主导和中介作用，主要发达国家都力求把南南政策学习纳入援助政策和方案。这种三方合作的主要赞助国包括日本、美国、德国、加拿大和西班牙，其中日本和美国拥有最多的三方合作项目，涵盖各种各样的问题。2010年，日本国际合作事业团支持了一项灾害风险管理和气候变化方案，该方案把太平洋和加勒比的小岛屿发展中国家召集到一起，建立了由高素质专家组成的支持网络，由这些专家们协助发展中国家制定政策，并就缓解风险提供咨询；

欧盟委员会欧洲对外行动局则启动了核生化及放射性材料英才中心项目，旨在通过设在非洲、中东和亚洲的8个次区域中心，建立联合行动机制。

三 中国国际发展援助中的知识合作及政策建议

中国是南南知识合作的坚定支持者和积极实践者。中国自身已经积累了丰富的发展知识和经验，可以通过南南知识合作提供给受援国和其他发展中国家，促进其经济、社会发展和MDGs的实现。同时，中国也希望借鉴和吸收其他发展中国家的经验，以解决自身发展中不平衡、不协调、不可持续的问题。

（一）中国国际发展援助中的知识合作

中国在国际发展援助中主要通过南—南形式和三方合作的形式开展知识合作。其中，南—南形式的知识合作主要采取技术援助和能力建设的方式；而三方合作形式中最重要的是与国际组织的合作，主要采取政策咨询、能力建设等方式。

1. 南—南形式的知识合作

在技术援助方面，中国作为广大发展中国家的一员，一向高度重视与其他发展中国家的技术合作，并针对其他发展中国家经济社会的发展需求，开展技术援助和转移。中国的技术合作一般是由中国派遣专家，对已建成的成套项目的后续生产、运营或维护提供技术指导，就地培训受援国的管理和技术人员；帮助发展中国家为发展生产而进行试种、试养、试制，传授中国农业和传统手工艺技术；帮助发展中国家完成某一项目的专业考察、勘探、规划、研究、咨询等。[①] 截至2011年底，"中国基金"[②] 已累计支出约1940万美元用于支持47个技术援助项目。近年来，中国政府积极推进"中非科技伙伴计划"，帮助非洲国家培育和壮大自己的科技创新能力；积极谋划启动"中国与东盟科技伙伴计划"，共同促进东盟国家的可持续发展。

在能力建设方面，中国自1953年开始实施人力资源开发合作项目，该项目通过多、双边渠道为发展中国家举办各种形式的政府官员研修、学历学位教育、专业技术培训以及其他人员交流项目，帮助发展中国家培养发展所需的科技人才和管理精英。自2001年至2010年，中国科学技术部国际合作司一共举办了310个发展中国家技术培训班，来自上百个国家的近6000名管理和技术人员参加了学习和交流。[③]

在政策分析和咨询服务方面，目前，中国在这方面的服务还很少，主要是将其发展模式和成功经验通过国际组织介绍给其他发展中国家。具体形式则多是通过研讨会的形式进行发展经验的交流和学习，几乎不涉及经济和部门调研及相关政策建议。

2. 三方知识合作

中国在开展双边知识合作的同时，也与部分国际组织和国家在政策咨询、能力建设、培训等方面开展了一些三方合作和区域合作，并取得

---

① 国务院新闻办公室：《中国对外援助白皮书》，2011年，www.scio.gov.cn，访问日期：2011年12月3日。

② 2004年，中国向亚行捐款2000万美元设立了一项技术援助基金，即"中国减贫与区域合作基金"（简称"中国基金"），用于促进亚洲发展中国家的扶贫和区域合作，这是中国首次通过国际组织设立的合作基金，也是亚行历史上第一个由发展中国家设立的合作基金。中国政府2011年宣布再次出资2000万美元续设中国基金，推动亚太地区的减贫与发展，促进区域合作与知识共享。

③ 《中国加强与发展中国家合作，科技援外系重要部分》，广东新闻网，2011年3月，http://www.gd.chinanews.com/2011/2011 - 03 - 02/2/93544.shtml，访问日期：2012年9月15日。

了积极成果。继 2004 年成功举办上海扶贫大会后，2008—2012 年，中国财政部与世行合作成功举办了四届"中非共享发展经验高级研讨会"，开辟了中国与世行合作框架下南南知识合作的新形式，被世行誉为南南知识合作的典范；2007—2010 年，与世行、亚行联合举办了"上海国际发展评价培训项目"，培训了包括中国在内的 27 个国家的 510 名学员，增强了亚太地区的绩效评价能力。在与联合国系统合作方面，1981 年，中国开始与联合国开发计划署合作，在华实施发展中国家间技术合作项目，30 多年共为其他发展中国家培训技术人员 6000 多名；与国际农业发展基金（International Fund for Agriculture Development, IFAD）连续举办了四届"南南知识合作研讨会"，推动了亚洲和非洲发展中国家在农业和扶贫领域的政策经验交流；自 1996 年起，中国与联合国粮食与农业组织合作，向发展中国家派遣中国农业专家，截至 2009 年底，累计向非洲、加勒比和亚太地区 22 个国家派遣 700 多名农业专家和技术员。依托"中国—亚行知识共享平台"，中国与亚行合作成功举办了三届以南南知识合作为主要内容的"中国—亚行知识共享平台"高级研讨会；2012 年 8 月，中国和亚行共同组建了区域知识共享中心。该中心将重点推动大湄公河次区域、中亚区域经济合作等机制下的政策对话、知识交流和业务培训，为加强发展中国家的机构能力建设服务。

（二）中国知识合作的政策建议

为了更好地提高援助效果，充分发挥知识合作在发展援助中的作用，中国在知识合作中需要注意以下几点：

1. 将知识合作与资金合作相结合

单纯的知识合作并不能达到预期的目标，但发展中国家仍然贫困，缺乏足够的资金满足技术、知识投入方面的需求，因此，中国在开展知识合作时，必须有相应的资金援助，并将资金援助和知识合作相结合。具体来讲，要以资金投入为媒介，以具体项目建设为载体，以资金和项目合作更好地带动知识合作，实现知识创新、技术创新和制度创新。反过来，进一步以知识合作的成果推动资金援助项目的完成。

2. 尊重受援国的主事权，因地制宜地制定合作策略

长期以来，中国在对外援助中一直坚持"不干预主义"，充分尊重受援国的主事权（Ownership）。在南南知识合作中，中国始终坚持"需求主导、虚实结合、全面协调、注重实效"的原则，"需求主导"这一原则对于提高知识合作的有效性尤为重要。中国的知识合作方案要充分考虑受援国自身的发展战略和优先事宜，据此为其量身制定适合的知识合作项目。同时，应突出受援国经济社会发展的重点领域，并随受援国的发展需要不断调整合作内容和方式。例如，随着援助的不断深入，知识合作可能从受援国的经济体制和制度改革扩展到社会变革、环境保护、气候变化等领域。

3. 选择合理的知识合作方式，循序渐进地开展合作

知识合作是研究工作、经济和部门调研及能力建设等的有机结合。在合作初级阶段，中国可主要以举办研讨会、合作调研和政策建议为主，帮助受援国更好地了解其经济发展的优劣势，便于政策制定；之后则可以以具体项目为载体，以开展技术援助为主要方式，并通过技术援助和人才培养不断增强受援国的发展能力；最后，逐步将双方知识合作制度化、规范化。

4. 强化人才开发，加强能力建设

人才培养在知识合作中占据非常重要的地位，是能力建设的核心因素。在提供发展援助的同时，中国应注重发展人才和专业技术人才的培养，提高对发展中国家人才培养计划的支持力度、扩大支持范围，为更多发展中国家的技术人员和学生提供交流和学习的机会。

为了完善发展知识获取机制，中国首先应在受援国或其所在区域内建立知识共享机构、人员的信息库及联系机制，整合知识合作的知识和经验以及其他资源，为减贫和发展事业提供有力的智力支撑；其次，通过信息网络的建设，更加有效地宣传和发布各类知识共享活动的成果，使广大发展中国家及时了解和获得有用的信息和技术；最后，通过安排一定的资金和智力资源，支持区域内各国之间开展知识共享活动。

5. 充分调动各利益相关方，开展全方位的知识合作

目前，知识合作主要由政府推动，合作的层面也仅限于政府和项目执行单位。而对政策制定有影响力的研究机构、非政府组织，对经济发

展有重大推动力的企业却很少参与知识合作进程。这种仅限于政府层面的合作不利于知识分享和知识创新。中国在知识合作中应努力让知识创造、知识分享和知识应用的所有利益相关方都参与知识合作，建立全方位的知识合作机制，积极推进研究机构、高等院校、非政府组织、私人部门等主体对知识合作的共同参与。

参考文献：

UNDP, Country Programme Document of China 2011 – 2015, 2011.

UNDP, Draft Fourth Cooperation Framework for South-South Cooperation (2009 – 2011), 2012.

UNDP, UNDP in Action-Annual Report 2004, 2011.

World Bank, The World Bank Annual Report 2000 – 2011.

《推动南南合作促进发展三十年的视角》（秘书长报告），第 64 届联合国大会，2009 年。

《南南合作促进发展》，联合国南南合作高级别委员会，2012 年。

鹿宁宁：《我国对发展中国家的技术援助策略研究——以农业机械技术援助为例》，硕士学位论文，中国农业机械化科学研究院，2011 年。

江钱：《中国与世界银行知识合作研究》，硕士学位论文，财政部财政科学研究所，2010 年。

《国别援助评价报告》（中国），世界银行业务评价局，2004 年。

谢世清：《中国与世界银行合作 30 周年述评》，《宏观经济研究》2011 年第 2 期。

第二篇

主要发达国家发展援助政策与管理

新世纪美国的对外援助及其管理*

黄梅波　施莹莹

摘要：21 世纪初，在经历"9·11"和"反恐战争"以后，美国将"国家安全"作为未来发展援助的战略核心，加强了对发展援助工作的重视，并将其视为国家外部政策的三大支柱之一。在政府机构和公民社会团体的共同参与下，在结果导向型绩效管理下，美国对外援助的有效性有所提高。本文通过分析美国对外援助的战略和政策、总量及分配、组织与管理等，研究了美国作为世界最大的援助国家进入新世纪以后对外援助及其管理的特点。

关键词：对外援助　战略政策　组织管理　有效性

在国际发展合作中，美国一直居于世界领导者的地位。美国庞大的经济规模、对全球深远的影响力、应对危机熟练的业务和技术能力、政府和非政府组织之间密切的关系，使其成为 OECD 发展援助委员会（Development Assistance Committee，DAC）中最大的资助者。DAC 是 OECD 下的一个组织，主要目标在于向发展中国家和地区提供援助，促进其发展并减少其贫困，DAC 现有成员包括美国、欧盟、澳大利亚、法国、意大利等 24 个国家或地区。美国 2008 财政年度的对外援助总额达到 268.4 亿美元，是位列第二的德国援助数额的近两倍，足见美国在国际援助中的作用和地位。

在发达国家中，对外援助（Foreign Aid）、发展援助（Development

---

* 原载于《国际经济合作》2011 年第 3 期，第 54—60 页。

Assistance)、发展合作（Development Cooperation）三词含义大致相同。DAC 将官方发展援助定义为向发展中国家提供赠款和贷款，并且要符合以下三个条件：一是由官方机构执行；二是以促进经济发展和提高福利为主要目标；三是以减免的条件向国外转移公共资源（如果是贷款，至少有 25% 的成分是赠予）。该定义主要将官方发展援助定位于经济援助。但是美国对外援助并没有完全遵循发展援助委员会的定义，其将非政府机构援助和军事援助也包含在内。

美国的对外援助及其管理很有研究和学习的价值。特别是近年来为满足《关于援助有效性的巴黎宣言》（Paris Declaration on Aid Effectiveness）的要求，它在战略和组织管理方面进行了一些创新，对其他国家的对外援助有一定的借鉴作用。该宣言是 OECD 发展援助委员会在 2005 年 3 月 2 日的会议上提出并通过的，其目的在于增强援助国和发展中国家之间的联系并促进对援助的分配管理，最终提高援助的有效性。

一 美国对外援助战略及政策

美国正式、大规模的对外援助可以追溯到二战后的"马歇尔计划"，至今已有六十多年的历史。在这段时期中，美国将自己的外交政策和援助接受国的需求结合起来制定对外援助的战略和政策。这种"双赢"的方式在"马歇尔计划"（在欧洲进行重建工作，并改善美国自身贸易的计划）和 1961 年的对外援助法案（在支持美国国家安全和经济繁荣的同时，帮助发展中国家）中都有所体现。

（一）对外援助战略

在过去六十多年中美国的对外援助战略可以分为三个阶段。第一阶段：冷战阶段（1947—1991 年）。这段时期美国的援助多和冷战有关。其主要特点在于军事方面的援助较多。朝鲜战争和越南战争时期美国的军事援助曾达到援助总额的 60% 以上，对外援助的对象也以战略盟国为主。第二阶段：冷战后的过渡阶段（1991—2001 年）。1991 年苏联的解体使得美国开始重新考虑其援助的战略方向。但 20 世纪 90 年代美国的援助并没有形成一个总体的强有力的战略目标,往往是围绕某项国家利益,或是发展中国家的某项具体需要来进行的。第三阶段:对外援助和国家安全相结合的阶段(2001年至今)。2001年的"9·11"事件以及随后的"反恐战争"再次引发了美国对于发展合作的兴趣。美国认为普遍贫困是造成恐怖主义的主要因素,通过对外援助来减少世界贫困,既可以保障国家安全,又能满足美国民众的切实期望,在公众面前塑造良好的发展合作形象。所以新世纪美国政府开始使用国家安全逻辑来制定其对外援助战略,围绕这一目标,美国的对外援助战略主要呈现两个特点。

1. 提高援助地位

进入新世纪以后,美国将发展援助上升为国家对外政策的三大支柱之一。美国的对外政策主要由三个支柱支撑,分别为外交、国防和对外援助。这三个支柱的总体目标在于"和世界各地的伙伴合作,建立并维持民主、治理良好的国家,以满足人民的需要,在国际系统中持负责任的态度"①。该战略的制定明确了美国对于发展援助的态度,也阐述了美国长期执行发展援助的愿景。

2. 增强援助渗透性

美国并没有将援助局限在某一个部门单独实行,而是将发展援助融入国家所有的发展机构之中,彼此互补、相互促进、共同发展。这些机构包括美国国务院、美国国际开发总署(U. S. Agency for International Development, USAID)、财政部、农业部、卫生部门,甚至国防部。这种战略的实施,可以使美国不同部门发挥各自的专长和特点,联合起来为美国的发展援助做出贡献。

(二)对外援助政策

美国1961年制定了发展援助方面的法律:《对外援助法案》(Foreign Assistance Act)。尽管在过去的五十年中美国关于援助的战略理念已经发生了巨大的变化,但是美国并没有进行新的立法。

围绕该法案,美国制定了如下五方面的援助政策及相应的措施。第

---

① OECD/DAC:《对美国发展援助的同行评议》,2006年12月。

一，医疗健康援助方面，主要有儿童生存与健康赠款计划（CSH）和全球艾滋病毒/艾滋病倡议（GHAI）；第二，发展与援助方面，主要有发展援助（DA）和千年挑战账户（MCA）、多边债务减免倡议（Multilateral Debt Relief Initiative）等；第三，转型援助方面，主要包括过渡倡议（TI）、自由支持法案（FSA）和支持东欧民主（SEED）；第四，反恐排雷和相关核计划（NADR），目的是通过采取法律强制力防止恐怖分子和恐怖集团卷入全球恐怖主义行为，并制止核生化武器的扩散；第五，人道主义援助方面，主要包括国际灾难和饥荒的援助（IDFA）、移民和难民援助（MRA）——紧急援助难民和移民（MRAA）以及食物换和平计划（Food for Peace）等。

为提高美国援助的有效性，美国近年在发展援助方面主要推出了两个政策。

1. 多边债务减免倡议（Multilateral Debt Relief Initiative）

2005年，美国在与八国集团合作的过程中，订立了一个具有里程碑意义的协议：《多边债务减免倡议》。该倡议允许债务负担重的贫困国家在合理情况下取消多边负债，同时鼓励更多的援助者对贫困国家提供援助而不是发放贷款，以更有效地帮助最贫困、最弱势的国家，使它们能脱离"贷款—还贷"的恶性循环。在该倡议下，美国2007年提供了1.828亿美元的援助给严重负债的贫困国家，同时也实行了其他债务减免方案。

2. 无条件援助政策（Untied Aid）

2002年之前，美国一直实行有条件援助，要求受援国接受的美国援助资金必须购买美国本土供应商提供的商品或服务。这种方式增强了援助对美国的经济回报，但也限制了竞争，减缓了受援国获得主事权（Ownership）的进程，降低了援助的有效性。从2002年1月开始，美国开始接受发展援助委员会的建议，向最不发达国家提供无条件官方发展援助。该政策的实施对于提高美国援助的有效性起到了一定的作用。美国在2004年建立无条件千年挑战账户（MCA），该账户改变了原来指导东道国采购的规则。美国在阿富汗的重建工作也是无条件的。但粮食援助和技术支持作为美国对外援助的主体，并未包含在无条件的援助范围之内。

二 美国对外援助概况

可以主要从对外援助的总量和分配两个角度分析美国对外援助。总体来说,美国的对外援助在总量上比较可观,但占 GNI(国民总收入)的比重并不大。

(一) 对外援助总量

在进入 21 世纪尤其在 "9.11" 事件以后,美国的对外援助有了快速的发展。其官方发展援助(Official Development Assistance,ODA)净额由 2001 年的 113 亿美元增长到了 2009 年的 288.31 亿美元,翻了一番。图 1 给出了美国进入新世纪以后官方发展援助净额的走势。图中可以看出,2004—2005 年美国 ODA 净额出现了快速增长,这主要源于对伊拉克的债务减免(39 亿美元)和重建援助(69 亿美元)、阿富汗的重建和反毒品计划(13 亿美元)、撒哈拉以南非洲的项目(42 亿美元)。2005 年以后减免幅度降低,总援助额有所下降。2007 年后,美国的对外援助额又有所增长。

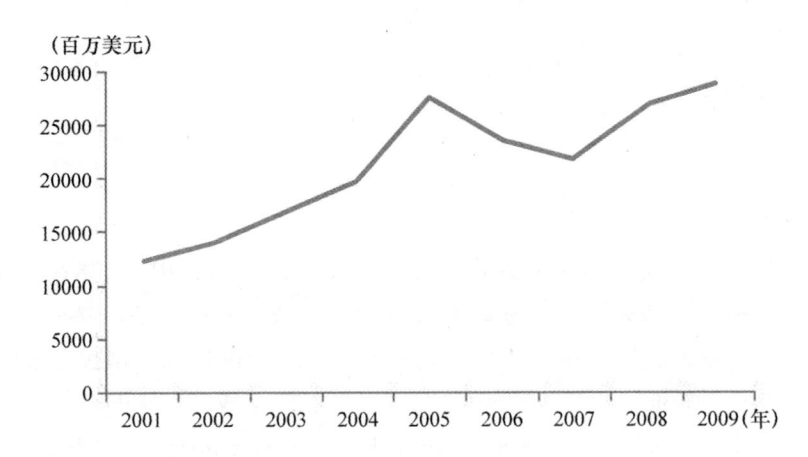

图 1　美国官方发展援助(ODA)净额走势图(2001—2009 年)

资料来源:根据美国官方发展数据库中数据整理,(http://dac.eads.usaidallnet.gov/data/standard.html#oecd)。

◆ 第二篇 主要发达国家发展援助政策与管理

2008年的数据显示,就援助额而言,美国是发展援助委员会最大的援助国。图2是2008年发展援助委员会中22个成员国的官方发展援助数额的柱形图。从图中可以看出,美国的官方发展援助远高于其他成员国,是位居第二的德国援助额的近两倍,是位列第五的日本援助额的近三倍。数据的比较显示了美国就援助的绝对额而言,是当之无愧的世界领导者。

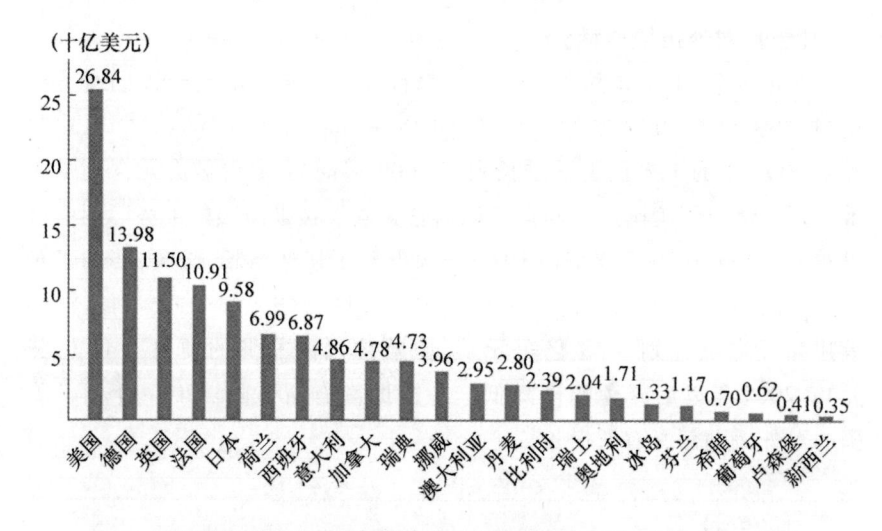

(十亿美元)

美国 26.84
德国 13.98
英国 11.50
法国 10.91
日本 9.58
荷兰 6.99
西班牙 6.87
意大利 4.86
加拿大 4.78
瑞典 4.73
挪威 3.96
澳大利亚 2.95
丹麦 2.80
比利时 2.39
瑞士 2.04
奥地利 1.71
冰岛 1.33
芬兰 1.17
希腊 0.70
葡萄牙 0.62
卢森堡 0.41
新西兰 0.35

图2 发展援助委员会成员国的官方发展援助(ODA)净额(2008年)

资料来源:根据《OECD发展合作报告2010》的数据进行整理,http://dx.doi.org/10.1787/20747721。

但是美国官方发展援助占其GNI的比例并不高。图3给出了2008年DAC各国官方发展援助数额占其GNI的比重。美国ODA占国民总收入的比例为0.19%,虽然与2001年相比,该数值几乎翻番,但是与发展援助委员会成员国0.31%的平均水平相比,美国援助占国民总收入的比例还是较低的。就该比例而言,美国在22个成员国中与日本并列位于最末。联合国早在1970年10月就制定了发展援助国家ODA/GNI的目标为0.7%,但美国却一直没有承诺要达到这个目标,更没有试图增加其援助以实现这一目标。

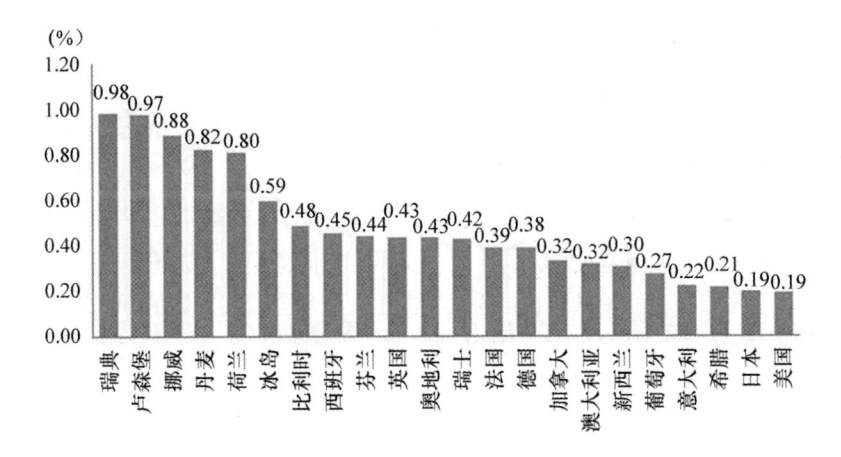

图3 DAC国家官方发展援助（ODA）净额占GNI的比重（2008年）

资料来源：根据《OECD发展合作报告2010》中数据整理，http://dx.doi.org/10.1787/20747721。

（二）对外援助分配

可以从三个方面分析美国对外援助的分配，即部门间分配、项目间分配和地域间分配。美国国际开发总署（USAID）是美国最大的援助支出部门，也是最有经验的政府援助提供者。USAID在美国对外援助中占重要地位，2009年其支出比重达53%，其他外援部门依次是国务院支出18%，卫生和人道服务部支出10%，国防部支出8%。

2009年美国援助的最大支出是对人的投资，达到援助总额的32%。其中子项目包括健康、教育、社会经济服务和对脆弱国家人口的保护，三个子项目中在健康方面的援助规模最大。美国在和平与安全项目上的援助支出位列第二，占援助总额的29%，其中最为重要的子项目是稳定和安全部门的改革。除此以外，美国官方发展援助的15%流向人道主义援助，12%流向经济增长方面，8%用于公平和民主治理。

从美国ODA在不同地域间的分配看，对撒哈拉以南非洲的援助额最多，达到总额的29%。亚洲也是美国较为重要的援助区域，22%的援助额流向了该区域。而中东和北非、美洲、欧洲接受的援助额相对较少，分别为总额的4%、8%和2%。

(三) 对外援助的渠道

双边援助是美国对外发展援助的主要渠道。进入 21 世纪以来,美国的双边援助额呈现增长态势,多边发展援助则变动不大。2001 年,在美国 131.15 亿美元的官方发展援助净额中,双边援助占 97.48 亿美元。2009 年,美国双边援助增长为 253.71 亿美元,为 2001 年的 2.6 倍。多边援助仅由 2001 年的 33.67 亿美元微增至 2009 年的 36.57 亿美元。除 2001 年以外,2002—2009 年美国双边援助净额占其官方发展援助净额的比重保持在 80% 以上,2005 年曾达到 91.52%。

图 4 给出了 2008 年美国多边发展援助额在各机构中的分配。2008 年美国多边援助净额中 28% 流向世界银行集团（World Bank Group, WBG）,并全部投入世界银行集团中的国际开发协会（International Development Association, IDA）。同时,多边援助中有 6.92 亿美元的资金流往联合国机构,占总额的 23%。在这些机构中,联合国儿童基金会（The United Nations Children's Fund, UNICEF）接受 1.28 亿美元;联合国开发计划署（United Nations Development Program, UNDP）接受 0.97 亿美元;农发基金（International Fund for Agricultural Development, IFAD）接受 0.26 亿美元。2008 年,美国有 8% 的多边援助流向各发展银行,其中非洲发展银行占该项援助的 54%,亚洲发展银行占剩余的 46%。

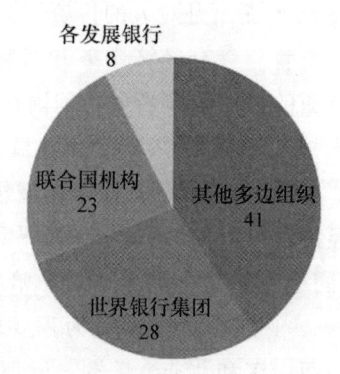

图 4　美国多边发展援助的机构间分配（2008 年）（%）
资料来源：根据《OECD 发展合作报告 2010》数据制作。

三 美国对外援助组织及管理

长期以来，美国的对外援助的组织和管理形成了自己的特色。近年来美国在对外援助的组织管理方面有所创新，对提高援助的有效性发挥了重要作用。

（一）对外援助组织机构

美国对外援助的组织由政府机构和公民社会团体共同组成，两者相辅相成，共同推进了美国对外援助的发展。

1. 政府机构

美国约有 26 个政府机构参与提供官方发展援助，其中美国国际开发总署（USAID）、国务院、国防部、卫生和人道服务部、财政部这 5 个部门 2009 年支出的援助额占美国 ODA 支出总额的 90% 以上。(1) 国际开发总署（USAID）。自 1961 年创立以来，USAID 一直是美国发展援助系统的核心。它是一个不属于内阁的独立机构，除了军事援助以外，涉足几乎所有的双边援助领域。包括拨付维和经费、管理发展援助、组织人道主义救援、参与跨国援助行动等。(2) 国务院（State Department）。作为制定对外援助政策最重要的机构，美国国务院根据国家外交和安全政策的需要和标准，向国会提出关于援助资金地理分布的意见，并负责实施和管理援助资金。但国务院拥有的发展援助管理专家较少，在人力上经常需要依赖 USAID 来执行其援助方案。(3) 国防部（Department of Defense）。从 2005 年开始，国防部在美国 ODA 中的作用大大提升，这主要源于美国在伊拉克和阿富汗的重建工作以及印尼海啸后的人道主义救援。美国认为，在高度不安全环境下进行援助的困难性比较大，需要在这些危险区域部署武装力量以支持援助工作。但在国防部参与美国对外援助的过程中，美国应清晰划分军事部门和发展部门的责任界限，以保证援助行动的独立性和公正性。(4) 卫生和人道服务部（HHS）。主要负责对外援助中与健康和传染疾病有关的项目，如霍乱、艾滋病、肝炎防治等。(5) 财政部（Treasury Department）。主要负责协调国际金融机构（比如世界银行等）的对外援助项目以及债务减免项目。

近年来，美国在组织结构方面的创新主要体现为成立了对外援助指导办公室（DFA）和千年挑战公司（MCC）。

（1）对外援助指导办公室（Office of the Director of Foreign Assistance，DFA）

一直以来，美国在对外援助的组织系统方面存在着组织分割的问题。比如上文中提到的涉及发展援助的主要的五个政府机构之间就保持着比较松散的关系，经常存在援助任务相互重叠的情况。可以说，过去美国缺少一个统一的发展合作系统。

为解决该问题，使美国的对外援助组织更加系统化和战略化，美国国务院2006年4月宣布设立对外援助指导办公室（DFA）。该机构的宗旨被描述为"增强美国对外援助政策、计划和监督体系的协调性以及合理性"。对外援助指导办公室在协调、监督各政府部门的援助方面发挥了重要作用。为了增强对外援助指导办公室的控制能力，该办公室围绕上述宗旨确定了自己的职能，并与国务院、USAID一起实行对外援助，以更好地实现政府的援助目标。

（2）千年挑战公司（Millennium Challenge Corporation，MCC）

美国在发展援助方面另一个值得一提的组织性创新是2004年创立的千年挑战公司，该组织是美国为应对联合国提出的千年发展目标而设立的，很多专家认为这是仅次于USAID的援助机构。千年挑战公司与美国其他的援助组织有相同的援助目的，即减少贫困，但是其援助方式不同。千年挑战公司是"通过支持低收入国家的可持续性、转型经济增长，来减少贫困，并在这些国家保持较好的政治环境"，董事会根据每个国家关于"规则公正、投资于人、鼓励经济自由"的明确承诺，来选择符合条件的国家。千年挑战公司设立董事会，其中董事会主席由国务卿担任，其成员包括财政部长、白宫预算和管理办公室主任等人，主要的行政人员则由总统提名，参议院批准。在管理方面，千年挑战公司具有一定的独立自主性，国会对其减免了很多微观管理程序，以保证资金是需求驱动型、无条件、无年限、非专项划拨的。可以说，千年挑战公司的建立是美国援助系统实现《有关援助有效性的巴黎宣言》中援助有效性原则的一个很好的尝试。

2004 财政年度，美国国会首期向千年挑战公司提供了 10 亿美元的资金拨款。2005 财政年度的拨款为 25 亿美元。从 2006 年开始，总统要求国会每年为该公司拨款 50 亿美元。但是迄今为止，国会真正划拨的只有总统要求数目的一半。

2. 公民社会团体

美国拥有很多活跃的公民社会团体涉及发展援助工作，包括非政府组织、基金会和营利性企业。这些公民社会团体往往规模庞大、资金充足，并有很强的政治影响力，对推进美国对外援助的发展发挥了重要作用。

公民社会团体从 USAID 1961 年建立起就开始与之保持合作关系，也是国务院的重要合作伙伴。USAID 会对公民社会团体的援助方案进行全部或部分资助。同时 USAID 也会参与到公民社会团体援助方案的执行之中，包括制订年度工作计划、确定援助领域、审批人员、监测绩效等。国务院各部每年会援助超过 40 个公民社会团体，以向冲突国家的难民提供人道主义援助。除了对公民社会团体予以资助和管理，美国政府还鼓励公民社会团体自我融资以补充公共资源的不足。2001 年，美国成立全球发展联盟。通过该联盟，USAID 将 400 家民间援助团体集合起来，形成 46 亿美元的合作资源（其中 14 亿美元是政府资金）。

美国在发展援助方面规模最大的非政府组织是 InterAction，该组织拥有 165 名职员，每年接受来自私人捐助者 30 亿美元的资金。近年来，美国私营捐赠基金会的数量也在逐渐增加，尤其在保健、教育和环境方面，其中最著名的是比尔－梅琳达·盖茨基金会（Bill and Melinda Gates Foundation）。这些民间援助团体是美国对外发展援助的重要组成部分，它们与政府机构合作，在发展援助方面做出了卓越贡献。

（二）对外援助管理

美国对外援助的新型组织机构需要新的管理方式与之配套。特别是随着对外援助指导办公室的建立，美国需要将许多管理职能（如计划、预算、监测等）标准化和集中化。现在美国主要基于对外援助框架来实行其对外援助。对外援助框架是美国援助的实际操作指南，USAID 以及国务院的发展规划和预算都围绕对外援助框架展开。在框架中，美国阐述了本国现阶段的发展援助总体目标,并且分别针对和平与安全、公平和民主的治理、投资于人民、经济增长、人道主义援助这五个方面,进一步详细阐述对不同受援国的援助计划。

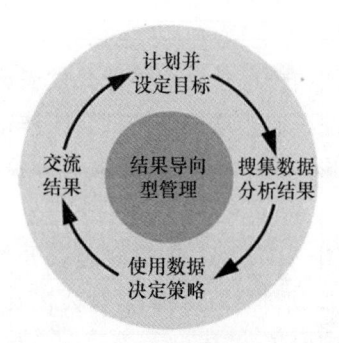

图 5　美国的结果导向型绩效管理流程

资料来源:根据《美国 USAID、国务院绩效和金融信息的联合报告:2009 财政年度》第 24 页的资料整理。

围绕对外援助框架,美国主要采取结果导向型绩效管理(results-based management)方式来管理美国庞大的对外援助系统,并将其视作援助有效性的同义词。1993 年,美国通过了政府绩效和结果法案(Government Performance and Results Act, GPRA),在所有政府机构中建立了结果导向型绩效管理系统,通过这种管理方式,减少管理成本,增强政府部门之间的联系,巩固和简化原有的援助系统。USAID 从 20 世纪 90 年代中期开始实行结果导向型绩效管理的方式,它制订了以 USAID 为基础的多年战略计划、年度绩效计划和定期年度业绩报告。图 5 给出了美国对外援助结果导向型绩效管理的流程图。首先是设立援助计划和目标,之后搜集数据对该计划的可能结果进行分析;分析过后再使用这些数据决定援助的具体策略;援助实施以后,针对援助的结果进一步进行分析,并在组织机构中交流结果,总结经验教训,为下一轮设定计划和目标做准备。发展援助委员会的执行官员认为在发展援助工作中,实施结果导向型绩效管理可以发挥以下作用:一是促进问责制。该管理方式让利益相关者(比如国会)可以针对已经确定的目标和计划，追踪方案进程和实施状况。二是提高效率。该管理方式通过设立目标，可以加强政策、方案规划和结果之间的联系；通过设立行动计划，可以确保援助行动的进程。三是增强有效性。通过制定目标和加大组织机构之间的交流，减少方案的重叠以增强援助有效性。除此以外，在该管理体系中，通过官方机构向其他援助国和受援国提供有效信息，可以扩大援助的影响力。

在结果导向型绩效管理的实施过程中，绩效监督和评估占据不可忽视的重要地位。将绩效监督和评估数据结合起来，才能真正掌握整个方案的执行情况，不仅了解援助产生了什么样的结果，也明晰产生这种结果的原因。2005 年 1 月，USAID 专门建立了机构评估分支机构——发展信息和评估中心（Center for Development Information and Evaluation）。该评估中心对所有主要发展援助项目进行系统性评估，强化评估对发展援助的促进作用。所有项目的评估会汇总到最终评估之中。

USAID 近年来非常重视知识管理（Knowledge Management）进程，提出"知识促进援助发展"的理念。USAID 与其他政府机构、其他援助国、承建商、受援国建立了广泛的合作伙伴关系，在实施援助过程中彼此交流援助的结果经验，促进知识在机构之间的分享。通过这种知识管理、联合学习，增强了援助的有效性。

四 美国对外援助有效性评价

综上，美国在对外援助的实施进程中，采取了很多具有借鉴意义的措施，这些措施对于提高美国援助的有效性都发挥了重要作用。在政策方面，美国提出并实行了多边债务减免倡议、无条件援助政策。这两个政策的实施加大了发展援助的力度，缓解了弱势国家的困难，并提高了援助对于受援国的作用。在组织机构方面，美国创造性地建立了对外援助指导办公室、千年挑战公司。这两个机构一方面解决了美国本身援助系统散乱、援助方案重叠的问题；另一方面也将对受援国的帮助由原有的"授人以鱼"向"授人以渔"转变，以促进受援国经济发展，最终使其摆脱贫困。在管理机制方面，美国实行的结果导向型绩效管理方式增强了美国援助的目的性，加强了不同援助机构之间的联系，促进了援助经验和知识在美国发展援助体系中的交流学习，提高了美国发展援助的有效性。

当然美国的发展援助也存在一些问题。首先，美国的对外援助虽然在总量上位居世界第一，绝对数值比较大，但占 GNI（国民总收入）的比重并不大，而且美国从未承诺联合国 ODA/GNI 0.7% 的目标，也没有试图增加其援助以实现这一目标，这与美国经济大国的地位及其应承担的国际责任并不相称。其次，美国制定的长期发展援助目标是减少贫困，但是美国短期的主要援助流向危机国家和用于应付紧急情况。美国需要在长期援助和短期援助中找到更好的平衡点。再次，美国对外援助中军事援助占比一直很大，新世纪以来美国政府又以国家安全逻辑来制定其对外援助战略，这使美国的对外援助动机和目的受政治、军事影响很大，影响了其援助的合理分配。最后，美国对于其援助信息的共享力度不足，导致民众对于国家援助的认识力度缺乏。相当一部分民众对于政府援助方案的实行存有疑虑，甚至有些民众认为发展援助是美国国家预算的主要消耗因素。民众的支持是推动美国对外援助发展的根本动力，所以提高公众认识度也是美国现期需要考虑的重要问题。

参考文献：

OECD, Development Assistance Committee (DAC), Peer Review, 2006.

The OECD Development Cooperation Report 2010.

Fiscal Year 2009 Foreign Operations Performance Report and Fiscal Year 2011 Performance Plan.

State USAID Joint Summary of Performance and Financial Information Fiscal Year 2009.

Machael A. Glosny, "Meeting the Development Challenge in the 21st Century: American and Chinese Perspectives on Foreign Aid", National Committee on United States-China Relations, China Policy Series No. 21, August 2006.

李勇：《冷战后美国对外经济援助解析》，硕士学位论文，中国人民大学，2009 年。

娄亚萍：《论战后美国对外经济援助》，博士学位论文，复旦大学，2010 年。

法国对外援助：近期状况及走向*

黄梅波　许月莲

摘要：法国的发展援助明显集中于非洲，并主要是对社会基础设施和服务进行大量投入。在组织机构上，虽然经过了近年一系列的简化改革，但其对外援助涉及的机构部门仍然繁多复杂。本文拟从战略政策、总量分配、组织管理和对外援助有效性等方面对新世纪法国的对外援助及其管理进行分析。

关键词：发展援助　战略政策　组织管理　有效性

一　法国对外援助战略及政策

（一）对外援助战略

法国的对外援助是法国外交的关键部分。法国的外交政策基本原则为"尊重人们的自主权，尊重人权和民主，尊重各国的法律法规和合作"。法国的对外援助战略也建立在这些外交基本原则的基础上。在内容上，法国的对外援助战略主要包括以下几个方面。

1. 明确援助目标

这是法国对外援助战略最重要的部分。2008 年法国官方发展援助的三大目标为经济增长、减少贫困和提供全球公共产品。2007 年 7 月法国合作部长（Minister of State for Cooperation）表示，要将援助集中于关键点，并明确法国对外援助的重点为人类面临的五大挑战：生态，人

---

*　原载于《国际经济合作》2011 年第 4 期，第 34—40 页。

口,农村发展,治理以及文化、语言的多样性。2007年8月,法国总统发给外交和欧洲事务部长(Minister for Foreign and European Affairs)的任务信中明确提出的一个任务是,基于关键原则提出新的合作和发展援助政策,而这些原则中最重要的一条就是要避免资源分散,将援助资源集中于重点国家和部门。

2. 使援助战略可操作

2005年,法国政府经过磋商后在7个领域制定了多年的发展援助战略,这7个领域是:教育,健康和防治艾滋病,水和污水,农业和食品安全,保护环境和生物多样性,在撒哈拉以南的非洲发展基础设施,私人部门的发展,这些战略于2005年5月生效。同时,政府还在治理、可持续发展和性别平等3个领域制定了交叉战略。为了使战略可操作,政府定期对战略进行更新,并尽可能将战略细分。例如2008年对可持续发展战略进行了修订;保护环境战略的细分战略——防治荒漠化和土地退化的战略引导在2006年12月生效。

3. 加强援助的区域合作途径

由于发展中国家面临的很多问题需在区域层面解决,法国努力通过援助在非洲和亚洲的相邻国家推进区域发展合作。法国还试图通过支持区域机构来增强区域自主性。在非洲中部和西部,法国通过支持非洲金融共同体(African Financial Community,CFA)法郎区机构来支持非洲经济货币的一体化。

4. 鼓励议会和民间组织参与

2006年法国实行的财政立法体制法案(Institutional Act on Financial Legislation,LOLF)更便于议会控制包括发展援助在内的预算。由议会成员和法国非政府组织组成的"合作议会代表团"(Parliamentary Delegation for Co-operation)有利于在议会中进行发展援助方面政策的讨论。此外,议会还要对发展合作的立法进行表决。

与公民社会(Civil Society)的磋商集中于非政府组织和地方政府。1999年法国在总理的主持下建立了国际合作高级理事会(High Council for International Co-operation,HCCI),以利于公共部门和私人部门在发展合作方面的磋商,并争取公众对发展援助的支持。2007年官方发展援助战略委员会(Strategic Council on ODA)取代了HCCI。作为与公民社会在发展合作战略方面的主要方案的辩论论坛,委员会鼓励公民社会代表在议会预算讨论会上发表更多的观点。

5. 创新发展融资和对脆弱国家的援助

法国的政府贷款占对外援助的比重相当大,仅次于日本。2009年法国政府发放的贷款达到14.65亿美元,占双边援助的20.86%,而发展援助委员会成员国中,政府贷款占对外援助的平均比例仅为3.66%。法国开发署（AFD）负责为受援国的项目提供融资服务,并根据受援国的特征提供不同优惠程度的贷款。例如对最不发达国家的社会服务项目提供赠款,而对新兴国家则提供优惠很低的贷款,而且将贷款活动产生的利润用于资助官方发展援助。

为了扩大援助效果,从2002年起,法国开始考虑为国际援助融资创新融资机制。已经进行的创新融资机制主要包括三个:一是从2006年起对机票征收统一税,将收入用于为国际药品采购机制提供资金;二是从2006年起与英国一起推出国际免疫融资机制（The International Finance Facility for Immunization, IFFIm）,试图从资本市场筹集非官方发展援助资金用以支持全球疫苗和免疫联盟（the Global Alliance for Vaccination and Immunization, GAVI）;三是2005年的Oudin-santini法允许地方政府将1%的水和卫生的预算用于这些领域的国际援助和合作。

法国有与脆弱国家合作的长期经验,法国对脆弱国家的援助问题也做了很多思考。法国对脆弱国家的援助主要是通过恢复该国政府的合法性,并改变政府和公民之间的恶劣关系从而创造一个有利于减少贫困和促进可持续发展的环境来实现的。

（二）对外援助政策

法国的对外援助政策有两个明显的特点。首先,法国的对外援助政策明显将援助重点集中于非洲地区。其次,法国的对外援助拥有多重目标。一方面侧重千年发展目标（Millennium Development Goals, MDGs）,千年发展目标是2000年联合国千年首脑会议上,世界各国领导人就消除贫穷、饥饿、疾病、文盲、环境恶化和对妇女的歧视,商定的一套有时限的目标和指标。其中的目标包括八个方面:消灭极端贫穷和饥饿,普及初等教育,促进两性平等并赋予妇女权利,降低儿童死亡率,改善产妇保健，与艾滋病、疟疾和其他疾病作斗争，保护环境的可持续能力，全球合作促进发展。另一方面还注重推广法语和文化多样性，促进全球公共产品的供应，以及提升受援国的治理能力。

1. 侧重对非洲的援助

由于与非洲存在的特殊历史关系，法国的对外援助特别侧重于对非洲国家的援助，对非洲的一些几乎与全球脱离的"援助孤儿"国家，法国还充当着唯一援助国的角色。由于通过非洲金融共同体法郎区引导中非经货共同体、西非货币联盟和科摩罗联盟国家的货币合作，法国对非洲的经济和金融稳定也负有特殊的责任。为了能够将援助资源更集中地使用，1998年，法国建立了"优先团结区"（Priority Solidarity Zone, ZSP）。2004年，"优先团结区"包含55个国家，其中有43个是非洲国家。2007年8月，法国总统发给外交和欧洲事务部长的任务信中明确指示，新援助政策的一个原则是将资源集中于重点区域，而重点区域主要指非洲。

2. 拥有多重援助目标

2008年法国的多部门交叉政策文件表明，在"优先团结区"的55个国家，法国发展援助政策的主要目标是促进增长、减少贫困和更容易地利用全球公共产品，以帮助这些国家2015年实现千年发展目标。法国的援助资源主要集中于教育、水和污水、健康和对抗艾滋病、农业和食品安全、撒哈拉以南非洲的基础设施发展、保护环境和生物多样性、发展生产部门、治理、高等教育和研究这九个部分。国际合作发展部际委员会（Interministerial Committee for International Cooperation and Development, CICID）还呼吁要更多地将提供全球公共产品融入发展战略。在法国对外援助中十分重视法国外部文化活动，其中普及法语又占有重要的地位，同时保护文化多样性也是其主要援助目标。因此，虽然法国不断强调要将援助集中，但是多重援助目标还是在相当程度上削弱了法国援助的集中效果。

法国最近的援助政策还在改变援助的方式，从原来认为援助是一种赠予礼物的方式转变为认为援助是援助国和受援国共担义务的投资方式，要在援助过程中不断加强受援国的治理能力。

(三) 对外援助政策的一致性

法国并没有一个能够反映发展援助重要性、为部门间的政策一致性提供基础的总体政策框架。虽然2008年的多部门交叉政策文件详细地提到了政策一致性，但是这份文件却没有政治影响力。

法国对政策一致性的理解包括支持国家发展援助政策的一致性和通过促进全球公共产品而提高南北共同利益的一致性。在促进国家发展援助政策的一致性上，国际合作发展部际委员会（CICID）发挥了关键的作用，而且其还将为发展援助融资但是与援助不直接相关的政策纳入一致性的范围，例如为私人捐赠减税，促进私人部门的发展政策和贸易政策。在促进南北共同利益一致性方面，法国支持全球合作，强调全球公共产品的重要性，认为这些公共产品有助于解决南北共同利益的核心问题，例如促进可持续发展和打击非法金融交易。法国对政策一致性的双重理解旨在给法国的发展援助一个统一的推动力，它强调利益共享的理念，但忽略了法国自身的公共政策对发展中国家的影响，例如法国的投资政策、移民政策等。

作为欧盟最重要的成员国之一，法国发展援助政策的一致性还包括与欧盟发展援助政策的协调问题。目前法国还没有一个专门致力于促进与欧盟发展援助政策保持一致性的体制体系，但是法国已经开始重视确立其在欧盟总体援助中的立场，建立发展援助合作的机制。欧洲事务总秘书处是首相署（the Prime Minister）中负责与欧盟和OECD部门协调的机构，它是法国国内机构与欧洲机构在相应领域的交接口（除了共同外交和安全政策），并保证法国在这些欧盟机构内的立场的一致和统一。从2005—2006年起，欧洲事务总秘书处的建立、CICID发挥的协调作用以及某些体制的调整加强了法国与欧盟机构对外援助政策和行动的一致性。

二 法国对外援助概况

(一) 对外援助总量

从对外援助总量上看，根据发展援助委员会（DAC）的数据，

2009年法国的官方发展援助（Official Development Assistance，ODA）净额为126亿美元，略高于德国的120.79亿美元，在发展援助委员会成员国中居第二位，这是法国在官方发展援助委员会ODA净额排名最高的一年。

在20世纪90年代的总体下降以后，从2000年开始，法国的ODA净额稳步地大幅度上升，反映了法国实现其增加援助的政治承诺的决心（见图1）。但是这种上升的趋势在2007年中断，相对于2006年的106亿美元，2007年法国的ODA净额有所回落。2008年和2009年法国的ODA净额继续大幅增长，两年增长率分别达到10.36%和15.52%。2009年法国的ODA净额及在官方发展援助委员会中的排名都达到历史最高。

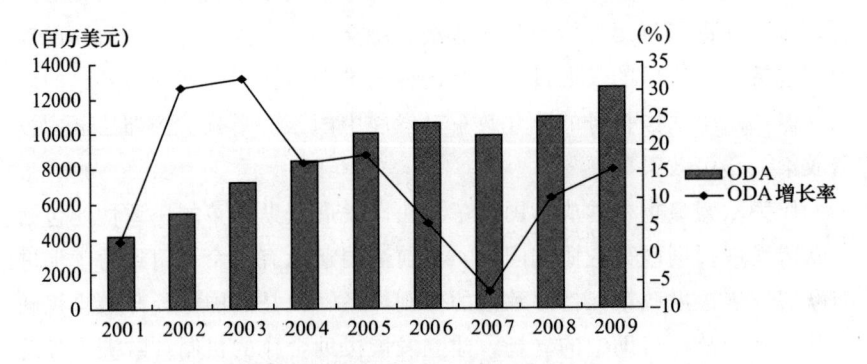

图1　法国官方发展援助净额及增长率（2001—2009年）

资料来源：根据OECD发展援助委员会数据库数据整理而得，www.oecd.org/dac/stats。

法国ODA净额占国民总收入的比重的变化趋势与ODA净额的变化趋势大致相同（见图2）。2001年至2005年，法国ODA净额占国民总收入的比重不断上升，2005年达到0.47%，2006年与2005年持平。2007年，该比重急剧下降到0.39%，低于2003年的水平（0.40%）。2008年，这一比重略上升0.01%，2009年急剧上升了0.08%，达到0.47%，与2005年和2006年相同。在2002年的蒙特雷会议上，法国总统承诺2007年ODA净额占国民总收入的比重要达到0.5%，2012年达到0.7%。但是2007年法国没有实现达到0.5%的承诺，同时法国政府还将0.7%的承诺延迟到2015年,与欧盟的承诺一致。欧盟为实现2015年的目标制定了2010年实现ODA净额占国民总收入比重0.51%的中期目标。根据目前走势,法国很有希望在2010年实现这一中期目标。

与其他国家相比,法国ODA净额占国民总收入的比值在发展援助委员会成员国中的排名远不如ODA净额的排名。2009年法国ODA净额占国民总收入的比重在成员国中排第十位,与2008年的第十三位相比有了很大的进步。而且2009年该比重也在2006年之后再次高于发展援助委员会欧盟成员国的平均水平。

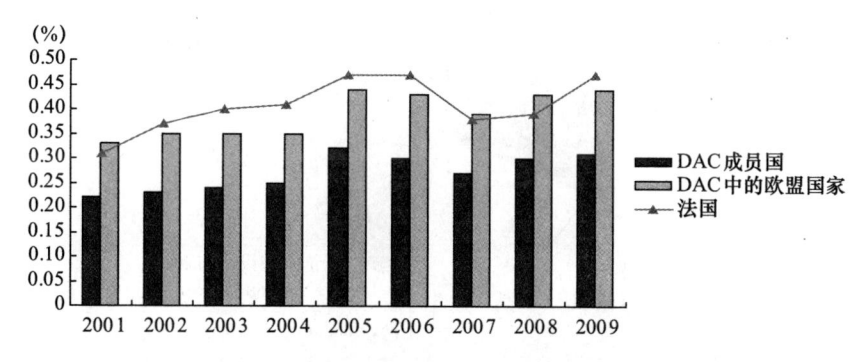

图2 法国ODA净额占国民总收入的比重(2001—2009年)

资料来源:根据OECD发展援助委员会数据库数据整理而得,www.oecd.org/dac/stats。

(二)对外援助分配

1. 部门间分配

从图3可以发现,法国的对外援助高度集中于社会基础设施和服务部门,2009年对这一部门的援助额达33.3381亿美元,占总支出的36.35%(这里的数据根据发展援助委员会数据库中by sector栏目整理,与by donor项目总额不一致)。其中,教育支出高达17.5654亿美元,高过其他任何一个部门。法国官方发展援助的一个特点就是对文化多样性特别感兴趣,法国维持着一个包括83个法国文化中心、5个"佛朗哥国家"(Franco-National)文化中心、170个法语联盟分支机构和一些其他机构构成的网络,这个机构网络支持发展中国家的文化活动并帮助推广法语。与社会基础设施和服务相比，法国投入在经济基础设施和服务的援助相对较少，但是 2008 年 2 月法国总统宣布了一项支持非洲经济增长的新方案，法国未来将更多地运用贷款参与新兴国家的交通、能源和银行活动，因此经济部门的支出会逐渐增加。法国对非政府机构的支持和人道主义援助这两方面的支出所占的比重均非常小。

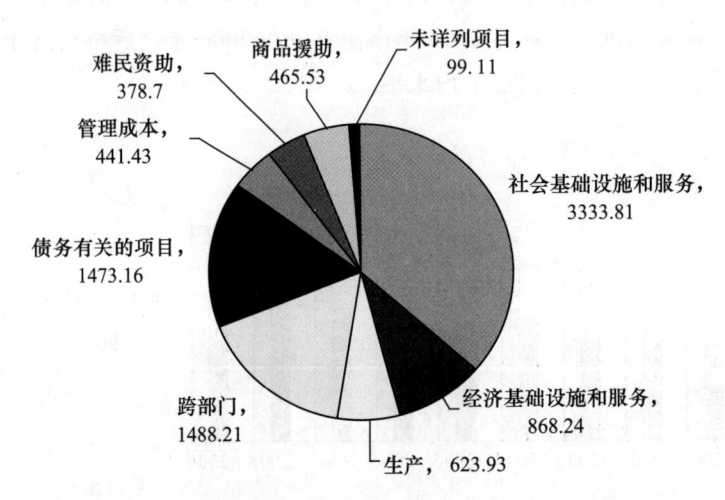

图 3　法国对外援助的部门分配（2009 年）（单位：百万美元）

资料来源：根据 OECD 发展援助委员会数据库数据整理而得，www.oecd.org/dac/stats。

2. 地区间分配

由于法国与非洲之间密切的历史联系，法国对外援助很明显地集中于非洲地区（见图 4）。2008 年，法国对撒哈拉以南非洲的援助达到总援助额的 41.8%，加上对非洲中部、东部和北部的援助，法国对整个非洲的援助占其总援助支出的比重达到 66.57%。2008 年法国对外援助的前十大接受国中有五个是非洲国家。为了帮助非洲实现千年发展目标，法国承诺会将 2/3 的援助拨给非洲。法国对亚洲地区和大洋洲地区也有较多的援助，2008 年中国接受法国的对外援助额排第六位。

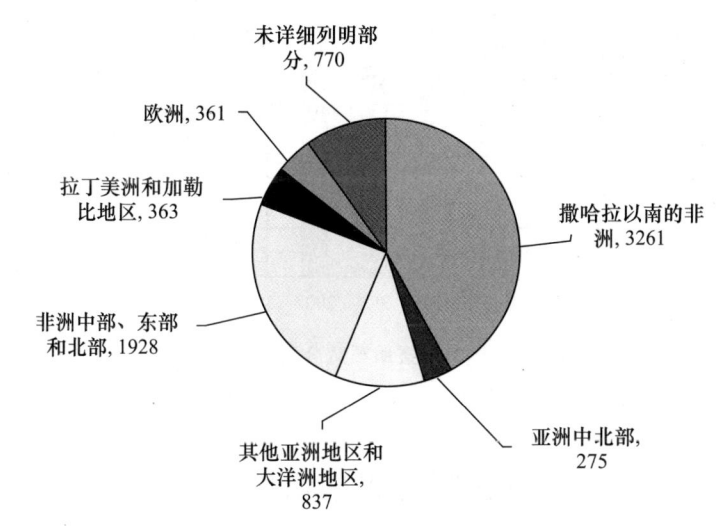

图 4 法国对外援助的地理分布（2008 年）（单位：百万美元）

资料来源：《OECD 发展合作报告 2010》，第 111 页。

（三）对外援助渠道

法国的对外援助以双边援助为主，同时多边援助近年也快速增长，所占比重逐步上升（见图 5）。2009 年，法国的双边援助额占总援助额的 55.7%，与 2006 年的 73% 相比有了很大的下降。法国的多边援助主要通过欧洲机构和世界银行进行。据 OECD 发展援助委员会统计，2009 年法国的多边援助额为 55.807 亿美元，而向欧洲机构提供的援助额就达到 29 亿美元，向世界银行提供 6.32 亿美元。法国对欧洲援助的贡献包括参与欧洲发展基金（the European Development Fund，EDF）和由欧洲机构资助的外部援助项目。法国是第九届欧洲发展基金（EDF）最大的捐款者，提供了基金 24.3% 的资金。2009 年通过欧洲机构拨付的发展援助占法国发展援助的 23%。与法国帮助贫穷国家实现千年发展目标的承诺相一致的是，法国向对抗艾滋病、结核和疟疾的全球基金（the Global Fund to Fight AIDS, Tuberculosis and Malaria）提供大量的捐款，法国还向很多非洲机构提供捐款，同时以专家和顾问的形式参与了许多国际机构的对外援助。

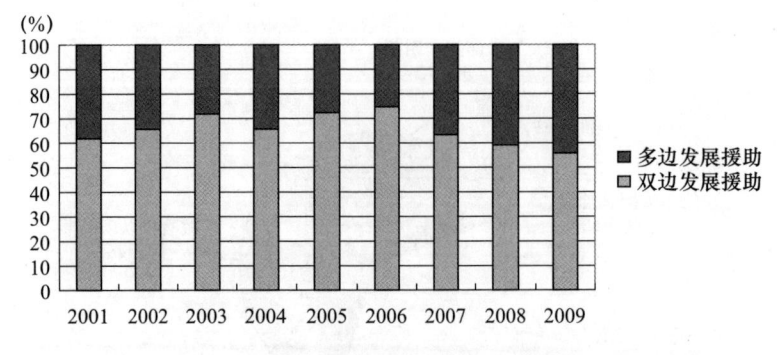

图5 法国对外援助渠道分配（2009年）

资料来源：根据 OECD 发展援助委员会数据库数据整理而得，www.oecd.org/dac/stats。

三 法国对外援助组织与管理

法国对外援助的组织机构比较复杂，参与对外援助的部门众多。为了加强部门间的合作并简化援助机制，1998年法国对援助机制进行了一次改革，并于2004年再次进行改革。尽管如此，法国的援助机制仍然十分复杂，援助参与者、援助工具以及援助程序都存在多重性，而且各个机构之间的责任分工也不是很明确。在出现问题时，最常用的方式是组建一个专门的委员会或工作组处理问题。

（一）对外援助的组织机构

法国对外援助的机构可以分为四个层面，政策层面、执行层面、与民间社会的合作层面以及技术支持层面，每个层面又都包含几个机构。

1. 政策层面

法国对外援助政策层面的机构主要有三个，国际合作发展部际委员会（CICID）、合作和法语共同体合作秘书处（Secretary of State for Co-operation and Francophonie）以及战略引导和规划会议（Strategic Guidance and Programming Conference，COSP）。国际合作发展部际委员会由国家总理直接担任主席，成员包括所有与发展援助有关的部长，主要负责协调和引导各部门的官方发展援助政策和目标保持一致。合作和法语共同体合作秘书处经外交和欧洲事务部授权，主导政府机构的官方发展援助政策。其中，合作和法语共同体合作秘书处主要引导政府机构对外援助政策的方向，而 CICID 的主要责任是维持国内各部门政策的协调和目标的一致。战略引导和规划会议（COSP）由国务合作秘书处主持，每年举行一次，所有官方发展援助的参与者都要参加，以确认伙伴关系框架文件（Framework Partnership Documents，DCP）分配给每个国家的资金的规划，并检验正在进行的项目。

2. 执行层面

法国对外援助在执行层面有四个主要机构，分别为国际合作发展理事会（Directorate-General for International Cooperation and Development，DGCID）、财政经济政策总理事会（General Directorate for the Treasury and Economic Policy，DGTPE）、法国开发署（French Development Agency，AFD）以及移民、融合、民族认同合作部（Ministry for Immigration, Integration, National Identity and Co-operative Development，MIIIDS）。其中，前三者为法国对外援助最主要的执行机构。

国际合作发展理事会属于外交和欧洲事务部，进行援助的战略合作和管理，负责援助中法律的实施，文化合作，以及管理联合国多边基金和与健康相关的垂直基金。DGCID 的责任非常广泛，其活动范围并不局限于官方发展援助，它也有一些活动与援助无关，例如国外的音像开发。

财政经济政策总理事会属于经济财政就业部（Ministry for Economic Affairs, Finance and Employment，MINEFE），负责官方发展援助以外的多边和双边经济、财政和国际问题，主要处理债务和货币合作等多边事务，负责发展银行事务和一些专项基金。

法国开发署（AFD）是在经济事务部、经济财政就业部和海外部共同监管下建立的法国双边发展援助的主要执行者。AFD 负责三个方面，首先，通过介入海外部门和区域进行民族团结活动；其次，通过"优先团结区"的活动促进国际团结；第三，通过促进全球公共产品的发展进行全球治理。近年的机构改革使法国开发署的作用不断扩大，其不仅是法国双边发展援助的主要执行者，而且成为法国在受援国执行援助项目的专家中心和经验中心。

移民、融合、民族认同合作部（MIIIDS）创建于 2007 年，处理迁入法国的移民在原籍国的社会和经济活动以及移民在法国的融合（法国国籍的获取等）。2008 年法国预算的官方发展援助中首次增加了"共同发展"项目以促进法国与移民原籍国的共同发展。

3. 与民间社会的合作层面

在这个层面，主要有三个机构。国际合作高级理事会（High Council for International Co-operation，HCCI）负责参与发展援助的公共部门和私人部门之间的协调，并促进公众援助意识的提升。发展合作委员会（Development Co-operation Commission）负责公共机构和非政府组织之间的部际咨询和协调。基层发展合作国家委员会（National Commission for Decentralized Co-operation）负责中央部门和地方政府之间的沟通，2006 年法国的基层发展合作涉及 3250 个地方政府和超过 6000 个项目，其活动都受到基层发展合作国家委员会的监督。

4. 技术支持层面

法国对外援助有四个技术支持机构。经济贸易和财政技术的发展援助（Assistance for the Development of Trade in Economic and Financial Technologies，ADETEF）向经济财政就业部负责，主要向受援国派遣专家以支持受援国的发展和改革项目。法国国际合作（France Cooperation Internationale，FCI））向外交和欧洲事务部以及公共服务部负责，主要协调法国技术专家在国外的活动，并促进法国公共和私人专业知识的增长。校园法国项目（Campus France）是一个向外交和欧洲事务部以及国家教育部负责的公共机构，面向外国学生和研究人员，是教育援助的一部分。文化法国项目（Cultures France）是外交和欧洲事务部及文化交流部门政策的执行机构，负责国际文化交流。

（二）对外援助管理

近几年，法国采取三方面的创新来改善对对外援助的管理。

首先，2006 年实施了管理预算的统一法律——财政立法体制法案（Institutional Act on Financial Legislation，LOLF），提高了援助政策的透明度。它规定国家的预算报告要根据政策任务，而不是根据支出性质来编制。发展援助政策被归入"官方发展援助"这一国际任务，包括两个项目的拨款：一是由经济财政就业部运行的"发展援助的经济财政援助"项目,该项目负责对外国政府优惠贷款的成本的管理和一部分债务减免;二是由外交和欧洲事务部运行的"团结发展中国家"项目,这个项目的内容为赠款(grant)。而且预算法中还带有一份政策文件,该文件几乎列出了法国发展援助政策下的所有援助项目,有一套总体的战略框架来根据政府的目标调整资金分配,而且政策文件列出了明确的目标和一整套指标,这有利于形成基于成果的管理文化,对外援助资金也能够得到有效的管理和运用。

其次,2004年引进伙伴关系框架文件(Framework Partnership Documents,DCP),使援助的战略规划能够考虑受援国的现实情况。原则上,伙伴关系框架文件包括法国援助系统的所有参与者。这些文件必须与政府编制的减贫战略文件和欧洲委员会准备的国家战略文件一致,而且必须考虑其他援助国的行为。其中,为优先团结区各个国家准备的战略文件为法国五年内的援助提供了指导方针。

最后,2004年由合作国务秘书处主持每年一次的战略引导和规划会议(COSP),所有官方发展援助参与者均参加会议以确认在伙伴关系框架文件下分配给每个国家资金的指示性规划时间表,并检验正在进行的项目组合。迄今为止,这个机制的功能还没有完全发挥,部分原因是COSP产生的时间还不长,部分是由于不同方法之间的冲突还没有被解决。

四 法国对外援助的有效性评价

国际社会2005年签订了《关于援助有效性的巴黎宣言》(简称《巴黎宣言》),基于三个方面促进援助的有效性:其一是受援国政策的采用,这可以用于设定援助重点;其二是援助国之间的协调,旨在建立联合方案;其三是促进信息共享。《巴黎宣言》还制定了一套旨在改善援助质量的行动计划,而且设置了12个援助有效性指标评价各国援助的有效性。法国为实行《巴黎宣言》制定了一个援助效果行动计划,该计划围绕五个核心承诺的12个建议,特别强调能力建设、提高援助的可预见性和促进分工及互补,该计划于2006年12月生效。

（一）对外援助有效性状况

2005—2007年，法国的对外援助有效性总体有所提高，直接对比的指标中有五个指标进步，两个指标退步，一个指标维持不变。其中，进步指标的进步幅度比较大，援助国间的联合从2005年的44%上升到2007年的88%，而退步指标的退步幅度相对比较小。2007年，在可以与所有国家平均值比较的四个指标中，法国利用国家公共财政管理系统（35%）、利用国家采购系统（34%）和利用共同安排或程序（44%）的表现优于所有援助国的平均值，而通过合作加强能力（45%）的表现低于所有援助国的平均值。而且可以很明显地发现，法国具有共同目的的执行机构数目远远大于其他国家，这表明不同机构职能重复会导致资源的浪费。

（二）法国对外援助有效性的不足

第一，法国为了实现《巴黎宣言》的目标而制订行动计划后，政治上并没有对这个计划的执行表示强烈的支持。例如，部长级声明中并没有提及这个行动计划，声明中提到的与援助效果有关的部门更加关心的是如何促进受援国对援助资金的管理，而不是关心法国是否需要调整自身的程序和措施，而这恰是行动计划的目标。

第二，法国与很多国家之间存在历史遗留问题并保持密切的政治关系，这种情况妨碍了法国与受援国之间的合作关系，并阻碍受援国掌握主事权，从而影响援助对受援国发展的作用。历史遗留问题在很长一段时间里大量存在，并对很多非洲法语区国家有重要的影响。

第三，法国的援助机构复杂繁多，严重影响法国对外援助的效率。机构体系的分散使各个机构之间的协调十分困难，每个机构都根据自己的程序以不同的方式操作。由于资源有限，各个机构总是优先考虑本国政策环境，追求最重要的项目以确保自身融资活动的连续性，而且一些援助工具是由专门的机构管理的，各个机构均出于自身利益考虑问题，会影响法国的整体援助效果。

此外，法国的援助传统使得法国参与了受援国社会经济各个部门的活动，这导致法国的援助很难实现部门集中。虽然法国的政策一直强调援助应集中于重点部门，但是法国援助所涉及的范围仍然很广泛。

参考文献：

OECD/DAC, Peer Review of France (2004 – 2008).

OECD/DAC, The OECD Development Co-operation Report 2010.

严启发、林罡：《世界官方发展援助（ODA）比较研究》，《世界经济研究》2006 年第 5 期。

英国的对外援助：政策及管理*

黄梅波　万慧

摘要：英国是 OECD 发展援助委员会前五大援助国之一。在发展援助方面英国制定了明确的战略目标、连续一致的政策，并利用强大的财政能力和丰富的人力资源以保证其 2013 年官方发展援助（ODA）数额达到国民总收入的 0.7% 的承诺的实现。近些年，英国国际发展部针对对外援助的实施不断进行创新和改革，特别是在权力下放和项目监管等方面进行了有益的尝试，在对外援助的国际对话和协调中也发挥了重要的推进作用。

关键词：对外援助　战略政策　组织管理　有效性

英国是国际发展援助领域的领导者之一，这主要得益于其对外援助工作明确的战略目标、连续一致的政策、强大的财政能力和丰富的人力资源以及其 2013 年官方发展援助（ODA）数额达到国民总收入的 0.7% 的承诺。

近些年，英国力求在更广泛的领域推动发展援助工作。2005 年，它利用在八国集团和欧盟中的重要地位，推动了增加援助、取消债务和使贫困地区在贸易中受益等承诺的实现。2009 年的伦敦 20 国集团峰会上，英国积极倡导国际社会进一步关注发展问题以应对全球经济危机。另外，英国国际发展部针对对外援助的实施不断进行创新和改革，在诸如提高援助的有效性、专注于脆弱地区的发展和国际援助体系的改革等

---

* 原载于《国际经济合作》2011 年第 7 期，第 40—46 页。

方面都发挥了重要的推进作用。

一 对外援助的战略和政策

对外援助工作中，英国通过立法和编写白皮书等措施，始终坚持清晰的发展战略。在明晰的战略指导下，英国对外援助的政策体现出很强的针对性。

（一）对外援助战略目标

英国《国际发展法 2002》通过法律规定其发展援助的目标是减少贫困，为发展援助战略目标奠定了强有力的法律基础。《国际发展法 2002》是之前两个国际发展白皮书的延续：其中一个是《消除世界贫困：一个 21 世纪的挑战》[1]，另一个是《消除世界贫困：让全世界为减少贫困而工作》[2]。2006 年和 2009 年的另外两份白皮书针对全球面临的挑战，进一步拓宽了发展合作的范围。2009 年的白皮书围绕减少贫困和经济增长（包括贸易）、气候变化以及冲突解决三个主要领域提出了发展援助方面的 4 项优先议题：（1）确保最贫困国家经济的持续增长；（2）更好地应对环境变化；（3）避免冲突、保护脆弱地区；（4）提高国际援助体系的有效性。[3]

（二）对外援助政策

英国的对外援助政策与其战略目标是一致的。为了实现其战略目标，英国强化了对经济脆弱地区和不安定地区等较难实现千年发展目标（Millennium Development Goal, MDGs）地区的关注，加强了援助有效性的管理，同时积极就其援助成果与公众进行沟通，以获得公众对发展援助更多的支持。

---

[1] DFID, Eliminating World Poverty: A Challenge for the 21st Century, DFID White Paper, London, 1997.

[2] DFID, Eliminating World Poverty: Making Globalisation Work for the Poor, DFID White Paper, London, 2000.

[3] DFID, Eliminating World Poverty: Building Our Common Future, DFID White Paper, London, 2009.

1. 关注经济脆弱地区和不安定地区的发展问题

英国认为安全性和稳定性是实现千年发展目标的先决条件，因此，国际发展部积极致力于对经济脆弱地区和冲突地区的援助。2009 年的白皮书承诺英国将提供双边援助资金的 50% 给这些地区，用于当地建设与和平维护。与此同时，英国政府还积极倡导建立发展援助方面相互协调的多边机制。英国国际发展部是发展援助委员会（Development Assistance Committee，DAC）在脆弱地区开展工作的主要推动者。它目前是国际冲突和脆弱性网络（International Network on Conflict and Fragility，INCAF）工作小组的联合主席，主要致力于和平建设和国家安全维护。

2. 强化对援助项目的监管

英国采取了一系列措施加强对援助项目的监管。监管机构主要分为政府机构和私人机构。政府机构方面，议会通过的《国际发展（报告和透明度）法案 2006》[International Development (Reporting and Transparency) Act 2006] 要求国际发展部每年向议会报告其发展援助的总开支和使用情况；国家审计署（NAO）监管其资金使用的有效性，并针对关键性议题定期发布权威报告；国际发展部内部还创立了援助有效性独立咨询委员会（IACDE）以改进评价的质量和独立性。私人监管机构主要是国际发展委员会（IDC）和公共账目委员会（PAC）。前者监管发展援助政策和法规，后者监管发展援助工作的有效性。

3. 提升公众的发展援助意识

1999 年以来，英国国际发展部每年都对公众对发展援助的看法进行调查。2008 年和 2009 年的调查表明，公众对于发展援助的公共意识淡薄、对官方发展援助的支持逐渐下降。为改变这种状况，英国国际发展部每年拿出 600 万英镑的预算建立了一个由 57 人组成的沟通部门，该部门专门成立了一个工作小组，通过网络与公众进行交流以获得公众更多的支持。2009 年的白皮书专门提出了加强与公众交流的三个途径：通过教育系统进行宣传；设计一个英国援助图标（UK Aid Logo），作为英国发展援助的标志；就援助取得的成果与纳税人更好地沟通。

（三）对外援助政策的一致性

对外援助政策的一致性的目的是确保国内和国际的相关政策支持，

至少不违背受援国的发展目标。英国通过两个方面的有效机制来协调国内和国际发展政策的一致性。一方面，英国国际发展部的国际发展事务大臣（The Secretary of State for International Development）是内阁和几个内阁委员会的成员，通过国际发展事务大臣参与政府决策过程可以实现政府决策与发展目标之间的一致性。另一方面，通过《公共服务协议》（Public Service Agreement，PSA）建立跨部门的协调机制强化政策的一致性。《公共服务协议》是政府内不同部门共同制定的战略和目标，其实施需要政府内几个部门的共同合作。例如，《公共服务协议29》（PSA29）规定，国际减贫事务的实施过程中，英国国际发展部作为主导部门参与其中，与此同时，外交部（FCO）、能源和气候变化部（DECC）、环境、食物和农村事务部（the Department of Environment, Food and Rural Affairs, DEFRA）、财政部（HMT）和国防部（MOD）等6个部门进行配合。

二 对外援助概况

（一）对外援助的总量

英国是发展援助委员会（DAC）前五大援助国（美国、法国、德国、英国、日本）之一。从对外援助规模来看，2009年，英国官方发展援助额达到131.62亿美元（如图1所示），居发展援助委员会成员国第四位。其中，2000—2006年，英国官方发展援助数额逐年上升，但在2007年出现下降，其原因是2005年和2006年的数据包括了对尼日利亚和伊拉克的债务减免，如果剔除这个因素，随后几年的援助额也是逐年上升的。总的来说，英国发展援助数额从2000年的66.49亿美元，上升到2009年的131.62亿美元，翻了一番。再看增长率方面，排除2007年的例外，2003—2009年，英国对外援助基本上都实现了10%的增长。其中，2005年的增长率达到34.6%，2008年的增长率达到了25.5%。

从对外援助占国民总收入的比重来看，如图2所示，2009年，英国ODA/GNI达到了0.52%，居发展援助委员会成员国的第九位，相比2008年的0.43%和第十位的水平有所进步。在前五大援助国中排名第一，超过了发展援助委员会的平均水平0.48%。最近的综合开支审查（Comprehensive Spending Review）（2007—2011年）中，英国计划在2010/2011财政年度提供国民总收入的0.56%作为官方发展援助，这与欧盟要在2010年达到0.51%的目标相一致。英国还承诺要在2013年达到0.7%的目标，超过了欧盟在2015年达到0.7%的目标水平。

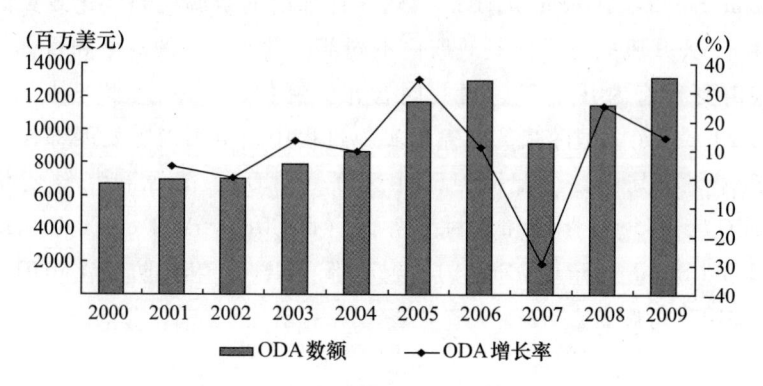

图1 英国官方发展援助数额及增长率（2000—2009年）
（以2008年不变价计算）

资料来源：OECD发展合作报告统计附录，http://www.oecd.org。

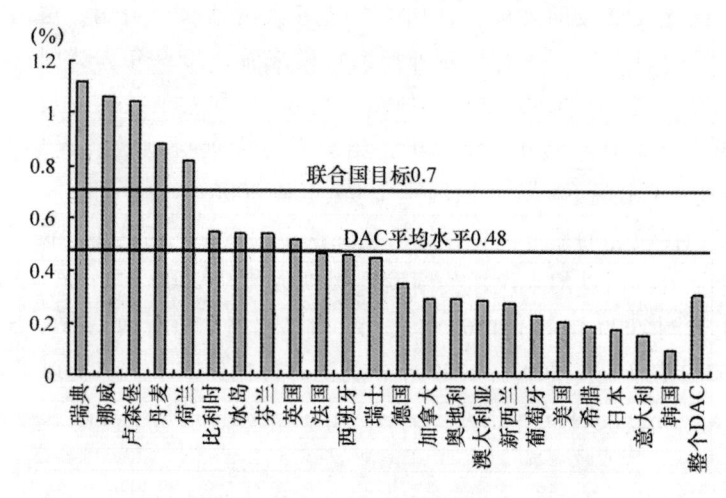

图2 DAC成员国ODA/GNI对照图（2009年）

资料来源：OECD发展合作报告统计附录，http://www.oecd.org。

（二）对外援助分配

1. 支出部门分配

英国官方发展援助的大部分资金是通过英国国际发展部支出的，由该部支出的资金占发展援助总资金的比例 2004 年为 84%，2008 年达到近 86%，相对稳定。剩余部分的官方发展援助通过 14 个其他政府部门支出，这些部门的支出由外交部（FCO）统一管理。占比较大的主要是以下部门：出口信用担保部（ECGD）占比 4.4%，主要涉及债务减免；联邦发展集团（CDC）占比为 2.7%，主要是在投资方面（如图 3 所示）。

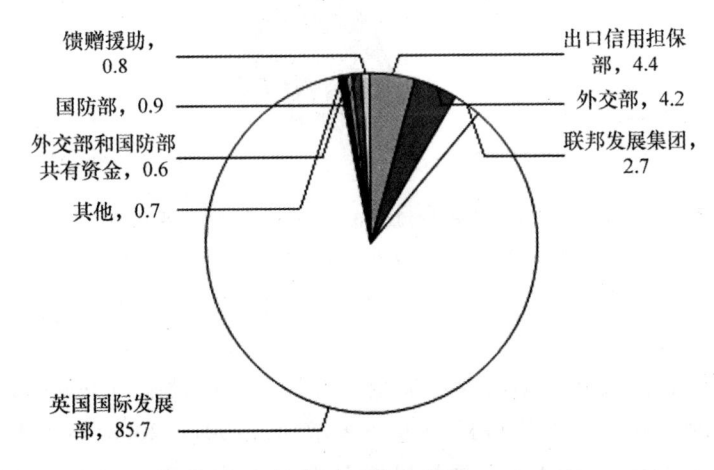

图 3 英国官方发展援助的部门分配（2008 年）（%）

资料来源：OECD/DAC 对英国发展援助的同行评议（2010）。

2. 地域间分配

基于对千年发展目标的关注，英国官方发展援助在地域分配上倾向于对低收入国家进行援助。超过 1/3 的英国的官方发展援助被分配到撒哈拉以南非洲，分配到亚洲中部和南部的比例为 22%。印度是英国最大的双边援助对象国。英国对印度的援助额在过去 10 年里有显著的增长，2007 年和 2008 年的平均值达到 7 亿美元。印度有 1/3 的人口生活在国际贫困标准线之下，英国的援助资金主要是针对这些贫困地区。由于中国近些年经济发展速度较快，英国对中国的官方发展援助数额逐年降低。针对像中国这类国家，英国更多地关注一些"超越援助"（beyond aid）项目，比如市场一体化、气候变化和全球公共产品等方面。

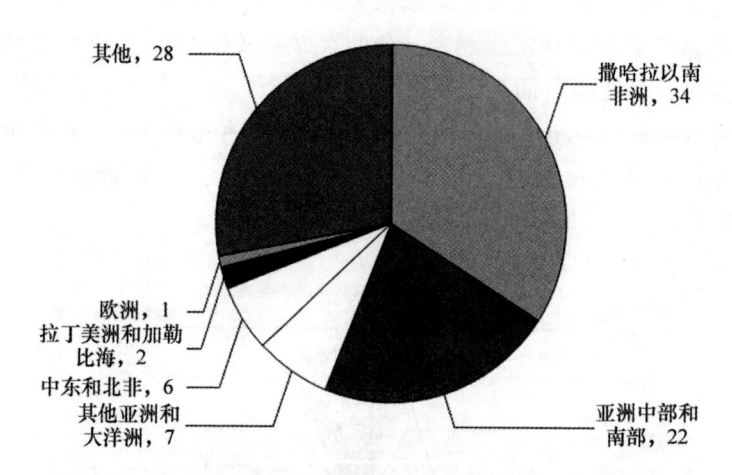

图 4　英国官方发展援助的地域分布（2007—2008 年平均值）（%）

资料来源：OECD/DAC 国际发展数据统计，http://www.oecd.org。

3. 项目间分配

英国官方发展援助的大量资金投入社会基础设施和服务的建设，近些年对该领域的发展援助额进一步增加，2007—2008 年度达到总援助额的 44%，超过了发展援助委员会的平均水平。目前，英国主要通过"专项开支"这一形式来推动社会基础设施和服务的建设，这些"专项开支"主要集中在卫生和教育领域。与此同时，对生产性部门的援助则不断减少，如图 5 所示仅占 3%，低于发展援助委员会的平均水平 6%。其中，农业、林业、渔业等生产性部门获得的援助额仅占官方发展援助总额的 1%，而该数值在 1997—2000 年是 7%。这引起了有关部门的关注，英国国际发展部表示将会增加在食品安全和农业可持续发展方面的投入。

英国的对外援助：政策及管理 ◆

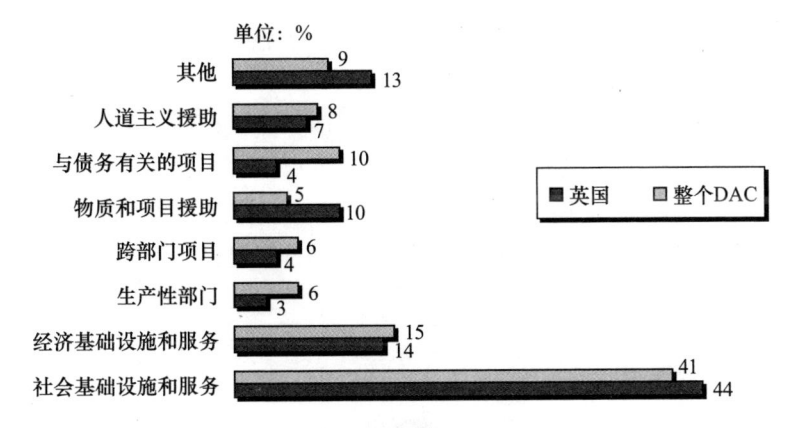

单位：%

其他 9 / 13
人道主义援助 8 / 7
与债务有关的项目 10 / 4
物质和项目援助 5 / 10
跨部门项目 6 / 4
生产性部门 6 / 3
经济基础设施和服务 15 / 14
社会基础设施和服务 41 / 44

■ 英国　□ 整个DAC

图5　英国官方发展援助的援助项目分配（2007—2008年）

资料来源：OECD/DAC对英国对外援助的同行评议（2010）。

（三）对外援助的渠道

对外援助的渠道主要有双边援助和多边援助，其中，双边援助是英国实施对外援助的主要途径。从图6可以看到，2003年双边援助比例为61%，而后两年逐渐升高，最高曾达到2005年的76%，随后又有所下降，降到2007年的57%，但是近两年又呈上升趋势。总的来说，2002—2009年大多数的时间里，英国双边发展援助的份额均占60%以上。

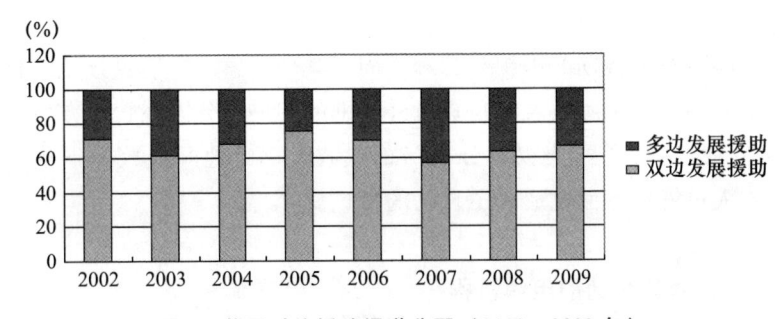

图6　英国对外援助渠道分配（2002—2009年）

资料来源：根据OECD官方网站数据库整理得到，http://www.oecd.org/dataoecd。

在多边援助方面，英国的多边援助对象主要是欧盟组织、世界银行集团、联合国机构和区域开发银行等。欧盟组织是英国官方发展援助提供资金最多的机构，占整个多边资金的50%之多。近些年，英国增加了与欧盟的合作，例如其进一步加强了与欧洲投资银行（European Investment Bank）的合作以促进受援国优先事项的发展。世界银行集团也是英国重要的多边援助对象，英国大约23%的官方发展援助提供给了世行集团。对联合国机构和区域开发银行则分别提供了12%和7%的援助份额。

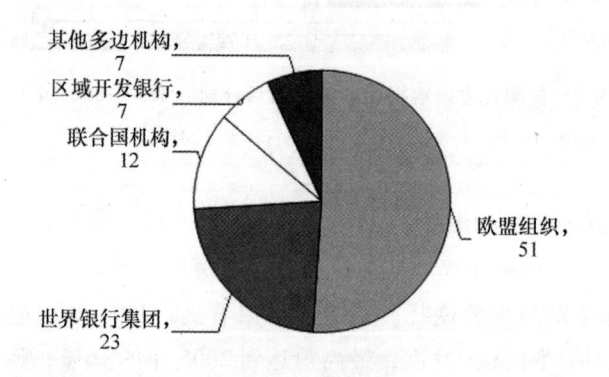

图7 英国多边发展援助在机构间的分配（2009年）（%）

资料来源：根据OECD官方网站数据库整理得到，http://www.oecd.org/dataoecd。

三 对外援助的组织与管理

英国对对外援助的组织与管理不同于其他国家。在组织方面，它设立了独立的英国国际发展部负责对外援助的相关事务。在管理方面，英国创造性地实行了"集权和分权"的模式，广泛地开展权力下放。另外，在人员管理方面也形成了自己的特色。

（一）对外援助的组织机构

英国1997年创立了英国国际发展部，该部是英国处理国际发展事务的核心部门。英国国际发展合作中的所有事务，不论是双边的还是多边的，都在英国国际发展部的管辖范围之内。英国国际发展部还负责就英国的对外援助议题同相关政府部门进行协调。这些部门主要包括国防部（FCO），财政部（HMT），外交部（MOD），贸易和工业部（DTI），环境、食物和农村事务部（DEFRA）、卫生部（DH）等。它们针对《公共服务协议》（PSA）中的目标以及一些共同领域进行合作。

英国国际发展部在内阁受国际发展事务大臣的直接管理，同时受下议院国务大臣（Minister of State）和议会副国务秘书（Parliamentary Under-Secretary of State）的管理，主要的发展援助议题需获得他们三位的一致同意才能通过。英国国际发展部的最高职务是常任秘书长，下设三个主管配合其工作：国家项目总管（Director General for Country Programmes）、政策和全球事务总管（Director General Policy and Global Issues）和公司绩效总管（Director General for Corporate Performance）。

（二）对外援助的管理

1. 实行"集权和分权"的管理模式

分权表现为英国国际发展部广泛地下放权力。英国国际发展部下设51个国家办事处，负责编制国家计划；实施、监测和报告相关计划；促进政策的一致性并根据当地的实际情况采取适当的行动。英国国际发展部主要通过制定统一的规则和报告系统对国家办事处进行管理：一个是《规则和工具基本指导》（The Essential Guide to Rules and Tools）（被称为蓝皮书），其概述介绍了英国国际发展部的主要规则，包括项目管理、财政、人力资源管理、安全、信息技术等方面的规则；另一个是活动报告电子信息系统（Activities Reporting Information E-System，ARIES），这是一个融合了财务会计、项目数据库、统计和管理报告、预算和采购等项目的新的管理系统。

集权表现为英国国际发展部与国家办事处的紧密联系。国际发展部与国家办事处具体的联系方式包括：视频会议、在组织间共享网络课程等。此外，它们还共同使用工作人员以强化联系，比如英国国际发展部卢旺达办事处的气候变化方面的顾问是同总部的政策部门共用的，这样就可以确保总部制定的政策符合国家办事处的实际情况。

2. 精简目标体系和评估体系

伴随着英国国际发展部的权力下放和问责制的严格执行，英国国际发展部不仅需要针对其年度审查制度进行报告，还需要针对2009年白皮书和其他优先事项形成单独的报告，这使得报告体系过于复杂，甚至重复。针对该问题，英国国际发展部建立了精简的目标体系和绩效评估体系。首先将《公共服务协议》转化为7个部门战略目标（DSOs），并通过31个具体指标来评估这些目标的完成情况。其次，这些部门战略目标又被分解为每个受援国的国家和部门计划，通过每个部门的工作表现来实现整体的绩效目标。英国国际发展部还试图将绩效评估也整合到活动报告电子信息系统（ARIES）中，目前该系统可支持财务、采购和项目管理等方面的内容。

3. 提高对外援助效率

为确保官方发展援助的有效实施，英国国际发展部实施了一些战略行动（比如减少国家办事处的数目）并对治理问题进行改革（比如提高脆弱地区的援助有效性）。国际发展部承诺要在降低行政开支的同时增加官方发展援助的数额。2007/08财政年度到2010/11财政年度，国际发展部预计援助预算每年增加11%，行政预算每年减少5%。目前，国际发展部正在实施一项被称为"使其实现"（Making it Happen）的国内改革计划，旨在确保其能更有效地利用资源，更好地与公众进行沟通。在该项计划中，国际发展部首创了一种价值评价方法，以衡量投入和产出情况，确保成本收益最大化，提升资金使用效率。各个国家办事处也通过各自的绩效框架体系实施这项改革计划。

4. 优化人力资源管理

英国国际发展部的一个突出特点是其人员的国际化构成，其工作人员既包括本国聘用的人员，又包括受援国当地聘用的人员。很多非英国公民在总部或者在受援国工作。2010年，英国国际发展部的工作人员共计2337人，其中68%是本国工作人员，其余1/3是在受援国聘用的工作人员。这个比例在过去5年相对稳定。近年来，为了削减行政开支，英国国际发展部对工作人员数量进行了调整：从2005年的最高2872人降到2010年的2337人。在人数下降的过程中，英国国际发展部尽量保留专家顾问，而更多地削减行政人员。同时，为了避免由于人员的减少影响项目的实施，英国国际发展部制定了人才中期规划以确保有充足的人才储备。

另外，英国国际发展部通过"市场导向"的人员聘用体系和加强借调人员的管理两个途径来实施人力资源的战略化管理。在受援国，英国国际发展部提供了极具吸引力的条件聘用高素质的工作人员，同时保证当地聘用的工作人员也有机会担任重要职务。部门间人员的借调则精简了员工体系，使人力资源得到综合利用。

四 对外援助有效性评价

英国在关于对外援助有效性的国际对话中发挥着积极的作用。在2005年《关于援助有效性的巴黎宣言》（Paris Declaration on Aid Effectiveness，简称《巴黎宣言》）和2008年《阿克拉行动议程》（Accra Agenda for Action，AAA）的协商和制定过程中，英国发挥了重要的推动作用。近些年，它还积极推动国际援助透明度倡议（International Aid Transparency Initiative，IATI）和国际卫生伙伴关系（International Health Partnership，IHP）等有关援助有效性倡议的形成，IATI主要推动《阿克拉行动议程》在问责制和透明度方面的承诺，IHP则致力于推动实现《巴黎宣言》关于卫生部门的承诺。

英国不仅在国际对话中发挥着举足轻重的作用，而且在援助有效性方面也有良好表现。

（一）对外援助有效性状况

表1列出了根据《巴黎宣言》的部分指标对英国援助有效性的调查。表1列出的10项指标中，英国有两项已经达到2010年的目标水平，有4项即将达到。其中，援助无附带条件这一指标，英国在近些年来一直保持100%完全无附带条件，即英国在提供发展援助时完全不附加任何约束条件。具体来看，英国同受援国的协调能力正在逐步增强，它提供的发展援助在与受援国的优先事项保持一致、通过协调增强能力，以及避免同目的的执行结构方面都在不断进步，其中针对22国的同目的的执行机构数量从37个下降到18个，不同机构职能重复现象得到了改善；同其他援助国之间的协调也在不断加强，针对22国的共同安排或程序使用指标从61%提升到71%，联合任务方面也从46%提高到61%，并且超过了2010年的目标水平。当然，在援助有效性方面，

英国也存在不足的地方，如其对国家采购系统的使用方面，从2005年开始就在下降。

表1 《巴黎宣言》指标下的英国表现

指标	2005年（22国）	2007年（22国）	2007年（32国）	2010年目标	注释
与国家优先考虑一致的援助（%）	45	65	58	85	正在进行
通过协调增强能力（%）	56	66	48	50	已经达到或即将达到
国家公共财政管理系统的使用（%）	78	77	66	80	已经达到或即将达到
国家采购系统的使用（%）	78	68	59	80	从2005年开始就在降低
避免同目的的执行结构（个）	37	18	45	14	正在进行
援助的可预测性（%）	46	60	54	73	正在进行
援助无附带条件（%）	100	100	100	100	完全无附带条件
共同安排或程序的使用（%）	61	71	62	66	已经达到或即将达到
联合任务（%）	46	61	58	40	已经达到
援助国间的联合分析（%）	69	69	61	66	已经达到或即将达到

注：2005年的数据包括33个国家中的22个，反映了英国48%的项目援助；2007年的数据包括了55个国家中的32个，反映了英国61%的项目援助。为了保证数据的可比性，表中将2007年的数据分成两列。

资料来源：OECD, Survey on Monitoring the Paris Declaration-Making Aid More Effective by 2010, Paris, 2008, p. 132.

英国在援助的可预测性方面采取了一些措施。国际发展部已经指示大多数受援国的国家办事处与当地政府商讨未来3—5年的援助资金流向，并且致力于将这种做法推广到更多的国家。特别需要指出的是，英国独创性地制定了十年发展伙伴关系协议（Development Partnership Arrangements, DPAs）以落实援助的可预测性。英国与受援国签署了谅解备忘录（Memoranda of Understanding），协议规定英国在未来10年间对受援国预期提供的援助额度。例如，英国国际发展部2006年同卢旺达建立了十年发展伙伴关系。这种做法不仅有助于受援国的长期发展规划，而且有利于双边互信关系的建立，进而增强发展援助的有效性。

（二）对外援助有效性面临的挑战

虽然英国在对外援助有效性上总体表现良好，但是它也面临一些挑战。英国国际发展部对政府和政府之间的双边问题的广泛关注在某种程度上限制了其与民间社会团体的合作。目前，英国国际发展部表示未来会向非政府组织提供更多的预算支持，承诺支持的额度至少占总预算的5%。与民间社会团体的合作需要更多的行政开支，但近些年英国国际发展部总的行政预算开支正在不断减少，这样就会加剧行政预算的紧张程度，对英国国际发展部形成一定的挑战。

英国国际发展部面临的另一个挑战是同其他国家在脆弱地区进行合作的问题。基于《阿克拉行动议程》中对脆弱地区的强调和英国2009年白皮书中对脆弱地区的关注，英国国际发展部在同其他国家共同致力于脆弱地区发展问题的过程中，需要考虑如何通过同其他援助国分享其人力资源和工作经验来增强国家间对话，提高合作的有效性。

参考文献：

黄梅波、王璐、李菲瑜：《当前国际援助体系的特点及发展趋势》，《国际经济合作》2007年第4期。

黄梅波、郎建燕：《主要发达国家对外援助管理体系的总体框架》，《国际经济合作》2011年第1期。

沈丹阳：《官方发展援助：作用、意义与目标》，《国际经济合作》2005年第9期。

严启发、林罡：《世界官方发展援助（ODA）比较研究》，《世界经济研究》2006年第5期。

OECD/DAC, Peer Review of United Kingdom (2006, 2010).

DFID, Eliminating World Poverty: A Challenge for the 21st Century, DFID White Paper, London, 1997.

DFID, Eliminating World Poverty: Making Globalisation Work for the Poor, DFID White Paper, London, 2000.

DFID, Eliminating World Poverty: Making Governance Work for the Poor, DFID

White Paper, London, 2006.

DFID, Eliminating World Poverty: Building Our Common Future, DFID White Paper, London, 2009.

OECD, Survey on Monitoring the Paris Declaration-Making Aid More Effective by 2010, Paris, 2008.

德国发展援助体系及管理制度*

黄梅波　杨莉

摘要：德国作为西方主要工业国之一，也是世界上实施发展援助时间较长、规模较大、收效较明显的国家之一，其为促进发展中国家消除贫困、保护生态环境、建设法制、实现经济可持续发展等所作的贡献得到国际社会的广泛认可。本文拟对新世纪德国的对外援助及其管理体系进行研究，分析其对外援助的战略及政策、总量及分配、组织与管理，对其援助的有效性做出评价并提出相应政策建议。

关键词：对外援助　战略政策　组织管理　有效性

德国发展援助始于1952年德国正式参加联合国的"扩展援助计划"（Extended Assistance Scheme）（即后来的联合国开发计划署）。四年之后，德国联邦议院通过法案，建立了"5000万马克基金"用于对外发展援助。1961年，联邦政府设立了经济合作与发展部（简称经合部）（BMZ），这是欧洲各国政府中第一个专门从事对外援助和发展合作的内阁部门。经过60多年的发展合作，至2009年，德国已成为世界上总量第三，仅次于美国和法国的发展援助提供国。德国的对外援助在长期的发展中形成了独具特色的体系和特点。

---

* 原载于《国际经济合作》2011年第8期，第35—41页。

一 对外援助战略及政策

20世纪五六十年代是德国发展合作政策的开始阶段,在随后60年的发展中,德国的对外援助战略不断调整,对外援助政策在新世纪也有了新的变化。

(一) 对外援助战略

德国在过去60年中的对外援助战略可以分为五个阶段。

1. 60年代后期

德国政府对发展合作的理解出现重要转变,"发展中国家生活质量的改善"取代原有的"经济增长"概念成为衡量国家发展状况的标准。这使德国对"发展"的认识由单一的经济方面扩大到"居民受教育程度"、"卫生水平"和"国民对政治生活的参与"等更广泛的方面。

2. 70年代初

贫困人口的增加和非洲撒哈拉地区出现的饥荒使许多发展中国家面临严重危机,也使德国开始质疑其一直采取的通过互不联系的单个项目开展援助的模式。联邦政府开始结合世界经济状况和发展中国家的实际需要制订中长期发展援助计划。当时工作的重点是通过发展劳动力密集型的农业、基础设施建设和工业来减少发展中国家的失业问题,同时开展粮食和卫生援助。

3. 70年代中期

石油危机导致世界范围的经济萧条,为此,德国将其发展援助的重点转移到当时最贫困和受石油价格上涨打击最严重的发展中国家。这一时期,经济合作与发展部的权力得到明显加强,其职责范围中加入了资金援助和多边合作的内容。

4. 80年代

发展中国家的处境仍然十分艰难。1979—1980年的第二次石油危机引发了全球经济衰退,与此同时,艾滋病蔓延、毒品泛滥和环境恶化也困扰着发展中国家。1986年,德国政府制定了新的发展政策,确立了"维护和平、消除大规模贫困和保障人权"的长期目标,这对德国后来的发展合作政策的走向产生了深远的影响。

5. 90 年代以后

随着东西方对峙的消除和两德的统一,德国对外援助的范围得到进一步扩大。近年来,环保和可持续发展的意识在世界范围内觉醒,这些领域也成为德国对外援助关注的重点。

(二) 对外援助政策

德国发展合作政策的主要目的是帮助发展中国家和转型国家改善经济、政治、生态和社会状况,帮助并促使受援国的人们发挥其创造力。

1. 实践多边债务减免倡议

债务减免是数十年来德国发展合作的重要组成部分。德国在重债穷国减债计划机制的创立过程中起了决定性的作用。通过这一机制,重债穷国的债务得到了有效的减免。迄今为止,德国在该机制的框架下为双边债务减免提供了44亿欧元的资金。2005年八国集团在合作的过程中,订立了一个具有里程碑意义的协议:《多边债务减免倡议》(Multilateral Debt Relief Initiative)。根据德国的倡议,西方主要发达国家将减免最贫困国家债务的额度增加到700亿美元,其中德国自身为《多边债务减免倡议》提供资金35亿欧元左右。

2. 无条件援助政策

德国政府一直致力于进一步扩大无条件援助的领域。2008年发展援助委员会(DAC)公布的不附带条件的双边援助的平均比例为81%,其中61%为技术合作援助。而同年德国不附带条件的双边官方发展援助的比例为77%,低于DAC的平均水平,特别是在技术合作方面。为了实现德国在《阿克拉行动议程》(Accra Agenda for Action)中的承诺,德国制订了一个可行的计划和时间表以开展更多不附带条件的援助。目前德国已经在财政和粮食援助领域完全不附带条件,经合部现在的工作重点是进一步开放技术合作和人道主义援助领域(目前后者77%是带有条件的)。

3. 减少贫困

为履行德国在联合国千年宣言和千年发展目标中确定的义务，德国联邦政府在2001年通过了《2015年行动计划》，承诺将为世界极度贫困人口减少一半作出贡献。在该计划的框架下，德国为若干减贫援助项目提供了资助，帮助伙伴国建立起运作良好的和高效的相关机构。作为"卢拉集团"（其他成员国为法国、智利、巴西、西班牙、阿尔及利亚和南非）的成员，德国积极参加为了实现千年发展目标进行的创新性的资金筹措机制的讨论。

二 对外援助概况

进入新世纪，德国的对外援助状况和特点有了新的变化。可以主要从对外援助的总量、分配和渠道三个方面分析德国对外援助的情况。总体来说，德国的对外援助在总量上比较可观，但占GNI（国民总收入）的比重较之DAC平均水平要低。在对外援助的分配和渠道方面形成了自己独特的模式。

（一）对外援助总量

德国的对外援助进入21世纪有了快速的发展。德国官方发展援助（Official Development Assistance）净额由2000年的58.05亿美元增长到了2008年的133.42亿美元，翻了一番。图1给出了德国进入新世纪以后官方发展援助净额的走势。从图1可以看出，2000—2009年，德国的官方发展援助净额一直保持稳定增长的态势。2009年由于全球经济危机，德国的官方发展援助净额达120亿美元，较2008年有所下降，但仍处于较高水平。德国是世界上第三大双边援助主体国家，在对外援助方面位于美国和法国之后，领先于英国和日本，其ODA净额占经合组织发展援助委员会（DAC）成员国官方发展援助总额的10%。此外，尽管现在国际上发达国家提供的发展援助总额呈现减少的趋势，德国仍为了兑现其国际承诺，在为发展合作提供额外的款项和使用创新性融资工具方面不断探索新的渠道。

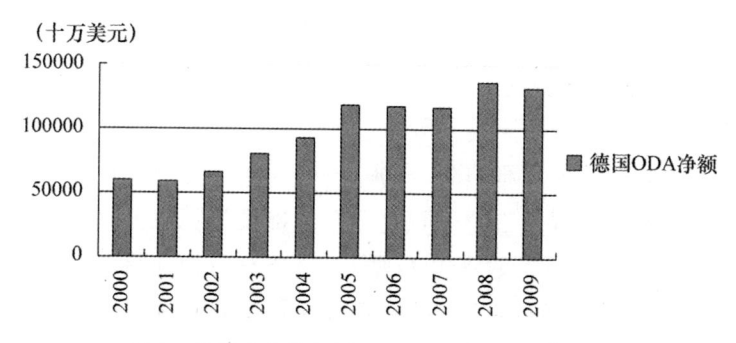

图1 德国官方发展援助净额（2000—2009年）

资料来源：根据OECD发展援助委员会数据库数据整理而得。

由图2德国ODA净额占国民总收入的比重可以看出，进入新世纪以来，德国的ODA占GNI的比重在2000—2004年比较稳定，2004年后有一个显著的增长，这主要是由于2004年以后，根据德国加入的援助双边协议及其2015年对外援助计划和对《巴黎宣言》的承诺，德国经合部进行了对外援助战略目标和援助水平的调整。德国承诺到2010年它的官方发展援助达到国民总收入的0.51%，2015年达到国民总收入的0.7%。然而，2009年德国的官方发展援助仅占其国民总收入的0.35%，距离实现其对外援助承诺的第一个目标（即至2010年将ODA占GNI的比重提升到0.51%）还有很长的距离（见图2）。但是德国经合部并未修改其2015年对外援助的承诺目标，仍在为实现占国民总收入0.7%的目标努力。

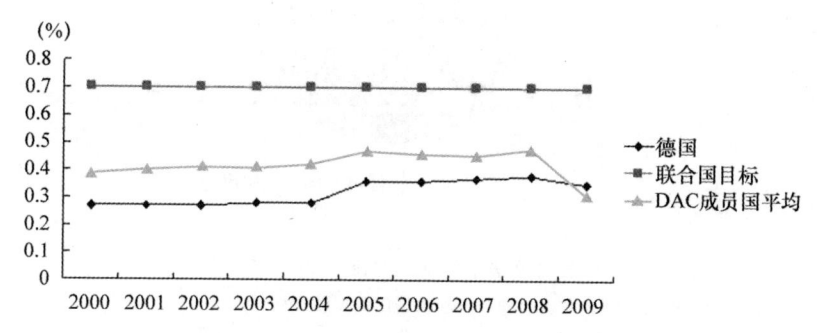

图2 德国ODA净额占国民总收入的比重（2000—2009年）

资料来源：根据OECD发展援助委员会数据库数据整理而得。

(二) 对外援助分配

1. 部门间分配

由 OECD 统计的数据可知，2007—2008 年德国的双边官方发展援助的大部分都用于以下三个领域：社会基础设施和服务（占双边援助的37%，2007—2008年度平均数据）、债务有关的项目（28%）和经济基础设施和服务（17%）。其他的比较重要的领域为人道主义援助（3%）、跨部门（7%）和生产部门（4%），这些领域基本上与2007—2008年度 DAC 的整体情况差不多，然而德国对人道主义援助支出的比例远低于2007—2008年度 DAC 的平均水平8%。

2009 年德国的双边官方发展援助主要分布在社会基础设施和服务、跨部门和人道主义援助三个领域（见图3），反映了经合部近几年实施的政策和战略，特别是2008年德国发展合作确定了包括教育、健康、农村地区发展、气候和环境保护、人道主义、性别平等及女性权利等在内的11个优先领域。

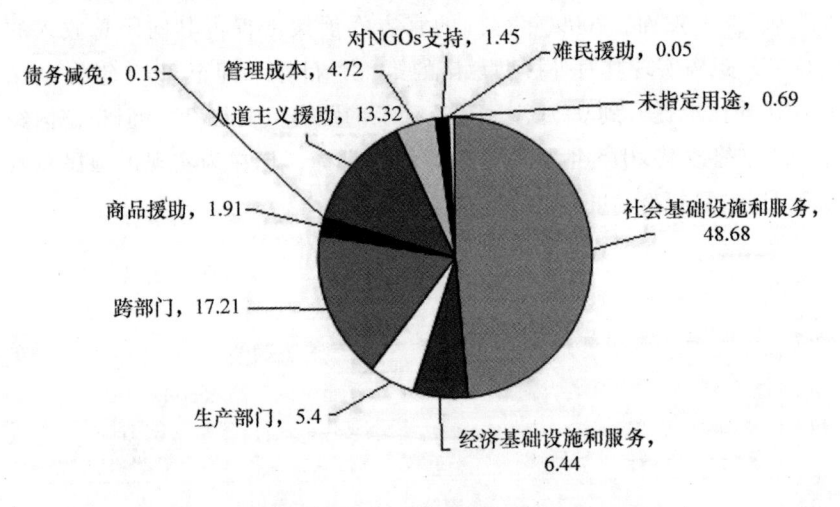

图3 德国对外援助的部门分配（2009年）（%）

资料来源：根据 OECD 发展援助委员会数据库数据整理而得。

2. 地区间分配

图 4 显示了 2009 年德国 ODA 在不同地区间的分配。图中可以看出，对撒哈拉以南非洲的援助额最多，达到总额的 23%。中东和北非也是德国较为重要的援助区域。近年来由于亚洲地区印度和中国经济的崛起，德国逐渐减少了对这些国家和地区的援助，但仍有 26% 的援助额流向了该区域（包括南亚和中亚及其他亚太地区）。而拉美和加勒比海地区、欧洲接受的援助额相对较少，分别为总额的 10% 和 7%。

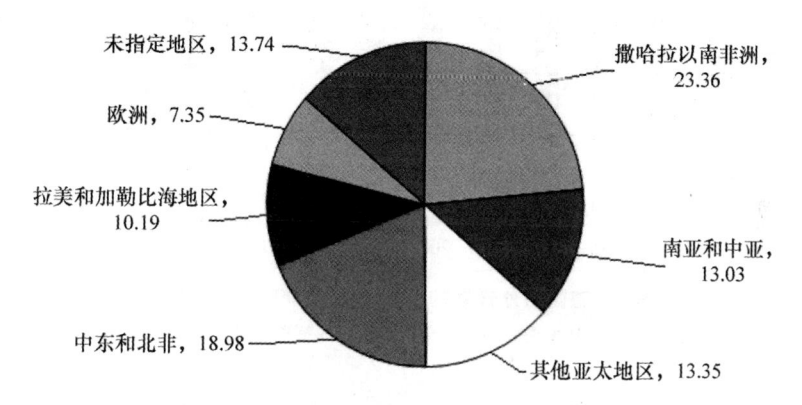

图 4　德国对外援助的地理分布（2009 年）（%）

资料来源：根据 OECD 发展援助委员会数据库数据整理而得。

- 未指定地区，13.74
- 欧洲，7.35
- 拉美和加勒比海地区，10.19
- 中东和北非，18.98
- 撒哈拉以南非洲，23.36
- 南亚和中亚，13.03
- 其他亚太地区，13.35

（三）对外援助的渠道

1. 双边援助

双边援助是德国对外发展援助的主要渠道。进入 21 世纪以来，德国的双边援助较为稳定。德国 ODA 净额的 65% 左右分配到双边发展援助中。这与由联邦议院制定的政府调控政策一致，即 ODA 净额分摊的比例为，双边占 2/3，多边占 1/3，也与 DAC 平均水平基本一致。图 5 显示了 2000—2009 年德国对外援助额在双边和多边援助中的分配比例。2000 年，在德国 58.05 亿美元的官方发展援助净额中，双边援助占 34.54 亿美元，为 ODA 净额的 59%。2009 年，德国双边援助增长至 75.6 亿美元，为 2000 年的 2.2 倍，占 ODA 净额的 63%。

为了使援助更加具有效率，2005 年起德国将其双边援助的受援伙伴国从84个减少到57个，增加了最不发达国家（LDCs）和低收入国家（LICs）的比例。但是德国的双边援助仍大部分流向中等收入国家。而且，2008年这57个伙伴国中仅接受了德国双边ODA总额的不到40%。大多数的双边ODA（超过60%）被分配到83个非伙伴国家。这一问题引起了德国经合部的重视，今后将在此方面进行政策调整，以保证伙伴国家接受援助的水平和效果。

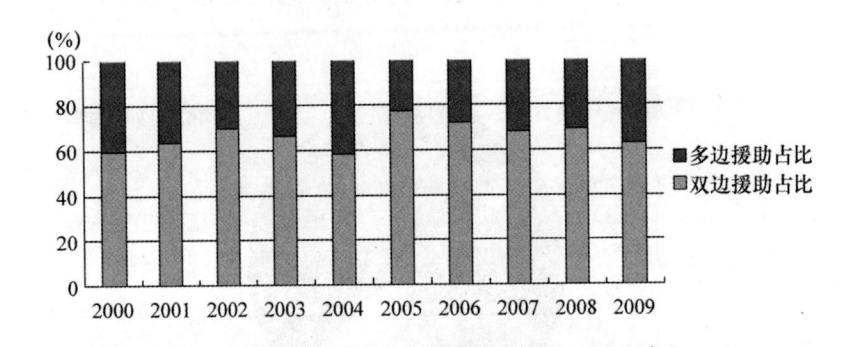

图5　德国对外援助的分配渠道（2000—2009年）

资料来源：根据OECD发展援助委员会数据库数据整理而得。

2. 多边援助

德国是世界上多边官方发展援助最大的捐助国之一。2009年德国的双边多边官方发展援助比例（65∶35）符合其援助战略并接近于DAC的平均水平。且德国的多边官方发展援助多数是通过核心资金的形式提供的，即对多边机构捐助常规预算会费的形式。在多边发展援助系统中，相比于发展援助委员会28.7%的平均水平，德国的非核心资金使用比例仅为6.6%。

德国对欧盟的捐助占其多边援助的58%（见图6）。除欧盟外，德国对非欧盟国家或机构的多边官方发展援助集中在世界银行集团（含国际开发协会）、联合国和区域开发银行。2009年德国多边援助净额中的21%流向世界银行集团（World Bank Group），并全部投入世界银行集团中的国际开发协会（International Development Association）。另外，有7%的资金流往联合国机构。

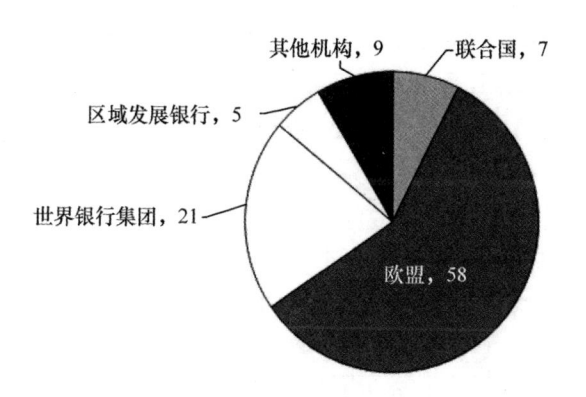

图 6 德国多边发展援助的机构间分配（2009 年）（%）
资料来源：根据《OECD 发展合作报告 2010》、Peer Review、BMZ 数据制作。

三　对外援助组织及管理

长期以来，德国对外援助的组织和管理形成了自己的特色。近年来，德国在对外援助的组织管理方面有所创新，对提高援助的有效性发挥了重要作用。继 2003 年的机构重组后，2010 年春季，德国政府部门又开始启动一项重大的机构改革进程，合并了三个技术合作机构，进一步加强了经合部的职能，各个机构之间的协调合作机制也逐步完善。

（一）对外援助组织机构及其变革

德国的发展合作系统有某种制度优势，其对外援助的组织和实施由政府主管部门、政府部门及社会组织机构共同推进，促进了德国对外援助的发展。

1. 发展合作政策的制定部门——经合部

德国联邦政府中主管对外援助和发展合作政策的部门是经济合作部，主要负责发展合作政策和战略的制定。经济合作部在整个德国的发展合作系统中处于核心地位，继 2003 年的机构重组之后，2010 年春季德国进一步对其进行了机构精简和重组，以提高其发展合作的有效性并确保德国新的政治战略重点（即经济发展与教育领域）的顺利执行。

2. 发展合作项目的执行机构

德国发展合作项目的具体实施则大部分由一系列的机构、其他的政府部门、非政府组织（NGOs）、教堂以及科学培训机构等具体负责。这些执行机构为数众多，2003年重组后，各个执行机构也启动了各自机构精简的进程，显著提高了援助的有效性，节约了大量的交易成本和时间成本。在这些执行机构中，最重要也最具代表性的是：复兴信贷银行（KFW）、技术合作公司（GTZ）、国际培训与发展公司（InWent）、德国发展服务公司（DED）等。

（1）负责实施信贷合作的复兴信贷银行

复兴信贷银行是受联邦政府委托执行信贷合作的机构，德国联邦政府拥有其80%的股权，各州政府共同拥有其余20%的股份。自20世纪60年代开始实施信贷合作以来，联邦政府共向发展中国家承诺了约515亿欧元的资金，复兴信贷银行向世界100多个发展中国家的约2500个项目提供了资金支持。其下属的一家子公司德国投资与发展公司（DEG），专门从事促进德国私人企业，特别是中小企业赴发展中国家投资的业务。DEG的运作方式包括中长期贷款、提供担保、投资参股和咨询服务等。自1962年以来，该机构共为近1100个项目提供了50亿欧元的资助，并由此带动德国私人投资者向发展中国家投资了约340亿欧元。

（2）负责实施技术合作的德国技术合作公司

德国技术合作公司成立于1975年，公司完全为德国联邦政府所有，资金全部由经合部提供，是一家专门实施技术合作项目的非营利性机构。GTZ目前在世界130多个国家拥有万余名员工（其中约8500人是当地雇员）。公司为发展中国家提供援助或服务的主要方式是协助其制定促进经济社会发展的项目、传授相关经验与技术和提供专业咨询等。

（3）负责实施人员培训合作的德国国际培训与发展公司

国际培训与发展公司于2002年由"德国国际发展基金会"（DSE）和"卡尔·杜伊斯堡协会"（CDG）合并而成，该机构是联邦政府对外发展援助中人员培训类项目的主要实施者。国际培训与发展公司的主要所有者是德国联邦政府，70%左右的资金由经合部提供，其余30%的资金由约30家机构提供。目前，每年参加InWent组织的培训和交流项目的人员达3.5万人次，项目总金额达1.4亿欧元。InWent也因此成为德国在世界范围内开展培训与发展合作规模最大的机构。

(4) 负责向发展中国家派遣发展援助人员的德国发展服务公司

德国发展服务公司（DED）是由联邦政府所有的，专门从事发展援助人员派遣工作的机构。公司成立于1963年，截至目前，向亚洲、非洲和拉美的发展中国家派遣的专家和技术人员已超过1300万人次。该公司并不制定自己的合作项目，而是根据发展中国家政府、企业或有关机构提出的要求，在双边政府间协议的框架内，派遣德国发展援助人员到有关国家传授相关技术、提供专业咨询和培训当地人员，协助发展合作项目的实施。DED工作的重点主要在环境与自然资源保护、可持续发展、促进民主、公共管理、经济改革与市场经济建设、饮用水源维护与管理、垃圾和污水处理以及卫生与艾滋病防治等领域。

（二）对外援助管理

德国自对外援助工作开展以来，就在对外援助的管理方面与时俱进，不断创新，以适应对外援助在新世纪的发展需要，并进一步提高援助效率。

1. 加快权力下放

2005年的德国同行评议（Peer Review）就指出德国发展援助机构有必要将权力下放到下面的机构。2009年10月，德国政府在联盟协议（Coalition Agreement）中承诺将改进德国发展合作系统的结构。作为改进的一部分，经合部的国别代表将在当地被赋予更大的决定权以及得到战略和政策授权。决策责任的下放，伴随着充足的资源的跟进，会进一步提高德国的官方发展援助的战略监督，并有助于解决一些合作伙伴在决策和审批时的延误问题。

2. 建立独立的评估机构

在各种政策框架、标准和具体方法的规范指导下，经合部正在努力完善德国的发展合作评价体系。经合部主要负责制定对外发展合作的评价规则、标准、质量要求并进行评价，而执行机构和一些比较大的非政府组织则进行自我独立的评价。然而政府主导的评估体系的一般适用性面临着统筹20个政府和非政府组织执行机构和资金的重大挑战，这些组织机构各自拥有自己的评价体系（每年大概会产生100种不同的评价体系），因此有必要进一步改进和整合这些评价体系，通过评价来保证质量，通过使用评价结果来支持决策，并且将德国的国家方案和资源与援助结果和伙伴国的绩效评估框架联系起来。目前德国正在计划建立一个独立的评估机构或研究所以提高评价的独立性及合法性，提高发展合作系统的一致性。

四 对外援助有效性评价

德国对援助有效性的承诺主要是通过签署《关于援助有效性的巴黎宣言》（简称《巴黎宣言》）和《阿克拉行动议程》来表达的。《巴黎宣言》认为不但要增加援助数额，更要提高援助的有效性，以提高总的援助效果。签署国从主事权（Ownership）、协调（Alignment）、和谐（Harmonisation）、结果管理（Managing for Results）和共同责任（Mutual Accoutability）5 个方面做出有效性的承诺，并且设定了 12 个指标对这 5 个方面的执行情况进行监督。

（一）对外援助有效性的进步

如表 1 所示，2006 年和 2008 年 DAC 发布了两份监督《巴黎宣言》执行情况的报告（Monitoring Surveys），对 2005 年和 2007 年德国的发展援助进展进行了测评。根据《巴黎宣言》的主要性能指标来衡量，德国的发展援助有效性有所提高。除了避免同目的的执行机构指标（Project Implementation Unit）略有下降以外，其余的各个有效性指标均有显著改善和提高。这也与德国政府和经合部对其对外援助的重视及制定了可行的政策相关。

表 1　　　　　　　　　　　　德国对外援助有效性指标

指标	德国			指标变化	所有援助国的平均值			2010 年的目标
	2005 年（33 国）	2007 年			2005 年（33 国）	2007 年		
		33 国	所有受援国			33 国	所有受援国	
与国家优先考虑一致的援助	49%	57%	54%	+8%	——	——	——	85%

续表

指标	德国 2005年(33国)	德国 2007年 33国	德国 2007年 所有受援国	指标变化	所有援助国的平均值 2005年(33国)	所有援助国的平均值 2007年 33国	所有援助国的平均值 2007年 所有受援国	2010年的目标
通过协调增强能力	33%	72%	73%	+39%	23%	55%	49%	50%
国家公共财政管理系统的使用	36%	40%	39%	+4%	38%	38%	29%	
国家采购系统的使用	34%	60%	63%	+26%	40%	39%	25%	——
避免同目的的执行结构（PIU）	40PIUs	27PIUs	41PIUs	-13PIUs	6.3	3.3	3.8	13PIUs（欧盟目标是没有新的PIU）
援助的可预测性	47%	54%	51%	+7%	——	——	——	74%
援助无附带条件	94%	100%	100%	+6%	——	——	——	>94%
共同安排或程序的使用	19%	34%	24%	+15%	45%	39%	31%	66%
联合任务	29%	35%	37%	+6%	——	——	——	40%
援助国间的联合分析	50%	78%	70%	+28%	——	——	——	66%

注：①为了保证可比性，这里指标变化对比的是33国的数据。

②这里德国报告的数据是德国的共同目的的执行机构数量。PIU全称为Project Implementation Unit，这里指对外援助的项目执行单位。2006年调查的数据包括33个国家中的31个，反映了德国39%的项目援助；2008年调查的数据包括55个国家中的47个，反映了德国55%的项目援助。德国发展援助委员会统计数据表明，2008年德国77%的双边援助是无附带条件的，2006年这一比例为81%。

资料来源：DAC, Survey on Monitoring the Paris Declaration, 2008, p.116, Germany Development Assistance Committee (DAC) Peer Review 2010.

在对外援助的进程中，为了提高援助的有效性，德国在国际及欧洲联盟、国家之间、受援国内部三个层面上采取了很多措施。在国际层面上，德国在欧盟内部一个关于促进援助有效分工的工作小组中发挥了主导作用。继2011年参加在韩国举行的第四次关于援助有效性的高峰论坛后，德国表示会长期参与和听取各种关于提高援助有效性的国际对话，并考虑如何能更有效地执行和完成对提高援助有效性的承诺。在国家和受援国层面，2005年经合部制订了执行《关于援助有效性的巴黎宣言》的行动计划（这是世界上援助国首次这样做）。2006年德国制定了关于援助有效性的援助制度手册，2009年经合部制定了员工培训以及各执行机构更新援助的手册。

（二）对外援助有效性需改进之处

虽然德国在援助有效性方面取得了很大进展。但是，它仍在国家公共财政管理制度、共同安排或程序的使用，以及共同合作方面表现相对较弱，因此为了进一步提高援助有效性，德国需要在以下三个方面改进：

首先，在援助管理方面。2009年的援助行动计划旨在促进德国与受援国在制度和程序方面进行更系统的合作，但是德国没有完成其在这些领域设定的2010年的目标。因此，在接下来的对外援助发展中，德国需进一步加强其内部组织管理机构的改革和内部协调机制的建设，以提高援助的管理效率，为2015年德国援助发展目标的实现创造条件。

其次，在援助能力的开发（Capacity development）方面。能力开发是德国发展合作的总体目标，其中技术合作历来是德国开发受援国能力的重要手段，近年来，德国在能力开发方面的重点已经从发展个人技能和加强当地管理转到发展立法、经济、社会和政治各个领域。然而，德国对能力发展还没有统一的定义，关于这方面的发展合作也没有明确的战略。因此，经合部应明确能力开发的概念，并且在总结其部门发展经验的基础上，制定一个可行的战略，将援助工具和机构结合起来以加强战略伙伴国家的能力建设。

最后，与非政府组织的合作方面。德国官方发展援助的6%是经非政府组织的渠道来分配的。虽然在与非政府组织的合作中，德国高度重视非政府组织的独立性，然而，德国需要一个明确的战略来指导德国民间各个社会组织的发展援助工作。大多数非政府组织在如何使用它们受到的官方发展援助方面具有相当自由的权利，因此也存在着其与德国负责发展合作的机构的目标问责制不一致的问题。为此，德国需要在尊重非政府组织自主权的同时，积极鼓励它们展示发展合作的成果并引导其行动目标尽可能地与受援国的优先事项相平衡。

参考文献：

OECD/DAC, Survey on Monitoring the Paris Declaration, 2008.

OECD, Development Assistance Committee (DAC) Peer Review 2005/2010.

The OECD Development Cooperation Report 2010.

新世纪日本的对外援助及其管理*

黄梅波　蒙婷凤

摘要：1989 年日本成为世界第一大援助国并连续 8 年保持世界第一。新世纪日本对外援助总量虽已不如从前，但总的来说其对外援助管理体系发展较为成熟。本文拟对新世纪日本的对外援助及其管理体系进行研究，分析其对外援助的战略及政策、组织与管理，并对其援助的有效性做出评价。

关键词：ODA　政策　组织与管理　有效性

一　日本对外援助战略及政策

作为亚洲唯一的发达国家，日本在实现现代化方面有着独特的经验，这些经验不断融入其对外援助体系，历经五十多年的发展，新世纪的日本对外援助体系已形成了自身的战略和政策。

（一）对外援助战略

基于二战后利用美国援助快速发展的经验和扶持东南亚国家经济发展的实践，日本对外援助战略逐渐形成了自身的特点。1947 年日本宪法表明"世界上所有人民都有权生活在和平之中"。1992 年日本在反思其对外援助政策的基础上出台了《ODA 宪章》，该宪章认为，日本发展合作的总体理念是"对国际社会和平与发展贡献力量"，并借

---

* 原载于《国际经济合作》2011 年第 2 期，第 39—46 页。

此"确保日本自身的安全和繁荣",这一理念与日本宪法的核心精神一致。日本认为国际发展合作符合日本的长远利益,是其外交政策的重要组成部分,希望通过对外援助使日本经济受益。2003 年,日本政府对《ODA 宪章》进行了首次修订,提出了 ODA 的五大方针:支持发展中国家的自助(Self-Help)努力;促进人的安全;保证公平;利用日本的经验和技能;加强国际社会的伙伴关系与合作。其中,扶持发展中国家"自助"是日本 ODA 最重要的宗旨,"日本尊重发展中国家的主事权(Ownership),优先援助发展中国家自己的发展战略"。"主事权"(Ownership)源于 1995 年《开罗行动计划》,并在 1998 年第二届东京非洲发展国际会议上被正式提出。它从"自力更生"的概念演变而来,指非洲国家在制订和实施发展计划中的自主权,主要体现为"自助",后来延伸到发展中国家,是日本倡导的援助新理念。同时,日本认为援助国和受援国之间为"伙伴关系"(Partnership),打破了以往西方传统援助体系下的援助国和受援国的不对等关系,提倡国家间的平等对话。"主事权"、"伙伴关系"、"自助"等概念的提出,使得日本对外援助体系突破了西方传统的对外援助观念,形成了自身的战略特点。

在对外援助指导原则上,1992 年版的《ODA 宪章》强调环境保护,避免援助涉及军事,密切关注发展中国家的军事开支、民主化、人权保障、市场经济发展等,2003 年修订后的宪章也基本延续了这些原则。从中可以看出,随着日本从"经济大国"到不断谋求"政治大国"地位,其对外援助战略存在着"变相"干预受援国内政的倾向,对外援助成为其广泛外交政策的实施筹码。

(二)对外援助优先政策

经内阁通过的《ODA 宪章》确立了日本对外援助的法律框架,也成为日本 ODA 的主要政策依据,其与 ODA 中期决策(Middle-term Policy)一起对日本对外援助的优先考虑提供了稳定的框架。总的来说,日本对外援助一贯重视经济增长和重大基础设施建设,希望通过对外援助促进发展中国家的经济增长以消除贫困。2005 年日本的 ODA 中期决策特别参考了联合国千年发展目标,在援助措施中引入了

"人类安全"[①]（Human Security，日本对该理念的定义为"不再惧怕，各取所需"，强调消除威胁个人安全的因素的能力以及赋权于个人和集体保护安全的自由）的指导原则以体现其"扶贫"（Pro-Poor）理念。

尽管《ODA宪章》为ODA的优先考虑确定了基本框架，但日本每一财年对外援助的优先政策都在变动。2005年中期决策提出的优先政策包括：消除贫困、可持续发展、全球性议题、和平构建；2009年优先考虑的政策有：支持亚洲国家应对金融危机、消除恐怖主义、环境气候问题、执行东京非洲发展国际会议（Tokyo International Conference on African Development，TICAD）的承诺、改善日本企业在发展中国家运作的环境、提高日本民众在国际合作中的参与度等。但总的来说，截至2009年，日本优先政策的决策框架仍基于2005年的中期决策。

具体来看，日本对外援助的优先政策主要体现为地区优先和特殊议题优先。从地区来看，日本传统的援助重点仍在亚洲，但其也承诺对非洲的援助在2012年实现翻番，并应非洲国家政府的要求特别建立了后续机制以监控承诺的执行，这些都反映在2009年的优先政策中；从特殊议题看，日本优先考虑的是全球性议题，如气候变化、和平与安全等，包括对阿富汗和巴基斯坦的和平构建援助。

（三）对外援助政策的一致性

所谓对外援助政策的一致性是指：无论是援助政策还是非援助政策，无论是国内还是国际政策都应有一致性。各层次各部门的政策目标应与发展中国家发展的目标相互协调，或至少不损害它们的目标。日本于2008年签署了关于发展政策一致性的《OECD宣言》，承诺将发展问题纳入相关的政策，并通过效应分析确保在援助国和受援国之间以及OECD援助国之间都有较好的政策协调。2010年OECD/DAC（Development Assistance Committee）对日本ODA的同行评议认为，近年日本国内发展援助政策的一致性有所改进，这对于拥有众多援助机构的日本来说是很大的进步。但是，日本仍有相当多的非援助政策也对发展中国家的发展有较大影响，例如农业、贸易和投资、健康、环境和移民政策

[①] "人类安全"（Human Security）由JICA主席Sadako Ogata提出。

等，这些政策的一致性还有待改进。

目前，在政策一致性方面，日本存在三个方面的不足。第一，日本没有明确的政策声明确保政策一致性能成为政府所有部门优先考虑的内容，尽管日本《ODA宪章》和中期决策为倡导政策一致性都做出了一定的政治承诺，但对如何确保ODA和非ODA政策共同支持发展中国家的发展目标却没有清晰的政策指导，因此目前的政策一致性还仅限于对外援助部门政策的一致性。日本需要一个超越援助范围的政策一致性框架将其政治承诺转换成具体措施，以将一致性置于政府各部门政策制定的中心。第二，尽管日本内阁"海外经济合作委员会"（Overseas Economic Cooperation Committee，OECC）起着跨部门政策协调的作用，但是仍缺乏对政策一致性的统一倡导。日本的农、林、渔业部门就一直宣称ODA不应当对日本农业产生不利影响，这些部门也不考虑其制定的政策是否会影响日本的对外援助目标。第三，对政策一致性的监管、分析机制仍不健全，缺乏对部门监控和评估自身政策发展意义的指导意见，也没有一个实体机构为一致性的执行和监控负全责。

二 日本对外援助概况

在对外援助的初期，日本政府把对外援助看作提高自身国际地位的重要手段和对外政策中优先考虑的内容，因此伴随着经济地位的提高，日本对外援助总量在20世纪80—90年代经历了高速增长且在1989年超过美国成为世界上最大的援助国，并在1993—2000年连续8年占据世界第一的位置。进入新世纪，日本的对外援助状况和特点有了新的变化。

（一）对外援助总量：在波动中趋于下降

这里的总量指的是ODA净额，是在ODA总额（Gross ODA）的基础上扣除贷款偿还额（repayments）和债务取消额（debt cancellation）。自2000年以来，受经济持续低迷的影响，日本财政开始大幅削减ODA支出。除了2005年和2008年ODA有所增长外，其他年度均呈下降态势（见图1），并于2004年和2007年出现低谷。2005年ODA净额达到

131 亿美元，ODA 增加的主要原因是日本为东南亚海啸提供了人道主义援助和对伊朗进行了债务减免。2006 年和 2007 年 ODA 净额继续下降。2008 年日本的净 ODA 增长 10.7%，达 95.79 亿美元，位居 DAC 援助国第五，排在美、德、英、法之后。2008 年的增长与日本利用"补充预算"（Supplementary Budget）增加短期投入量有很大关系。由于经济停滞、财政赤字和负债高企，日本内阁自 2006 年起就决定实施财政改革，缩减了用于 ODA 预算的"普通账户"（General Account）约 42.5%（从 1997 年的峰值来看），为了在缩减预算的同时实现国际援助承诺，日本外务省（Ministry of Foreign Affairs，MOFA）不得不利用补充预算来维持 ODA 总量。尽管这能使日本 ODA 总体有所增加，但补充预算的使用只是一个短期应急手段，反而增加了对外援助的波动性和未来援助量的不可测性，因此该方法不是应对预算削减的可持续战略。2009 年日本净 ODA 有轻微下降，降幅为 1.38%。

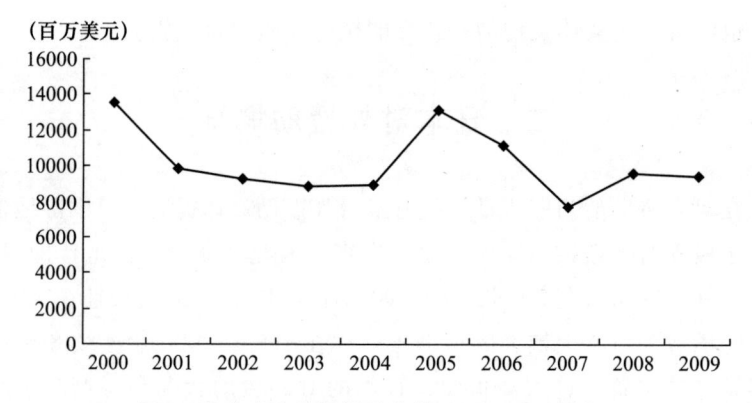

图 1　日本官方发展援助净额（2000—2009 年）

资料来源：OECD's iLibrary.

从净 ODA 占国民总收入的比重来看，日本一直处于 DAC 成员国的中下水平。日本这一比重在 1988 年、1989 年、1991 年三个峰值时期曾分别达 0.32%、0.31%、0.32%，但此后下滑明显，2007 年下降至 0.17%，达到近年来的最低，2009 年也仅占 0.18%，说明近年来日本经济对援助的"贡献度"在不断降低（见图 2）。平均来看，DAC 成员国这一比重均值在 2008 年为 0.31%，瑞典这一比重高达 0.98% 且呈上升趋势。相反，世界前五大援助国中，日美两国 ODA 占 GNI 的比重均低于 DAC 成员国的平均水平，且全部低于联合国 0.7% 的目标，与二者经济大国的地位极不相称。据 DAC 统计显示，2002—2008 年日本 ODA 年均变化率为 -1.8%，是该阶段表现最差的会员国，前四大援助国的变动率分别为 7.4%、8.7%、6.8% 和 1.7%。此外，日本 ODA 的赠予成分（Grant Element。赠予成分可以衡量一项贷款的优惠度，对利率为 10% 的贷款，赠予成分为 0；对于赠款，赠予成分是 100%，对利率低于 10% 的贷款，赠予成分介于两者之间）仅为 85.1%，低于 1978 年 DAC 规定的 86% 的最低线。

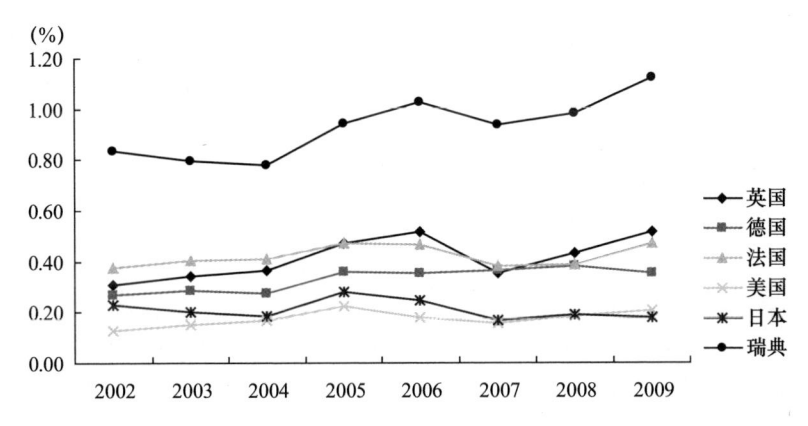

图 2　世界前五大援助国 ODA/GNI（与瑞典对比）（2002—2009 年）

资料来源：根据 OECD's iLibrary 数据绘制。

（二）对外援助分配：以援助亚洲为主且基础设施占比较大

日本对外援助地区分配表现出其强烈的外交导向。二战结束时，日本以战争赔款的名义参与了对东南亚国家的经济援助，为自身扩大市场和原材料来源地提供了便利。随着经济实力的增强，日本谋求"政治大国"地位需要其对外援助在地理上不断延伸，逐渐拓展到对非洲及中东地区的援助。因此，尽管日本官方声称其对外援助并没优先考虑哪些国家，但实际上其援助基本集中于亚洲、非洲和中东。

亚洲是日本 ODA 的主要流入地（见表 1），尤其是东南亚地区。

2008年,亚洲接受了日本58%的双边援助,远高于DAC的平均水平,在2004年更是高达60%。在对亚洲的援助中,过去十年中国、印度和印尼接受了日本净双边援助的20.9%,而孟加拉国、斯里兰卡、菲律宾和越南也基本稳居受援国的前十名,2008年日本净ODA受援国前十名中东南亚国家就有六个。日本对非洲的援助远低于DAC的平均水平,且援助力度近年来有下降趋势,2008年仅占15%,但对撒哈拉以南非洲的净援助在2005—2008年增加了9%。非洲传统的受援国包括坦桑尼亚、赞比亚、苏丹、玻利维亚等,2008年日本净ODA受援国前十名中非洲国家只有苏丹和摩洛哥。近年来,日本为援助非洲做出了一系列承诺,特别是在2008年东京非洲发展国际会议(TICAD)上日本承诺到2012年实现对非洲援助的翻番,且不包括债务减免。日本对中东的援助,主要是对阿富汗的重建援助和对伊拉克的人道主义救援,这一点充分体现了日本在外交上对美国的"追随"特性。

表1　　　　　日本双边ODA的地理分配(2004—2008年)　　　　单位:%

	2004年	2005年	2006年	2007年	2008年	DAC平均水平(2008)
非洲	20	15	28	22	15	38
亚洲	60	49	54	59	58	30
美洲	11	8	7	6	6	10
中东	7	25	8	10	16	17
大洋洲	1	1	1	1	1	2
欧洲	2	2	2	3	4	4

资料来源:OECD/DAC对日本发展援助的同行评议(2010)。

从对外援助的部门分配来看,日本的对外援助集中于基础设施建设(分为经济基础设施建设和社会基础设施建设),且主要通过贷款扶持。在经济基础设施建设方面,2008年日本用于此领域的ODA达32%,是DAC平均水平(15%)的两倍多,其中,交通运输和能源基础设施建设合计占93%,近年这一比重在不断降低。在社会基础设施建设方面,2008年该领域吸收了22%的净ODA,仅为DAC平均水平（41%）的一半，但这一数值在不断提高。在其他部门诸如生产部门，日本援助的比重（12%）明显高于 DAC 平均水平（6%），并集中在农、林、渔业部门。在人道主义援助方面，日本 2008 年仅支出了双边 ODA 的 2%，远低于 DAC 的平均水平（8%）。在和平构建方面，日本的大部分援助集中于教育部门，援助量很低，约占 1%—2%，并且 1997—2008 年这一比例基本没有变化。总的来看，日本对外援助集中于受援国的基础设施建设，这与其强调通过"自助"来实现援助的理念是一致的。

（三）对外援助渠道：以双边援助为主并开始重视 NGO 的作用

对外援助渠道广义上有两种：双边援助和多边援助。其中双边援助包括技术合作（Technical Cooperation）、赠款（Grant）和贷款（Loan）等，多边援助主要是对国际组织进行的资助。随着 NGO 在参与国际发展合作事务中作用不断增强，NGO 的渠道作用也开始显现。

1. 双边援助

日本的双边援助在对外援助中占有重要地位，2008 年 84% 的援助是经此形式分配的，高于 DAC 平均水平（74%）。这一倾向反映了日本重视其援助的可见性和政治影响力，以及双边援助作为外交工具的重要性。

在双边援助内部，贷款居主要地位，即通过提供长期低息的大额资金对发展中国家大型基础设施建设进行扶持。日本是 DAC 成员对外援助中贷款比重最高的国家，2008 年贷款占比 47%，远高于 DAC 平均水平（9%）。较高的贷款比重也说明日本在对外援助中所强调的"自助"和"自给自足"理念。日本认为，偿还贷款会激励借款国更负责并更有效地分配稀缺资源，贷款比赠款更易于调动资源，最终随着受援国的经济发展、财政收入的增加，偿还贷款成为可能。但是，日本新的 ODA 贷款项目数量在近几年没有明显增长（见图 3），这主要是由于日本重新调整了贷款政策并减免了一些债务，且在发放新贷款时对债务人的偿还能力开始持谨慎态度。

(十亿美元)

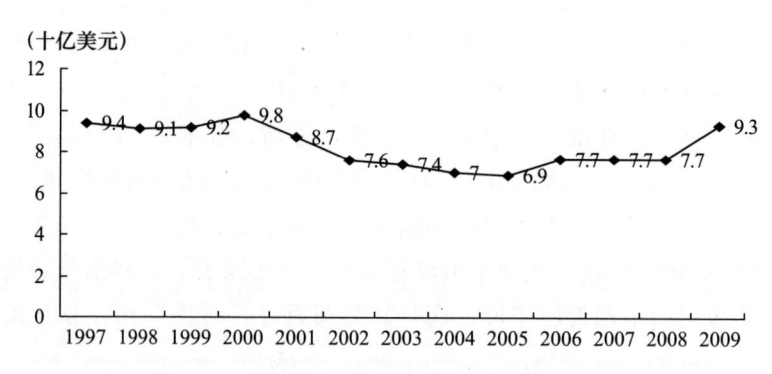

图3 日元贷款计划支出（1997—2009年）

资料来源：OECD/DAC对日本发展援助的同行评议（2010）。

日本在双边援助中十分重视技术合作。日本希望使用日本的技术、诀窍和经验培育发展中国家的人力资源，以促进其社会经济发展，并结合当地实际，与受援国共同合作以促进当地技术的改进，传递日本自身进口、改造和吸收先进技术以实现现代化的经验。技术合作包括派遣专家和志愿者（Japan Overseas Cooperation Volunteer）、提供培训和设备等。2008年，日本技术合作在双边援助中占比为13.27%，略高于DAC平均水平（12%）。从地区和部门的维度看，2008年日本技术合作主要面向亚洲（44.28%）和非洲（25.6%），且主要援助农、林、渔业和公共设施部门。

表2 日本ODA的渠道分配（以2007年不变价计算）（2004—2008年）

单位：百万美元

	2004年	2005年	2006年	2007年	2008年
总双边援助	11731	14583	12932	11666	13045
①赠款	4646	6724	5690	4170	5160
②技术合作	1705	1701	1811	1813	1731
③贷款	5380	6158	5431	5683	6154
总多边援助	2677	2517	3798	1901	2446
①UN机构	1122	999	576	567	516
②EU机构	—				

续表

	2004年	2005年	2006年	2007年	2008年
③世界银行集团	922	824	2525	173	1112
④地区发展银行	401	447	445	460	515
⑤其他多边机构	232	247	252	702	303
总ODA	14408	17100	16730	13567	15491
净ODA	7947	12055	10918	7679	8502

注：日本在统计赠款时将技术合作考虑在内，笔者进行了剔除。

资料来源：OECD/DAC对日本发展援助的同行评议（2010），第88页。

双边援助中的赠款主要用于受援国购买原材料、机械设备等以促进其发展。在低收入国家，赠款广泛地用于修建医院、桥梁和其他基础设施，改善当地人民的生活水平。2008年，日本赠款在双边援助中占比40%，低于DAC平均水平（65%）。日本2008年的赠款比2007年增长24%，但其中28%的增长是债务减免（Debt Relief）拉动的，而不是真正意义上的赠款。从地区和部门来看，赠款主要面向非洲，其次是亚洲，而涉及的部门则主要是社会服务[①]。

2. 多边援助

多边援助是通过资助国际组织来间接实施对外援助。2004—2008年日本大约17%的ODA经多边机构进行分配，2008年达24亿美元，较上年增长28.7%，这主要是因为该年日本对世界银行进行了大量资助。传统上，世界银行集团是日本多边援助的最大受益者（见表2），2004—2008年接受了日本多边援助的42%，同一时期地区发展银行接受的多边援助占17%，其中亚洲开发银行是最大的接受者。日本也是联合国常规预算的第二大提供国，且是众多UN机构最大的援助国之一。2008年，众多联合国机构合计接受了21%的日本多边援助，其中联合国发展项目（United Nations Development Programme，UNDP）、联合国难民高级委员会办公室（The Office of the United Nations High Com-

---

① Kawai, M., Takagi, S., "Japan's Official Development Assistance: Recent Issues and Future Directions", *Journal of International Development*, Vol.16, pp.255–280, 2004.

missioner for Refugees，UNHCR）、联合国粮农组织（Food and Agriculture Organization，FAO）是最大的受益者。但是，近年来联合国接受的日本核心扶持（Core Support，核心扶持意味着对该机构能力建设进行专款扶持）已受到日本该方面预算削减的影响，其中2004—2008年联合国机构接受日本多边援助下降了54%。例如，2001年日本是UNDP核心扶持的最大贡献国（14.7%），到2008年下降至第6位（6.7%）；日本对联合国人口基金的扶持也从第二位降至第六位，对联合国儿童基金的扶持从第五位降至第十五位，而预算削减还在持续。在预算削减的背景下，日本对联合国多边援助倾向于采用指定扶持和纵向资金管理的方式，这无疑又会增加交易成本，进一步降低援助有效性。

3. NGO

日本对NGO援助的支持一般有两种渠道：对NGO直接资助（包括核心扶持），扶持NGO发起的项目；由NGO执行政府发起的项目。2008年，日本净ODA只有3%通过以上两种方式对NGO进行支持，低于DAC平均水平（7%）。虽然从量上看还不大，但日本有众多NGO资助计划，且每个计划都采用不同的管理方式。近年来，日本政府表示会增加NGO在援助上的介入并认可NGO在某些情况下的相对优势，今后通过NGO的援助应会有所增加。

三　日本对外援助的组织和管理

日本已形成比较严密的对外援助组织和管理体系，其涉及对外援助的部门和机构达13个以上，但这些机构仍能围绕一个中心协调运转。日本的《ODA宪章》明确规定日本外务省（MOFA）对发展援助有统筹协调权和决策制定权，并负责管理新成立的日本国际合作事业团（Japan International Cooperation Agency，JICA），这两大机构管理日本近三分之二的发展援助。日本财政部主要负责对世界银行、IMF和地区发展银行的援助，经济产业省，日本外部贸易组织等机构也参与对外援助工作。

(一) 对外援助组织机构及其改革

近年来,发达国家日益关注对外援助在解决全球性问题上的作用,日本在 ODA 预算削减的背景下开始积极思考对外援助组织体系的改革,以提高其援助质量。基于此,2008 年 10 月 1 日,日本成立了新的 JICA,其融合了前日本国际协力银行(Japan Bank for International Cooperation, JBIC)管理 ODA 贷款的部分和 MOFA 管理赠款的部分(但 30% 的赠款仍由 MOFA 管理),使得 JICA 从原来集中执行技术合作转变成融合处理三大援助机制的对外援助组织,成为世界上最大的双边援助机构。新 JICA 的内部结构更趋扁平,超过 30 个部门直接向机构的主席或副主席报告,这对于提高援助的有效性和实现三大援助机制的"协同"有重大意义。此外,MOFA 内部成立于 1996 年的国际合作局在 2009 年也实现了重构,从早期的按三大援助机制单独管理变为按地区进行管理,从而有利于从整体上把握日本的援助活动。

组织机构的核心变革带来了 MOFA 和 JICA 职责分工的明晰化,前者主要制定政策而后者执行决策,JICA 提出的项目建议也能有效地反馈给 MOFA 以利于其决策。当然,MOFA 并没有把所有的执行权都下放给了 JICA,MOFA 还管理着部分赠款以及一些 NGO 项目。援助体系改革后最明显的成效是援助项目业务流程效率的提高。通过减少项目批准层级、协调程序、精简程序,项目准备阶段的时间大大缩短,由几年缩至六个月,促进了援助效率的提高。

(二) 对外援助管理

日本参与对外援助的官方和民间机构数众多,但总的来说能围绕一个核心(MOFA)协调运转,其管理近年来呈现以下特点。

1. "基层导向型"(Field-Orientated)管理

日本《ODA 宪章》和中期决策都明确提出支持"基层导向",JICA 自 2003 年成为独立的管理机构之后也把"基层导向"作为其工作目标并加强了海外机构的管理。为实现"基层导向型"管理,日本主要从两方面入手:第一,加大基层投入。为此,日本创建两大机制,即"基层任务力量"(Task Force)和"国家援助方案"(Country Assistance

Programme，CAP）。基层任务力量由大使馆、JICA 和其他诸如日本外部贸易组织的机构的员工构成，甚至包括私企代表，在 2009 年达 79 支。这些任务力量基于受援国实际情况协助制定 CAP 并向 MOFA 和 JICA 总部提供建议，以便总部做出有效的决策。国家援助方案阐明日本在受援国的优先考虑，是一份官方文件，2009 年共有 28 个国家拥有该方案。这些 CAP 根据基层情况制定，并与受援国、其他援助国的优先战略协调，如日本计划利用肯尼亚政府 2030 年愿景和联合援助战略更新对肯尼亚的 CAP，并融入东京非洲发展国际会议（TICAD）提出的优先考虑来增加该方案的基层导向。第二，下放权力和利用当地员工。JICA 将低于 2 亿日元的技术合作项目下放到基层，JICA 员工中当地员工比重达 56%，成为 JICA 海外机构的重要支柱。

2. 重视员工能力开发

对外援助的高质量离不开高效的员工素质。由于财政紧缩，JICA 承诺每年削减管理成本的 3%，而政府还要求 JICA 降低员工工资，同时新 JICA 成立后管理方面的预算增长了六倍，这就意味着员工的人均工作量会大大增加。既然不能增加员工数，JICA 便通过精简程序、开发员工能力来应对，例如通过培训要求员工从管理一项援助机制到胜任三项机制，对东道国语言进行培训并增加对当地员工的使用。

3. 建立综合评估体系

日本高度强调援助结果的反馈，并形成了一套综合的内部评估机制。MOFA 和 JICA，已形成了评估的职责分工，前者负责政策、主题和方案评估，后者负责项目执行评估，两者都有自身的评估准则并分别制定年度评估报告，发布评估结果。MOFA 内部评估由"ODA 评估和公共关系机构"负责，JICA 也设立了独立的评估部门。除此之外，ODA 涉及的其余 11 个政府部门和机构内部对对外援助工作都有独立的评估。除内部评估之外，MOFA 还引入"外部咨询会议"对 ODA 进行独立的第三方评估，日本审计委员会每年考察 10 个国家 100 个项目的 ODA 有效性并出版审计报告，从而全面评估日本的对外援助工作。日本还高度参与和受援国政府的联合评估，并与其他援助国和 NGO 开展评估，建立起的全方位的评估体系，很值得其他援助国的效仿和学习。

四 日本对外援助有效性评价

日本的对外援助体系对援助有效性有明确清晰的政治承诺,也有广泛的理解基础。通过签署《关于援助有效性的巴黎宣言》(简称《巴黎宣言》)和《阿克拉行动议程》,日本做出了明确的政治承诺;通过提供理论培训、远程培训,实施基层导向型管理,下放权力等方式,日本基层对援助有效性也有了良好的理解。这些都为日本践行援助有效性奠定了基础。基于对《巴黎宣言》的承诺,新世纪的日本在援助有效性上既有进步也有需要改进之处。

(一) 对外援助有效性的进步

日本在执行援助有效性的某些方面走在了援助国的前列,特别是在能力开发和南南合作,保障受援国的"主事权"和"一致性",扮演"搭桥者"角色(Bridge-building),实行无附带条件援助方面。

第一,能力开发。日本《ODA宪章》明确承诺推进能力开发并将其作为执行《巴黎宣言》的一项重要内容。其对能力开发的定义是"通过考虑所有因素(包括个人、机构和社会层面)增强发展中国家解决问题的能力的过程",并认为能力开发主要是受援国自身的责任,日本主要是通过JICA提供技术合作起到"催化剂"的作用以提升受援国开发其能力的内在动力。实际工作中,JICA不仅创新出许多工具、指导方针和运行手册增强员工对能力开发的理解,也积极评估其能力开发手段的有效性。JICA视自己为能力开发的"促进者",这是日本提高对外援助有效性的一大亮点。

第二,提倡"主事权"和"一致性"。"主事权"和"一致性"是日本对外援助哲学的核心。为此,日本根据受援国要求确认对外援助项目,在2007年成倍地使用了受援国的公共金融管理体系(Public Financial Management system,PFM)和国家采购系统(见表3),并在制定CAP时积极与受援国进行协商,保持与受援国优先发展领域的"一致性"。

第三,"搭桥者"角色。日本"搭桥者"的角色体现在扶持南南合作和与非传统援助国的合作上。扶持南南合作的主要做法是日本出资金，同发展较快的发展中国家合作，在第三国共同实施援助项目。这在《ODA宪章》和中期决策中都有所强调，并认为这是日本扶持"自助"的一种方式；此外，日本也重视扶持亚洲新兴国家（如中国、韩国）对对外援助项目的参与。

最后，无附带条件援助（Untied Aid）。2001年，DAC呼吁成员国对最不发达国家进行无附带条件援助，并在之后扩大到重债穷国。为回应此呼吁，日本无附带条件援助比例近年显著提高。2008年的双边ODA中有84%到无附带条件，比2007年高4%，也高于DAC平均水平（81%）。

表3　　　　基于《巴黎宣言》对日本对外援助有效性的评价

指　　标	2005年	2007年	进步方向
与国家优先考虑一致的援助（Aid flows are aligned on national priorities）	31%	45%	↑
通过协调增强能力（Strengthen capacity by coordinated support）	74%	76%	→
国家公共财政管理系统的使用（Use of country public financial management systems）	29%	62%	↑
国家采购系统的使用（Use of country procurement systems）	26%	61%	↑
避免同目的的执行结构（Avoid parallel implementation structures）	2%	2%	→
援助的可预测性（Aid is more predictable）	32%	48%	↑
援助无附带条件（Aid is untied）	69%	80%	↑
共同安排或程序的使用（Use of common arrangements or procedures）	33%	52%	↑
联合任务（Joint missions）	2%	2%	→
援助国间的联合分析（Joint country analytic work）	52%	31%	↓

资料来源：OECD/DAC对日本发展援助的同行评议（2010）。

（二）对外援助有效性需改进之处

近年来，日本对外援助总量在波动中下滑，虽有短暂恢复但其贡献力度与经济实力并不相称，日本若要真正履行其经济大国义务，提高援助总量势在必行。

日本为了保持其援助对受援国和日本公众的可见性而倾向于采用双边援助,经此形式分配的援助高于 DAC 平均水平,在援助过程中即便与其他援助国进行协调也倾向于在一些部门中通过与受援国官员进行直接双边交涉来保持影响力,反映了日本重视其援助的可见性和政治影响力以及双边援助作为外交工具的重要性。这种趋势在未来必须有所调整。

在对外援助有效性方面,在表 3 反映的 10 个基于《巴黎宣言》对对外援助有效性评价的指标中,日本有 6 个呈上升趋势,表明日本对外援助有效性整体取得了显著的进步,尤其是在能力开发、保持与受援国优先发展领域的"一致性"以及无附带条件援助方面,但即使在这三个方面日本仍有可改进之处。日本能力开发在实际中偏向强调开发能力而忽视系统性因素(如政治和个人激励),在扶持 NGO 能力开发和在脆弱、多冲突国家如何灵活地进行能力开发方面,日本也有提升的空间;尽管日本在"一致性"上做出了很大努力,但其 2007 年在国家优先发展领域的援助还不到总援助的一半(见表 3),没有达到《巴黎宣言》中 85% 的目标;日本的无附带条件援助比例虽然有所上升,但其对无附带条件援助的定义存在和 DAC 规定不相符的地方且近年来日本限制性贷款(Special Terms for Economic Partnership,STEP)有所增长,这些都与《阿克拉行动议程》所倡导的"未来援助无附带条件"相悖。此外,除了能力开发和南南合作,日本在援助有效性的其他方面还有一定的不足。表 3 中没有变化的指标和下降的指标值均反映了这种现象。为了进一步提高援助有效性,日本还应在这些方面努力改进。

参考文献:

OECD/DAC, Peer Review of Japan (2010).

Kawai, M., Takagi, S., "Japan's Official Development Assistance: Recent Issues and Future Directions", *Journal of International Development*, Vol. 16, pp. 255 – 280, 2004.

JICA, Japan's ODA and JICA's Role.

韩爱勇:《日本对外政府援助与政治收益》,《理论视野》2009 年第 3 期。

◆ 第二篇　主要发达国家发展援助政策与管理

吕博：《日本的对外援助》，《国际经济合作》1997 年第 1 期。

李安山：《东京非洲发展国际会议与日本援助非洲政策》，《西亚非洲》2008 年第 5 期。

杨艳萍：《日本 ODA 发展历程及其新趋向探析》，《牡丹江教育学院学报》2008 年第 1 期。

张海冰：《21 世纪初日本对非洲官方发展援助政策评析》，《世界经济研究》2008 年第 10 期。

朱凤岚：《对外经济援助在战后日本国家发展中的地位》，《世界历史》2003 年第 2 期。

郑思尧：《日本对东南亚国家的 ODA 政策及其新动向》，《东南亚研究》2004 年第 4 期。

瑞典的对外援助及其管理

黄梅波　朱丹丹

摘要：瑞典是当今发达国家中对发展中国家援助最多的国家之一。近期，瑞典对其官方发展援助战略和政策以及管理实施了一系列改革，最突出的是为了提高援助有效性而采取的项目导向型和结果导向型援助方式。本文分析了新世纪瑞典官方发展援助的战略和政策、总量和分配、组织和管理等方面的情况，并对其援助有效性进行评价。

关键词：官方发展援助　战略政策　组织管理　有效性

瑞典对发展中国家进行援助的传统可追溯到19世纪瑞典传教士在非洲的活动。二战后瑞典的官方发展援助（Official Development Assistance，ODA）是1952年在瑞典对最不发达地区技术援助中央委员会（Central Committee for Swedish Technical Assistance to Less Developed Areas）的支持下开始的。1962年，议会批准了一项政府议案，将瑞典的发展援助目标界定为改善贫困地区人民的生活水平。之后，瑞典发展援助的主要目标进一步扩展为扶贫，保护人权、正义、平等和主事权。

瑞典在经济合作与发展组织（OECD）发展援助委员会（DAC）中发挥着重要作用。瑞典一直积极倡导增加对发展中国家的援助，从1975年开始，其每年援助额占GNI的比率就超过了联合国所要求的0.7%的目标，2009年则达到了1.12%，在DAC国家中排名第一。瑞

---

* 原载于《国际经济合作》2011年第5期，第57—63页。

典在对外援助方面的诸多做法和行为使其成为国际发展援助的典范。特别是近年来采取的结果导向型和项目导向型援助方式既提高了瑞典的援助有效性,也为其他国家的对外援助提供了有益的参考。

一 瑞典对外援助战略及政策

作为 OECD/DAC 的成员国之一,瑞典对外援助的战略和政策基本是在遵循 DAC 的相关准则和协议的基础上结合本国实际而制定的。近年来,瑞典不断改革其对外援助体系,形成了自己独特的对外援助战略和政策。

(一) 对外援助战略

一般而言,一国对外援助战略的制定需遵循相关的国际惯例和各援助国之间的共同协议,在此基础上与该国整体的政治和经济目标相结合。瑞典的对外援助战略既与削减贫困、环境和气候变化及人类健康等全球共同的挑战相关,又融合了其自身的战略目标。

1. 对外援助与全球减贫和欧盟东扩相结合

瑞典发展合作战略的出发点即削减贫困。近年来瑞典增加了对撒哈拉以南非洲国家的援助,这提高了瑞典对贫穷国家援助的比例,也与联合国千年发展目标中减少贫困的承诺相一致。瑞典对欧洲地区的援助是 DAC 平均数的两倍——反映了瑞典对欧洲地区援助的优先考虑,也反映了瑞典扩大在欧盟中的影响力的外交目的。

2. 增加对环境问题的关注

环境和气候变化不仅是瑞典政府发展援助优先考虑的问题,也是其确定的六个"全球性挑战"(即压迫、经济隔离、气候变化和环境影响、移民、传染病和其他健康威胁以及冲突和动荡的局势)之一。瑞典政府在 2007 年就制定了《气候变化与发展的国际任务》(International Commission on Climate Change and Development,ICC)。2009 年瑞典接替捷克成为欧盟轮值主席后,将应对气候变化作为轮值主席任期内的工作重点,并承诺到 2020 年欧盟将在全球协议框架内减排 30%。

在财政支持方面，虽然 2007 年瑞典对环境方面的特定援助仅占瑞典官方发展援助的 3%，但是，官方发展援助数据表明，瑞典一半多的援助均一定程度上是以环境的可持续性为目标的。为了实现对环境问题的承诺——特别是应对气候变化的承诺——瑞典已经决定在 2009—2011 年将其援助预算中的 40 亿克朗（482 百万美元）用于气候变化。资金将主要通过多边行动支付，但其中 11 亿克朗（132 百万美元）通过瑞典双边合作支付。

3. 强调受援国的能力建设

瑞典认为能力建设（Capacity Development）是可持续发展的核心，因此多年来其一直积极支持受援国的能力建设。瑞典国际发展合作署（Swedish International Development Cooperation Agency，Sida）关于能力建设的政策表示，能力建设的终极目标是使受援国最终不再需要发展合作。该政策旨在增加 Sida 对所有项目中有关国家制度和能力建设的援助。

（二）对外援助政策

1. 加强与民间团体和私人部门的合作

瑞典积极支持本国和受援国的民间团体组织（Civil Society Organisation，CSOs）的发展，与它们建立了牢固的伙伴关系并积极与它们对话。在瑞典国内，CSOs 在发展教育项目和支持瑞典政府解释《全球发展政策》的实施方面发挥了重要作用。在受援国，瑞典在发展合作计划中针对 CSOs 的作用制定了一项新的政策，支持发展中国家建立多元化的民间团体，以从各个方面削减贫困。

瑞典政府把鼓励私人部门发展作为促进受援国经济增长和创造就业的重要载体。私人部门的积极介入通常有利于创造一个可持续的援助模式，因此发展援助委员会（DAC）也积极支持这种行动。

2. 减少政策的复杂性

为了减少政策的复杂性，瑞典外交部（Ministry for Foreign Affairs，MFA）和瑞典国际发展合作署进行了明确的分工，外交部计划 2011 年制定 12 项新的主要政策以逐步取代所有现有的部门和专题政策。

(三) 对外援助政策的一致性①

瑞典强调建立政策一致性的法律和政策基础,并于 2003 年实施了《责任共担:瑞典全球发展政策》(Shared Responsibility:Sweden's Policy for Global Development)。《责任共担:瑞典全球发展政策》将政策的一致性置于瑞典发展合作方式的核心地位,并使瑞典跻身于承诺保持政策一致性的援助国的领导行列。

尽管瑞典的发展政策一致性有坚实的法律和政策基础,但在协调机制,监督、分析和报告机制的建立和实施方面却存在不足,具体表现为:首先,政策目标数量太多且这些目标之间没有任何的优先性和等级性;其次,没有系统性的部门间的协调机制;再者,缺少监督和报告援助进程的框架;最后,MFA 缺少必需的人力资源以保证正式和非正式的协调机制的正常运转。

2008 年,瑞典政府决定采取措施弥补政策一致性中的不足。瑞典重新制定了一个更有针对性、更实际的文件——《全球性挑战——我们的责任》(Global Challenges—Our Responsibility)。《全球性挑战》进一步强调了在实现政策一致性中政府的整体责任,并提出要改善监督和报告框架,在此指导下,瑞典制定了实现发展政策一致性的新方法:一是减少目标的数量(从50多个减少到18个),并对其进行精确的定义;引进有时间约束的测量指标来评估每个目标的进展;确定了6个跨部门的优先领域或全球性的挑战,取代了原来在《责任共担》中的11个领域的国家政策。二是 MFA 为每个全球性的挑战建立一个工作团队以增加政府间的沟通;同时,MFA 开始使用 "瑞典团队"(Team Sweden)理念来推动瑞典各个援助主体的一致性。三是 MFA 和 Sida 积极鼓励来自受援国的关于瑞典政策和行动一致性的评价和反馈。

---

① 在本文中,官方发展援助(Official Development Assistance,ODA)与对外援助(Foreign Aid)、发展援助(Development Assistance)、和发展合作(Development and Cooperation)几个词交替使用,但意义相同,都表示对外援助。

二 瑞典对外援助概况

在发展援助委员会成员国中，瑞典的对外援助总量并不突出，但以国民总收入中用于官方发展援助的比例来衡量，瑞典则是最慷慨的援助国。近年来，瑞典的对外援助总量占国民总收入的比例总体上在不断上升，成为国际发展援助的典范。

（一）对外援助总量

瑞典一直积极倡导增加对发展中国家的援助，在发展援助委员会起到关键的作用，这种作用在全球经济衰退、发展与合作预算承受巨大压力的现状下更为突出。近年来，瑞典的官方发展援助净额总体上呈上升趋势，仅在2001年和2009年略有下降（见图1）。瑞典2008年的官方发展援助净额达47.3亿美元，为其历史最高援助额，该年援助净额同比增长约9%，居当年DAC援助国第八位。

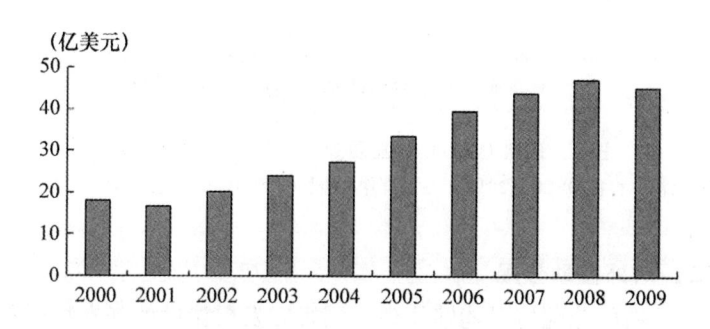

图1 瑞典官方发展援助净额（2000—2009年）

资料来源：根据 OECD International Development Statistics (database) 绘制。

尽管从发展援助净额来看，瑞典在DAC成员国中并不突出（2009年其援助额仅占DAC总援助额的3.8%，占援助总额最高的美国的15.8%），但以国民总收入中用于官方发展援助的比例来衡量，瑞典则是援助国中的典范。瑞典是官方发展援助额占国民总收入的比例超过联合国0.7%目标的5个DAC成员国之一［瑞典（1.12%）、挪威

(1.06%)、卢森堡（1.04%）、丹麦（0.88%）和荷兰（0.82%）]。从图2可以看出，2000—2009年，瑞典官方发展援助占国民总收入的比例一直在联合国0.7%的目标之上，2009年更是高达1.12%，居DAC各成员国之首。与DAC成员国平均官方发展援助占国民收入的比例增长缓慢的状况相比，瑞典这一比例除少数年份有小幅下降外，大部分年份都保持了稳步增长。特别是金融危机期间，DAC成员国的ODA/GNI普遍出现下降趋势，而瑞典则保持了持续增长。而且，瑞典对此还引入了本国指标——将官方发展援助占国民总收入的比例提高至1%。2006年，这项指标达到1.02%。尽管在2007年和2008年有所下降，但2009年和2010年瑞典均实现了这一目标，分别为1.12%和1.01%。

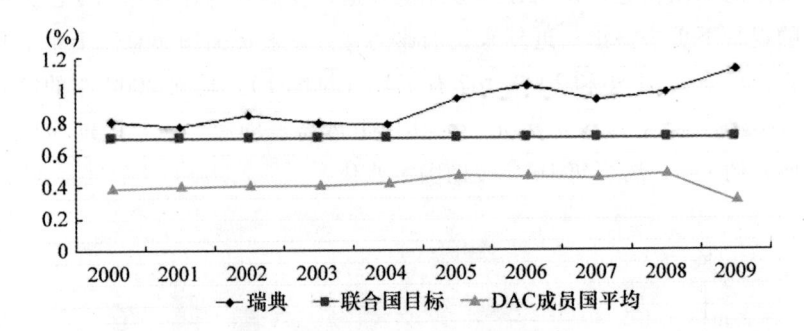

图2　瑞典ODA/GNI发展趋势（2000—2009年）

资料来源：根据OECD《2010年发展合作报告》和DCD-DAC数据绘制。

（二）对外援助分配

对外援助的分配情况能够体现一国官方发展援助的基本特征和政策导向以及可能存在的问题。瑞典的对外援助分配可以从地域分配、部门分配和渠道分配三个主要方面来分析。

1. 地域分配

撒哈拉以南的非洲地区接受了瑞典的大部分援助，如图3所示，2009年，瑞典对撒哈拉以南非洲的援助额为8.89亿美元，约占援助总额的三分之一（不包括未指定地区的援助额）。瑞典援助开发署前十个受援国的七个都在这一地区（见表1）。此外，从表1和图3可以看出，瑞典对冲突和冲突后国家如阿富汗、巴勒斯坦、苏丹等国家的援助占有较大比重；对欧洲的援助也较突出，约为援助总额的6%。

表1　　　　　　　　　瑞典前十位受援国（2009年）

国家	受援额（百万美元）
坦桑尼亚	111
莫桑比克	109
阿富汗	77
巴勒斯坦	69
肯尼亚	66
刚果	65
苏丹	60
乌干达	58
埃塞俄比亚	46
孟加拉国	42

资料来源：OECD发展合作理事会（DCD-DAC）援助数据。

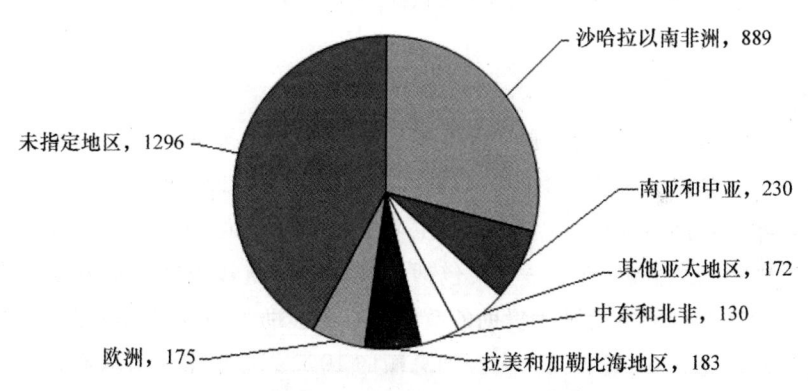

图3　瑞典官方发展援助的地域分配（2009）（单位：百万美元）

资料来源：根据OECD发展合作理事会（DCD-DAC）援助数据绘制。

2007年，瑞典制定新的受援国名单，计划在三年内将援助国家从67个减少到33个，以集中其援助资源。在选择受援国时，瑞典主要考虑该国的贫困程度、民主进程以及是否能和瑞典成为互惠伙伴等条件。在瑞典新的援助计划中，中国和越南位于停止援助的国家之列。继续接

第二篇 主要发达国家发展援助政策与管理

受瑞典援助的33个国家可分为三类：一类为亚、非、拉的12个国家，瑞典将对其实施长期援助；第二类为非洲、亚洲、中东和拉美的12个国家，这些国家或是战乱国家或刚刚结束战乱；第三类为东欧国家，瑞典希望通过援助加深合作，以促进欧洲一体化进程（见表2）。

表2　　瑞典继续援助的33个国家及停止援助的国家（2007年）

第一类受援国 （长期发展援助国家）	布基纳法索、埃塞俄比亚、肯尼亚、马里、莫桑比克、卢旺达、坦桑尼亚、乌干达、赞比亚、孟加拉国、柬埔寨、玻利维亚
第二类受援国（战乱 或刚结束战乱国家）	布隆迪、刚果－金沙萨、利比里亚、塞拉利昂、索马里、苏丹、阿富汗、东帝汶、伊拉克、西岸和加沙地带、哥伦比亚、危地马拉
第三类受援国 （东欧国家）	阿尔巴尼亚、波黑、格鲁吉亚、科索沃、马其顿、摩尔多瓦、塞尔维亚、土耳其、乌克兰
停止援助的国家	中国、老挝、越南、洪都拉斯、尼加拉瓜、斯里兰卡、菲律宾、纳米比亚、尼日利亚、南非、津巴布韦、白俄罗斯、博茨瓦纳、印度、印度尼西亚、安哥拉、马拉维、蒙古、巴基斯坦、泰国、海地、智利、秘鲁、萨尔瓦多、亚美尼亚、阿塞拜疆、科特迪瓦、黎巴嫩、吉尔吉斯斯坦、塔吉克斯坦、俄罗斯

资料来源：中华人民共和国驻瑞典王国大使馆经济商务参赞处。

2. 部门分配

2009年，社会基础建设和服务是瑞典最大的援助类别，占其双边援助的三分之一左右。其中，政府和民间团体又是最大的子类别，约占这一类别援助总额的60%。人道主义援助是瑞典对外援助的第二大类别，占援助总额的12%，主要包括危机应对和重建救济，反映了瑞典增加对冲突和冲突后国家援助的政策。难民援助为瑞典援助的第三大类别，总额为3.07亿美元，占援助总额的10%，充分体现了瑞典在千年发展目标中减贫的承诺。此外，瑞典一直强调与民间团体和私人部门的合作，因此，对非政府组织的援助在瑞典援助中也占较大的比重。

近年来，瑞典政府提出了三个主要的援助议题：一是民主和人权；二是环境和气候；三是男女平等和女性在发展中的地位。这些都属于跨部门的交叉领域，瑞典已经将大量的人力物力投入到这三个领域。目前，瑞典对环境的援助比例还不高，但对环境的关注将成为瑞典双边援助计划的主流。男女平等既是人道主义援助的重要方面也是其他部门的优先事宜。2007年，瑞典88%的援助都和男女平等有关。

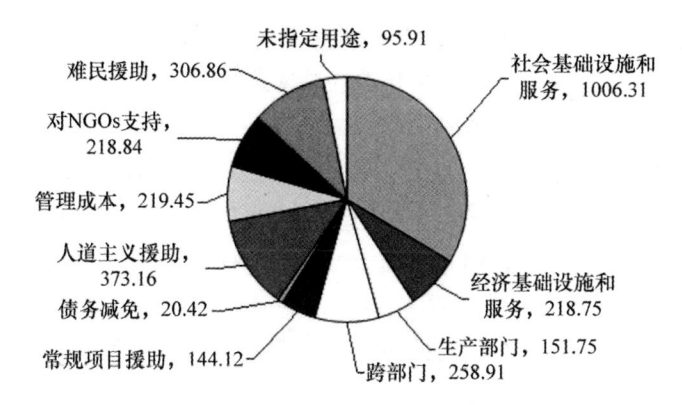

图4 瑞典对外援助的部门分配（2009）（单位：百万美元）

- 未指定用途，95.91
- 难民援助，306.86
- 对NGOs支持，218.84
- 管理成本，219.45
- 人道主义援助，373.16
- 债务减免，20.42
- 常规项目援助，144.12
- 跨部门，258.91
- 生产部门，151.75
- 经济基础设施和服务，218.75
- 社会基础设施和服务，1006.31

资料来源：根据OECD's iLibrary数据绘制。

（三）对外援助渠道

图5显示了瑞典双边和多边援助的分配情况。在瑞典的援助总额中，双边援助一直是其主要的援助渠道，近三分之二的官方发展援助是双边的。2000—2009年，瑞典的双边和多边援助净额都在不断增长，但双边和多边援助的分配比例基本上没有什么变化。例如，2000年，瑞典的双边援助额为12.4亿美元，占援助净额的69%；而2009年，其双边援助额近30亿美元，占援助净额的66.2%，两者相差不大。

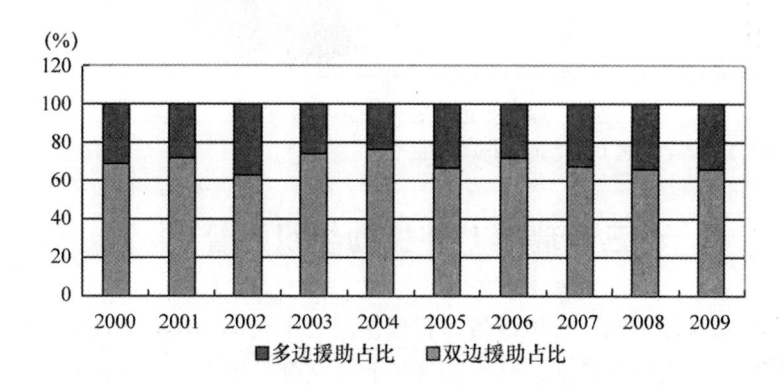

图5 瑞典双边和多边援助（2000—2009年）

资料来源：根据OECD StatExtracts数据绘制。

◆ 第二篇 主要发达国家发展援助政策与管理

2007年，瑞典援助了50多个不同的多边组织，这些多边组织凭借与瑞典援助优先事项的相关性和其有效性，每年获得2400万美元的援助。从图6可以看出瑞典多边援助的分配情况。瑞典是联合国几个主要机构最大的援助国之一。2009年，联合国接受了瑞典38%的多边援助，占瑞典官方发展援助净额的12.7%，为发展援助委员会平均援助水平的两倍。在联合国系统中，联合国开发计划署（United Nations Development Program，UNDP）、联合国难民署（UN High Commissioner for Refugees，UNHCR）和联合国儿童基金会（United Nations Children's Fund，UNICEF）是三个最大的受益者。2009年，瑞典对世界银行集团（World Bank Group）和欧盟的援助各占其多边官方发展援助的23%和19%，分别为其官方发展援助净额的7.8%和6.5%。同时，对区域发展银行的援助也占到瑞典多边官方发展援助的11%，非洲发展银行是其中最大的受益者。

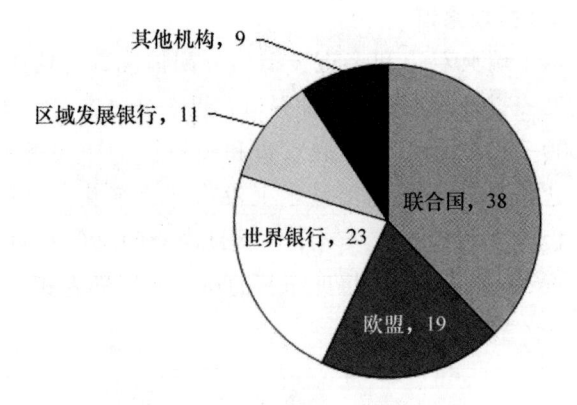

图6 瑞典多边援助分配（2009年）（%）
资料来源：根据OECD StatExtracts数据绘制。

三 瑞典对外援助组织及管理

援助目标不同，各国的援助管理体制也不同。瑞典官方发展援助的主要管理机构是外交部，外交部管理四个实施发展合作政策的机构，其中最重要的是瑞典国际发展合作署。近年来，瑞典外交部和国际发展合作署进行了一系列改革，以更好地开展对外援助，提高援助效果。

（一）对外援助组织机构及其变革

瑞典的政府模式是以管理一系列机构的部门为基础的。理论上，部门制定政策，机构执行政策，机构通过年度拨款文件和具体的政府决策被部门管理。瑞典关于全球发展合作的主要管理部门和决策机构是外交部（MFA），对外援助的资金也由外交部统一管理。外交部（MFA）管理四个实施发展援助的机构，它们是瑞典国际发展合作署（Sida）、瑞典开发评估署（Swedish Agency for Development Evaluation, SADEV）、北欧非洲机构和 Folke Bernadotte 学会。其中最大的机构是 Sida。外交部将援助总额的三分之二交由 Sida，由其具体负责援助项目的选择与执行，援助款主要用于瑞典与其他国家之间的双边援助。余下的三分之一援助额，由外交部负责，主要用于执行其他的双边或多边协议，通过联合国的各个署拨给世界银行、发展银行以及欧盟的发展合作预算等。此外还有部分交由其他一些非官方组织如出口信用担保委员会、斯德哥尔摩环境研究所（Stockholm Environment Institute, SEI）支配。

MFA 在 2006 年实现了重组，现在由一名部长（Director General）全面负责国际发展合作，以前这一工作由一名副部长（deputy director general）负责。国际发展合作包括三个方面的内容：一是双边发展合作；二是发展合作的管理与方法；三是发展政策。MFA 还建立了一个由 12 个独立专家组成的发展政策委员会（Development Policy Council）为其重点优先政策和一致性问题提建议，以取代原来的发展事务专家组（Expert Group on Development Issues）。2009 年 MFA 的新结构开始运行。

2008 年末，Sida 也进行了重组。Sida 的新结构有 3 个支柱：政策、运行和管理。运行部分负责战略和实施，包括主题小组、国家小组和地区小组。政策和管理部分为运行部分提供特定的技能和支持。Sida 正在建立一系列员工网络，以将不同部门的员工联系起来。运行部门的员工必须参加至少一个由政策或管理部门组织的主题员工网络。总部长也建立了一个由所有部门的部长组成的战略管理小组（Strategic Management

Group）和一个由 Sida 管理团队的 5 名最高级成员组成的运行领导小组（Operational Leadership Group）。一个咨询委员会（Advisory Council）取代了 Sida 的董事会。

（二）对外援助管理

1. 采取项目导向型（Programme-Based）援助方式

在双边援助的方式方面，瑞典近年来改变了以往以物资援助为主的方式，开始大量采用项目援助（Project Support/Programme Support）的方式。项目援助是指对外援助通过直接拨付资金或实物援助的方式援助受援国拥有的具体的项目（如减贫）。被援助的项目可能是国家层面的，也可能是部门层面或组织层面的。当被援助的项目是指定某一个特定部门（如农业部门、教育部门或交通部门等）负责时，就是部门项目援助。常规预算援助也是采取现金援助或实物援助的方式，但不指定特定的部门和项目。目前项目援助约占瑞典双边援助总额的一半。项目援助占 Sida 预算的比例由 2005 年的 11.4% 增加到 2007 年的 13.6%；而常规预算援助（General Budget Support，GBS）和部门项目援助（Sector Programme Support）则从 2005 年一直稳定地保持在 5% 的比例。2008 年 OECD 的调查指出，瑞典对 55 个国家的援助总额中的 44% 都用在了常规项目中。因此，瑞典在《项目导向型方法的指导准则》中明确表示，将会提高项目援助的比例。

2. 推行结果导向型（Results-Based Management）管理

2007 年，政府将结果导向型管理列为首要优先事项。为了实施结果导向型管理，瑞典最近已经采取了一些重要的新方案。就项目层面，Sida 已经建立了一个质量保证委员会对每一个 1 亿克朗（1500 万美元）以上的项目进行结果导向型审查；Sida 新的三年运行计划也要求每年审查项目进程，而不仅仅是做一个最终的报告。通过审查，管理团队可以分辨出项目的哪些方面可能脱离正轨及其原因，哪些地方指标不恰当及其补救方法。在国家和部门层面，Sida 提出了一个国家报告模型，由国家团队确定国家和部门层面衡量进步的指标，并每年对其进行监督。在个人层面，Sida 为个人和小组制定了结果目标并将其与共同目标相联系，以将个体员工激励与组织发展更好地结合起来。

针对目标分配人力资源是结果导向型管理的核心部分。为了实施新的优先事项，MFA 和 Sida 都需要相应的人力资源管理策略来保证员工拥有适合援助工作的技能和经验。瑞典招募了很多国家项目官员，他们在瑞典双边发展合作方面正在发挥日益重要的作用。所有实施瑞典发展合作项目的人员都需要接受项目导向型援助方式和结果导向型管理的培训。

3. 建立独立的评估机构

2006 年，瑞典建立了一个独立的评估机构——开发评估署（SADEV），以对瑞典的双边和多边发展合作进行评估。SADEV 正与 Sida、其他 DAC 成员国和受援国的评估部门进行日益紧密的合作。但是目前还没有正式的机制保证政府、MFA 或 Sida 在 SADEV 的评估结果下行动，这使 SADEV 的效力受到影响。为此，瑞典正在建立一个回应 SADEV 的评估结果的机制。

4. 增加对海外管理机构的授权

现在大部分国家倾向于将部分援助决策权授予海外办事处，以利于加强与受援国的发展伙伴关系，增进与其他援助国的协调度。瑞典 1995 年开始将国际发展合作署（Sida）的驻外代表处与使馆合并，目前在 34 个受援国设有代表处，并将拨款权授予更多当地的部门。在多数情况下，只要与总部的合作战略和援助额一致，大使或地区部长（Country Director）有权同意最高 5000 万克朗（750 万美元）的资金拨付；高于 5000 万克朗时，由位于总部的 Sida 各部门的领导决定；高于 2 亿克朗（3000 万美元）时由 Sida 的部长决定。瑞典也试图通过向当地配置更多员工实现分权。但是，近年来无论是 MFA 还是 Sida，雇佣的当地员工的比例均没有显著的提高。

四 瑞典对外援助有效性评价

瑞典对援助有效性议程作出了明确的承诺。2006 年到 2009 年政府的预算文件全都提及援助有效性议程，明确地指出了《巴黎宣言》的目标和指标；2008 年和 2009 年的政府预算文件中还包括了来自两项监督调查的结果。瑞典减少了援助国家和援助部门的数量、改善评估体系、实施了项目导向型援助方式和结果导向型管理，并对员工进行各方面培训等，这些措施的确提高了瑞典援助的有效性。

（一）援助有效性的进展

截止到 2007 年，瑞典已经达到了三个目标：其一，所有的瑞典援助都是无条件的；其二，一半以上的援助使用了国家采购体系；其三，一半多的援助通过受援国的公共财政管理（Public Financial Management, PFM）系统进行。瑞典增加了与受援国的优先政策相一致的援助以及共同实施分析工作的援助。瑞典已经开始减少使用平行的执行机构（Parallel Implementation Units, PIUs），而且增加了援助的可预测性。瑞典也承诺更集中地使用援助并在受援国之间更好地分配人员。它合理地缩减了援助的国家数量和在每个国家的援助部门的数量，并表示一旦有可能，Sida 所有的发展合作都将项目化。瑞典通过援助国之间更好的分工积极促进了更有效的援助，减少了合作国的交易成本。同时，瑞典倡导建立一个更兼容的援助协调系统，并已成为制定援助行为准则和援助政策的重要力量。

（二）援助有效性的不足

虽然瑞典在援助有效性方面取得了很大进展，但仍然存在以下不足：

首先，OECD/DAC2008 年的同行评议指出，2005—2007 年，从全球来看，瑞典实际上减少了援助的共同安排和联合开展任务的比例。而且，尽管瑞典一半多的技术合作是与其他援助国共同进行的，但要完成欧盟 2010 年共同推进所有技术合作的目标，还有很长的距离。

其次，虽然瑞典通过提供三年的指示性计划增加了它的一般预算援助（GBS）的可预测性，但是援助拨款仍然需要每年批复。瑞典经常在它的一般预算援助拨款中使用"可变部分"和"不可变部分"的分类。只有在联合谅解备忘录（Memorandum of Understanding, MoU）中共同同意的原则被尊重和满足的前提条件下，所谓的"不可变部分"才会被拨付。瑞典是唯一一个采取这种措施的援助国，这就使得瑞典的发展合作比其他援助国更难预测。

参考文献:

OECD Development Assistance Committee (DAC) PEER REVIEW of Sweden (2009).

The OECD Development Co-operation Report (2010).

挪威对外援助政策及管理机制

黄梅波　陈岳

摘要：挪威对外援助历史悠久，是当今发达国家中对发展中国家援助最多的国家之一。近期，挪威的官方发展援助战略和政策以及管理实施了一系列改革。一方面重组和改革了其对外援助机构，另一方面，加强了对外援助管理，如强调灵活性，保证援助质量，推行"结果导向型"管理，加强与非政府组织的合作等。本文分析了新世纪挪威官方发展援助的战略和政策、总量和分配、组织和管理等方面的情况，并对其援助有效性进行评价。

关键词：官方发展援助　结果导向型管理　组织管理　有效性

一　挪威对外援助战略及政策

挪威参与对外援助的历史超过 50 年。挪威认为发展援助的目的是使人的寿命更长、生活质量更高，更好地参与社会活动和决策制定，而不仅仅是经济增长。围绕这一理念，挪威制定了相应的发展援助的战略和政策。

（一）对外援助战略

挪威对外援助的目标主要体现在它每年呈递给挪威议会的白皮书中。

---

* 原载于《国际经济合作》2011 年第 6 期，第 34—38 页。

2004年的白皮书是挪威最重要的对外援助文件①,它明确提出挪威对外援助的中心目标是消减贫困。以后的援助文件将该目标做了补充,但实质内容并没有变化,其中包括:以1%的国民总收入作为官方发展援助资金,采取权力导向型的发展合作方式,实现千年发展目标等。挪威认为,运行良好的国家、有活力的国内社会,以及独立发展的私营部门是促进受援国经济社会发展的三个重要方面,并以"更多援助、更有效率的援助"和援助要以增加受援国主事权为中心强调受援国改革的重要性。

2008年挪威外交部发布《一号议题》(Proposition No. 1)表达了挪威近年来在发展援助方面关注的"5+1"个优先事项,即:气候变化、环境保护和可持续发展;和平、人权和人道主义;妇女和性别平等;石油和清洁能源;优良的政府管理和反腐败;与千年发展目标相关的健康议题。挪威表示,政府将增加发展预算以支持以上六个优先事项。与此同时,政府仍保持对11个传统重要优先事项的支持:公共福利服务、儿童和青少年、人口贩卖、艾滋病、医药通道、公共私人合作关系、小额贷款、贸易、创新基金机制、债务减免、全球移民和发展论坛。

2009年,挪威将气候变化、冲突和资金列为影响发展和贫困消减的三大关键因素。② 首先,气候变化使现在全球消除贫困的任务更加艰巨,需要国家间的合作应对气候变化。其次,大多数武装冲突发生在贫穷国家,化解冲突和构建和平,往往能使贫穷国家消减贫困、走上发展道路。最后,发展中国家应得到更好的获取资金的渠道、价值创造的机会,并且更好地管理自己发展资源的权力。

随着全球化时代的到来,挪威逐渐认识到建立"全球发展伙伴"的重要性。挪威认为,全球化的挑战不是单一国家就可以应对的,为了增加对外援助的有效性,需要更紧密的国际合作和国际分工,建立良好的国际新秩序。挪威呼吁国际社会支持全球公共产品③的生产和维护,

---

① Norway, MFA, Fighting Poverty Together: A Coherent Policy for Development.
② Norway, MFA, Norwegian Development Policy Adapting to Change.
③ 全球公共产品,与经济学中的具有非排他性和非竞争性的"公共产品"类似,是指在全球水平上,对所有国家都很重要的,但是需要共同的努力才能保证的产品。在发展援助中,挪威用这个词主要是指一些影响发展的根本条件,如:稳定气候,国际和平与安全,疾病控制和一个良好运作的全球金融系统等。贫困国家最没有能力发展全球公共产品,所以公共产品对它们最为珍贵。

使贫困国家能够享受到更好的发展环境。

（二）对外援助政策

1. 注重国际分工与合作

在双边援助中，挪威对自己有明显专业技术优势的领域持续增加援助。环境和气候变化部门是挪威援助增加最多的部门。近年来，挪威还逐渐增加了对受武装冲突和气候变化影响的国家的关注。在其专业技能不足的援助领域，挪威主要通过多边组织实施发展援助。通过资助多边组织，挪威将一些政治上的优先事项（如气候政策）逐渐提上日程。

2. 增加受援国"主事权"

挪威认为，对外援助的最重要任务是使受援国能够自己管理自己的国家，居民自己管理自己的生活。挪威相信国家主事权应该成为援助效果的优先事项，并反复强调主事权是《关于援助有效性的巴黎宣言》（简称《巴黎宣言》）中其他四项原则得以实现的基础。[①]

3. 注重人道主义援助

人道主义行动是挪威外交政策的一个中心支柱，表达挪威价值观和国际团结也是挪威发展合作体系的一个核心优先领域。近年来，挪威致力于人道主义行动的系统化，以符合挪威对良好人道主义援助（GHD）的承诺。挪威始终以坚定的姿态支持联合国人道主义系统，因此挪威在联合国人道主义的重要组织（如联合国建设和平委员会、索马里条约集团）和论坛（如奥斯陆政策论坛）中处于领导地位。挪威新的人道主义策略在2008年9月开始实施，它再次强调了在发展合作政策中人道主义行动的中心地位，并且将人道主义议程拓展到新的领域（如应对气候变化的人道主义影响）。缓解冲突和灾害风险的观点贯穿了挪威整个发展合作体系。

（三）挪威援助政策的一致性

经济合作与发展组织（OECD）将政策一致性定义为：保证援助国

[①] 《巴黎宣言》的5项原则包括主事权（Ownership）、协调（Alignment）、和谐（Harmoniston）、结果管理（Managing for results）和共同责任（Mutual accoutability）。Norway, MFA, Memorandum of Norway Submitted to the DAC in View of the Peer Review of Norway.

对外援助政策的目标没有受到其他政策和目标的干扰。挪威认为,外交策略、国内政策和援助策略应该协调一致。在政策协调方面,挪威成立了独立的政策协调委员会(PCC),监督、分析和报告挪威对外援助政策的协调情况。PCC 的主席由重要的非政府组织挪威教堂援助(Norwegian Church Aid)的人员担任;挪威统计局(Statistics Norway)的人员担任秘书长。2008 年 9 月,PCC 将它的报告"Coherent for Development?"呈递给挪威环境与国际发展部(Minister of Environment and International Development)。报告覆盖了挪威在发展中国家削减贫困的最优先的领域。

2008 年全球发展中心(CGD)发布了当年的发展责任指数(CDI)①。挪威与瑞典并列第二,说明挪威在政策一致性方面处于领先地位。但是挪威的政策一致性与瑞典尚存差距,没有全局性的策略,更没有像瑞典那样以立法保证援助的一致性。2009 年挪威议会的一项重要工作就是建立一个负责挪威对外援助政策一致性的系统。

二 挪威对外援助概况

(一) 对外援助总量

发展援助委员会主要使用官方发展援助占国民总收入的比例(ODA/GNI)来衡量援助国的贡献度。挪威因为该指标已经连续 30 年超过 0.7% 的目标而广受赞誉。2001 年挪威的 ODA/GNI 为 0.797%,2002 年为 8%。2007 年为 0.95%,当年在所有援助国中是最高的。近年来,挪威将该指标调高到 1%。挪威的政治领域和公众均广泛支持发展援助。几乎所有的政治党派都支持挪威 1% 的目标。即使在全球金融危机的情况下,挪威 2009 年的 ODA/GNI 仍然达到 1.06%,仅次于瑞典的 1.12%,居第二位。通过不断地履行、提高自己的承诺,挪威充分地显示了其支持发展援助的诚意与决心。

从总量上看,从 2001 年开始,挪威的援助额一直是稳中有升,从 2001 年的 13.45 亿美元,逐渐增加到 2009 年的 40.85 亿美元,在

---

① CDI 被用于衡量援助国发展政策的友好程度,在衡量援助政策一致性时通常被引用。

这个过程中，2002年、2005年和2007年的增速最快，分别比上年增加了20.5%、27%和26.8%。其他年份官方发展援助的增长率比较小，2004年、2006年、2008年和2009年都未超过10%。但是总的来看，挪威的援助额一直都在增加，没有像其他国家那样出现比较大的波动。

（二）对外援助分配

1. 部门间分配

挪威的对外援助主要集中于社会基础设施和服务部门。2009年，挪威对社会基础设施和服务部门的援助额为12.86亿美元，占总援助额的40.6%，低于发展援助委员会的平均水平。2001—2009年，挪威的援助总额为185.36亿美元，对社会基础设施和服务部门的援助额为80.82亿美元，占43.6%，高于同期发展援助委员会的平均水平（36.3%）。挪威特别重视人道主义援助。2001—2009年，挪威对人道主义援助的总额为21.83亿美元，占援助总额的11.8%，高于发展援助委员会的平均水平（7.3%）4个百分点。在债务减免方面，2001—2009年，挪威对债务减免援助非常低，不到1%，而发展援助委员会的平均水平为14.2%。挪威认为，双边债务减免是官方发展援助的副产品，因此未向发展援助委员会报告双边债务减免。

2. 地区间分配

挪威在受援国的选择方面主要考虑：最不发达国家地位、贫困情况、对稳定的政治环境和对区域稳定和发展的贡献。2009年挪威对非洲的援助为9.048亿美元，占援助总额的28.6%。但是占援助总额比例最大的却是未详列部分，14.559亿美元，占援助总额的46%。这一方面说明挪威对非洲的重视程度，因为大部分最不发达国家在非洲。另一方面，也显示了挪威援助地理上比较分散的特点。1995—1999年，接受挪威援助最多的十个国家的受援总额占双边官方发展援助的比例是47%，2005—2006年是48%，同期，发展援助委员会的平均水平从53%上升到62%。2009年挪威的这个比例是27%，显示了挪威援助地理集中度的持续下降。

(三) 对外援助渠道

1. 双边援助

同发展援助委员会的其他援助国一样,挪威援助的大部分为双边援助。2001—2003 年,挪威的双边援助比例略有波动,2002 年的比例为 67.5%,而 2003 年的比例为 71.6%。2004—2009 年挪威双边援助所占比例呈稳定上升态势。其中 2009 年双边援助额为 31.68 亿美元,比例达到最高,占援助总额的 77.5%,比发展援助委员会的平均水平(69.7%)高出 10 个百分点。

2. 多边援助

虽然双边援助占挪威援助的大部分,但挪威也是多边系统强有力的支持者。2001—2009 年,挪威官方发展援助总额中多边援助占 25.9%,与发展援助委员会的平均水平(25.7%)持平。2009 年,挪威的多边援助额占发展援助总额的 22.4%,比发展援助委员会的平均水平(27.4%)略低。2006 年,挪威多边官方发展援助的最大接受组织是世界银行。挪威是联合国第五大援助国,16% 的官方发展援助分配给了联合国系统,而发展援助委员会的平均水平是 4%。挪威主要支持联合国的两个部门:联合国儿童基金会(United Nations Children's Fund, 30%)和联合国开发计划署(United Nations Development Programme, 27%)。挪威在保持多边援助的核心部分稳定的基础上,增加了专项的多边援助。过去,许多由外交部提供的专项多边援助是国别层次的,现在,更多的是部门和主题层次的。挪威希望建立一个以行为导向为基础的分配系统,帮助多边组织提高其效率、扩大影响,以取得更好的援助效果。

3. 非政府组织

挪威的非政府组织(NGO)在挪威的对外援助中发挥着十分重要的作用,也是保持公众对挪威援助支持的一个重要途径。据统计,超过 30% 的双边发展援助是直接通过 NGO 渠道实施的。大部分通过 NGO 渠道的基金是外交部提供的人道主义援助。给予 NGO 的资金集中于几个主要的组织。挪威在发展援助方面的五大 NGO 伙伴为:挪威教会援助(Norwegian Church Aid)、挪威难民理事会(Norwegian Refugee Council)、挪威人民援助（Norwegian People's Aid）、挪威红十字会（the Norwegian Red Cross）和挪威拯救儿童会（Save the Children Norway），它们接受的援助占挪威 NGO 援助总额的 56%。[①]

三 挪威对外援助组织与管理

（一）对外援助组织机构与改革

2004 年，挪威重组和改革了对外援助机构。改革的内容包括改进挪威对外援助体系中战略、政策和执行之间的联系，对外交部、挪威发展合作署（Norad）和大使馆进行更加清晰的定位，减少援助体系中的重复性与脆弱性。改革的目标是使发展援助更有影响力并加强发展援助机构之间的政策协调。

改革后外交部在整个挪威对外援助系统中处于中心地位，挪威对外援助的计划、执行和管理等职能都被整合到外交部。所有的国家和地区事务都由外交部统一规划。项目具体执行的责任则被分配到挪威驻受援国的大使馆手中。大使馆成为改进发展合作及协调的中心。

改革后 Norad 成为外交部下的为外交部和大使馆提供发展援助技术支持的独立机构，依据外交部的年度财政分配计划，进行发展援助工作，并承担对援助效果的评估。Norad 的三个主要职能为：评估、技术咨询和质量与知识管理。Norad 的负责人每年都要向外交部的国际发展部提交报告。

（二）对外援助管理

近年来，挪威的对外援助管理主要呈现以下几个特点。

1. 强调灵活性

挪威援助系统的一个重要特色就是具备灵活性。首先是财政年度分配援助的灵活性，挪威会根据不同的发展目标和机会积极调整援助的分配方式。挪威承诺提供灵活的和以需求为基础的人道主义援助。很大一部分人道主义援助用于资助联合国和红十字会的活动。其次是组织机构

[①] OECD/DAC, Peer Review of Norway (2008), p. 37. 原文没有给出具体的年份。

管理的灵活性。2004年，挪威改革了对外援助系统，增加了对大使馆权力下放的力度，扩大了大使馆在具体执行上的灵活性。外交部国家团队可以灵活应对来自大使馆的要求。最后，机构执行具体项目时，也具有高度的灵活性。例如，在坦桑尼亚的挪威基金的灵活性使项目小组有足够大的自由参加设定并且改变项目的优先事项。

2. 注重保证援助质量

一方面，2004年挪威援助系统重组之后，权力继续向大使馆下放，以支持援助的灵活性。另一方面，挪威也开始注重对发展援助质量的保证。正式的质量保证活动包括：评估、基于结果的管理、评议和价值评估。[①] 大使馆评估低于1500万克朗的项目；Norad评估超过1500万克朗的计划。Norad同样进行效能评估和组织评估以支持发展援助计划的管理。评估机制保持一定的独立性。这种独立性由外交部予以保障。评估以三年为一个周期，覆盖整个援助系统的各个领域。从2004年到2010年，Norad共发布了96份评议，平均每年发布13份评议。

3. 推行"结果导向型"管理

2004年挪威进行援助机构改革之后，将"结果导向型"的管理模式嵌入到发展合作体系中。通过基于结果导向型管理模式的分析，研究和收集关于援助效果的数据资料，并用重要文件的形式设定外交部内结果追踪的基本原理和流程。《发展合作手册》就罗列了在外交部内追踪结果的基本原理和流程，并设定了目标结果链的层级。《挪威发展合作结果管理》（Results Management in Norwegian Development Cooperation）认为，在执行"结果导向型"管理时，需要明确：援助国和受援国应该关注终极目标；设定清晰明确的目标的重要性；目标需要一定数量的指标来加以界定；计划执行中需对每个指标设定底线；需要进行必要的风险管理；整个计划需要监督和评估；遵循"KISS"（Keep It Simple and Smart）法则。

4. 加强与非政府组织的合作

挪威援助系统趋向于管理和评估援助伙伴（发展中国家、多边机

---

① OECD/DAC, Peer Review of Norway (2008), p. 47.

构、NGO 和商业机构）的关系和总体表现，而不是单独的项目或者计划。Norad 与挪威的大型 NGO 开展了长期的框架性合作，Norad 监督 NGO 的援助安排，评估 NGO 的援助能力而不是管理单独的计划。NGO 认为这样做可以提高资金的可预测性，并且可以适应不断变化的环境，灵活地回应受援国的需要。长期性的框架性合作，使受援国有了更大的主事权和灵活性，也让援助系统更有效率。

四 挪威对外援助的有效性

挪威对援助有效性的承诺主要是通过签署《关于援助有效性的巴黎宣言》（简称巴黎宣言）和《阿克拉行动协议》来表达的。《巴黎宣言》认为，不但要增加援助数额，更要提高援助的有效性，以提高援助总体效果。签署国从主事权、协调、和谐、结果管理和共同责任五个方面做出有效性的承诺，并且设定了 12 个指标，监督这五个方面的执行情况。由于量化上的困难，一些影响援助有效性的因素并未形成具体指标。[1]

（一）对外援助有效性的状况

2006 年和 2008 年发展援助委员会发布了两份《巴黎宣言》执行情况监督的报告，对 2005 年和 2007 年各援助国的援助进展进行了测评。

1. 挪威的协调（指标 3、4、5、6、7 和 8）指标分数都很不错，但是仍然需要继续努力。以指标 3（与国家优先考虑一致的援助）为例，通过比较分配到位的资金和预算估计，衡量援助资金流是不是对应到了国家优先事项。2005 年，挪威 62% 的援助达到了指标 3 的要求，2007

---

[1] 指标 1、2 和 11 对受援国进行评估，指标 12 对援助国和受援国进行共同评估。在援助国方面，主要有 8 个衡量指标。主事权，要求援助国尊重受援国的主事权，没有具体的衡量指标。协调，要求配合受援国的策略（指标 3）；利用增强的国家系统（指标 5 和 6）；受援国通过援助国的支持提高了发展能力（指标 4）；增强公共财政管理的能力（指标 5 和 7）；国家采购系统的使用（指标 5）；援助无附带条件（指标 8）。和谐，援助国需要共同管理和简化流程（指标 9 和 10）；更有效的劳动分工；合作；向脆弱国家提供有效援助；环境和谐。结果管理，管理资源和决策制定。共同责任，援助国和受援国共同负责发展结果。

年为66%，超越所有援助国9个百分点。2007年75%的援助达到了指标5b的要求，比所有援助国平均水平（57%）高18个百分点。2005年高达75%的援助达到了指标4的要求，2007年却跌至57%，然而，挪威始终在50%的目标以上，而且两年都超越同期所有援助国的平均水平。指标7（援助的可预测性）的完成情况离78%的目标仍有一段距离。

2. 在和谐方面（包括指标9共同安排或程序的使用，以及指标10b援助国间的联合分析），挪威表现不俗，有不小的进步。在指标10a（联合任务）方面表现欠佳，2007年比2005年下降了26个百分点。

表1　　　　　　　　挪威对外援助有效性指标

指标	挪威			指标变化	所有援助国的平均值			2010年目标
	2005年	2007年			2005年	2007年		
	33国	33国	所有受援国		33国	33国	所有受援国	
3. 与国家优先考虑一致的援助	62%	66%	47%	+4%	——	——	——	85%
4. 通过协调增强能力	75%	57%	51%	-18%	65%	39%	38%	50%
5a. 国家公共财政管理系统的使用	60%	59%	55%	-1%	56%	57%	43%	
5b. 国家采购系统的使用	68%	75%	69%	+7%	66%	57%	47%	
6. 避免同目的的执行结构	3	7	10	+4	0.3	0.7	0.5	1
7. 援助的可预测性	55%	53%	39%	-2%				78%
8. 援助无附带条件	99%	100%	100%	+1%	98%	100%	100%	100%
9. 共同安排或程序的使用	37%	49%	47%	+12%	34%	40%	33%	66%
10a. 联合任务	59%	33%	30%	-26%				40%
10b. 援助国间的联合分析	77%	87%	66%	+10%	——	——	——	66%

注：为了保证可比性，这里指标变化对比的是33国的数据。

数据来源：根据OECD, 2008 Survey on Monitoring the Paris Declaration 整理而得。

(二) 挪威对外援助需要改进之处

首先,灵活性是挪威援助系统的一个特点,但是灵活性也有其负面的效果。重组后的挪威援助系统增加了挪威分配援助时的灵活性。但是,这样做也降低了每年援助资金流向的可预测性。预测性的降低,使得执行机构和受援国难以同挪威开展长期合作。灵活性可能导致的另一后果就是缺乏地理集中度,资源可能过于分散,援助的效果被稀释。高度的灵活性也对透明性造成一定的影响,可能造成信息交流不足。

其次,援助项目的增加可能影响挪威的援助效率。近年来,石油收入提高了挪威官方发展援助的数额,使挪威在保持现有活动的同时,又增加了一些新的援助项目。但是这样做也导致了援助目标的分散。扩张优先事项增加了新旧优先事项之间的冲突,也造成了挪威人力资源的短缺,对挪威组织结构形成挑战。

再次,挪威同受援国的信息交流不足。大使馆往往仅在列举了广泛的主题、部门和活动的简单计划下安排工作,这给予大使馆很大的灵活性,但是外界却难以明晰挪威为什么要这样做,挪威在做什么,以及挪威正在努力达成什么目标。此外,援助年度计划只有在挪威才可以获得,与受援国政府分享的可能性很小。大多数信息都需要通过其他渠道获得。

最后,挪威应该提高非大使馆渠道的利用效率。挪威大部分发展援助资金是通过其他渠道分配的,只有18%的发展援助是由大使馆在国家层面实现的。所以要提高援助效果,就必须探讨如何援助,以及如何通过其他渠道分配(如多边组织、全球基金和挪威的非政府组织)。

参考文献:

OECD/DAC, Peer Review of Norway 2005.

OECD/DAC, Peer Review of Norway 2008.

OECD/DAC, The OECD Development Co-operation Report 2010.

OECD/DAC, 2008 Survey on Monitoring the Paris Declaration.

Climate, Conflict and Capital: Norwegian Development Policy Adapting to Change, Norway, MFA.

Fighting Poverty Together: A Coherent Policy for Development, Norway, MFA.

Proposition No. 1 to the Storting: Norwegian Development Assistance in 2008 – priority areas, Norway, MFA.

Development Cooperation Manual, Norway, Norad.

Paris Declaration on Aid Effectiveness.

欧盟对外援助政策及管理体系[*]

黄梅波　张麒丰

摘要：欧盟包括 27 个成员国，提供了全世界超过一半的官方发展援助；欧盟也是经合组织发展援助委员会成员中唯一既是援助者又是组织者的多边机构。本文从欧盟对外援助的战略和政策、概况、组织与管理及援助有效性等方面，深入研究 21 世纪以来欧盟的对外援助及其管理的新变化，并对其援助的有效性进行分析。

关键词：欧盟　对外援助　战略政策　组织管理　有效性

欧盟对外援助开始于欧洲共同体（European Community，简称"欧共体"）对非洲国家的援助。欧盟是经合组织（OECD）发展援助委员会（Development Assistance Committee，DAC）所有成员中唯一既对发展中国家直接提供援助，又对其他机构和欧盟（European Union）成员国起"联合"作用的组织。欧盟及其 27 个成员国的对外援助占 DAC 官方发展援助（Official Development Assistance，ODA）的一半以上。

一　欧盟对外援助战略及政策

在 DAC 中，欧盟是唯一一个既是援助者又是多边组织的机构。它既提供对发展中国家的支持，也在其他机构和欧盟成员国中承担"联合"的职责，因而其对外援助战略及政策也更为复杂。就其自身而言，

---

* 原载于《国际经济合作》2011 年第 9 期，第 23—30 页。

欧盟对外援助的主要战略是明确目标、加大强度、提高效率；对于其他机构和成员国，则主要承担"联合"的职责，协调内部机构与各成员国形成一个清晰的欧洲对外援助政策。

（一）对外援助战略

总体来看，建立战略性对外援助体系，提高对外援助水平，协调成员国的对外援助是欧盟对外援助战略的核心内容。欧盟委员会发布的《欧洲发展共识》为欧洲发展政策确立了方向。

1.《欧洲发展共识》拟定了欧盟对外援助的总体战略方向

传统上，欧盟发展政策由条约、惯例和特别合约组成。2000年欧盟委员会围绕其长远构想制定了发展政策框架，2005年12月欧盟委员会对该框架进行了更新和修改，最后将其体现在一份题为"欧洲发展共识"（European Consensus on Development）的声明中。之后，《欧洲发展共识》成为欧盟和欧盟成员国共同的对外援助战略。

《欧洲发展共识》从三个方面更新了欧盟的发展合作战略：体现了2000年以来世界经济与政治形势的变化，尤其是安全、移民和全球化方面出现的新问题；考虑了欧盟的12个新成员在欧盟发展合作中的地位和作用；综合考虑了新的国际宣言例如《关于援助有效性的巴黎宣言》（简称《巴黎宣言》）的要求并加强了对千年发展目标（Millennium Development Goals，MDGs）的支持。《欧洲发展共识》中写道"欧盟发展合作的主要目标和总体目标是在可持续发展的环境中消除贫困，实现千年发展目标"。

《欧洲发展共识》进一步明确了欧盟委员会在发展合作中的职责及其在欧盟层面的运作方式，具体包括客观、透明的资源分配标准，欧盟的行动领域，特别领域方法的强化以及管理改革的推进。

《欧洲发展共识》还重申了其在发展合作方面的承诺，包括共同原则的遵守（主事权、合作伙伴关系、深入的政治对话、公民的社会参与、性别平等、解决国家的脆弱性）；交付更多更好的援助（增加财政资源、更有效的援助、合作以及互补）；提升发展政策的协调性（在贸易、安全、环境、移民等领域）；应对全球挑战（和平、可持续增长、非法移民及贩卖人口）。

2. 成员国对欧盟发展合作的监督

欧盟的 27 个成员国通过欧洲议会下属的成员以及部长会议，对欧洲发展合作进行监督。欧盟委员会目前按照 2006 年的《关于预算原则和完善的金融管理的机构间协议》（Inter-institutional Agreement on Budgetary Discipline and Sound Financial Management），起草并执行国家、区域和主题战略文件，维持与议会的对话。

根据欧盟条款第 251 条，欧盟委员会发展合作的一般预算大多运用共同决策程序。通过该程序，欧盟委员会的提议可由欧洲议会和欧盟理事会共同接受或进行修改。2006 年欧洲议会和欧盟理事会建立的发展合作工具（Development Co-operation Instrument，DCI）系统管理 2007—2013 年的预算，简化预算流程中的监督。但对于非洲、加勒比和太平洋国家（African, Caribbean and Pacific countries，ACP）特殊群体的关系，议会的职责非常有限，这些国家主要由欧洲发展基金（European Development Fund，EDF）进行援助。

（二）对外援助政策

在对外援助战略方向的指导下，欧盟对外援助政策的重点是将《欧洲发展共识》转化为可操作性的机制。欧盟对外援助政策侧重于促进援助的有效性、推动欧盟与成员国间的合作并加强国际合作。

1. 促进对外援助的有效性

2004 年 5 月欧盟委员会发布《让蒙特雷共识成为实际行动：欧盟的贡献》（Translating the Monterrey Consensus into Practice: the contribution by the European Union），决定继续利用蒙特雷共识推动发展融资。2006 年 3 月，欧盟委员会发布报告《欧盟援助：更多、更好、更快地交付》（EU Aid: delivering more, better and faster），承诺欧盟委员会和成员国将共同实施 9 项措施以提高欧盟援助的有效性。其中包括：

（1）全面创建国家战略文件（Country Strategy Papers，CSPs）。CSPs 回顾了援助国与受援国历史上的合作，并根据援助国的目标和计划以及受援国的现状，制定对受援国的中长期援助战略。CSPs 的制定有利于帮助受援国深入了解多年的援助计划，并使欧盟委员会和成员国在项目进程中步调一致。

（2）开放援助。为了进一步提高援助效率，欧盟委员会计划逐步开放其援助。一方面欧盟委员会在欧洲层面与援助机构展开交流，推进开放援助的计划；另一方面，欧盟委员会向各个成员国发起提议，共同促进援助的开放。

（3）保证援助资金。欧盟委员会要保证长期援助资金的可预测性和 ODA 资金数量的长期稳定增长，并为有效利用资金提供便利。

2. 推动与成员国的合作

2007 年欧盟委员会发布的《欧盟在发展政策中职能划分的行为准则》（EU Code of Conduct on Division of Labour in Development Policy）制定了为提高欧盟与成员国间的互补性和职能划分的行为准则。该行为准则中的原则包含了《巴黎宣言》中有关发展援助有效性的基本要求，也与《欧洲发展共识》的目标和价值观相符，是基于基层援助实践以及成员国共同的经验而制定的。

3. 加强国际合作

欧盟委员会很重视与国际上其他援助国或援助机构的合作，尤其是与联合国的合作。目前欧盟委员会与联合国的合作还不成体系，但是其已经开始努力改进双方的合作框架，包括建立多年计划工具，利用国家战略文件增加项目的透明度；修改欧盟的融资规则（Financial Regulation）以增加对联合国机构融资的灵活性；调整与联合国之间的框架协议，以促进欧盟委员会在联合国项目和计划中发挥更大的作用。

（三）对外援助政策的协调

近年来欧盟不断改善其发展政策的协调性。2001 年欧盟理事会通过了"除了武器所有商品（Everything but Arms）"倡议，对 49 个最不发达国家（Least Developed Countries，LCDs）所有商品（除武器和军火外）进入欧盟市场免除关税及配额。2002 年欧盟委员会强调了贸易发展政策的重要性。2003 年欧盟委员会建立了协调发展政策的非正式网络（Informal Network）。2005 年欧盟委员会通过了 2015 年之前达到千年发展目标的决议，并得到了理事会的支持。欧洲第八个千年发展目标是，促进发展建立全球性的合作关系。理事会特别肯定了该目标关于在建立全球性合作关系的大环境下促进发展合作的重要性，并对发展政策协调性进行了承诺。

理事会确定了 12 个进行发展合作政策协调的优先领域，分别为：贸易，环境，气候变化，安全，农业，渔业，全球化的社会、就业与有尊严的工作，移民，研究和创新，信息社会，运输，以及能源。为跟进上述 12 个发展政策协调性的承诺，《欧洲发展共识》引入了滚动工作计划（Rolling Work Programme），为欧盟理事会、欧盟委员会和成员国确定在发展合作政策协调中的职责和优先顺序：根据该工作计划，欧盟理事会建立决策制定机制，综合考虑发展政策的协调性和每一个相关的政策领域，理事会各工作组相互告知发展合作行动；欧盟委员会则要监督 12 个优先领域的进展，对其进行评价并建立影响力评估系统，最后在各个层级上推动发展政策的协调性；成员国要让各自的机构在 12 个优先领域中发挥作用，并交流经验，在其各自的系统中对相关政策进行政策协调。

欧盟委员会试图提高自己在成员国和基层发展合作中的协调作用。一方面它需要对欧盟代表团、成员国，特别是大型的成员国，发出更清晰更协调的政策指导，另一方面需要协同代表团一起协调政策的立场与信息。

二 欧盟对外援助概况

（一）对外援助总量

欧盟（及其前身欧共体）的对外援助额从 20 世纪 80 年代后期至今一直保持稳定增长。2009 年欧盟 ODA 为 134.44 亿美元，比 2008 年增长 4.5%，占全世界 ODA 总额的一半以上，图 1 为 2002—2009 年欧盟 ODA 额及分配。

欧盟同时也承担着确保欧盟作为一个援助整体，增加援助质量和数量以履行国际承诺的责任。2005 年联合国世界首脑会议上，欧盟委员会推动成员国做出了比其 2002 年 3 月在蒙特雷会议上承诺的 ODA 额更高的承诺。为了达到联合国设立的 2015 年 ODA 占 GNI 0.7% 的目标，欧盟所有成员国都已设定了 2010 年达到 0.51% 的中期目标。目前一些成员国的 ODA 总额已接近、达到或者已经超过该中期目标（个别已经

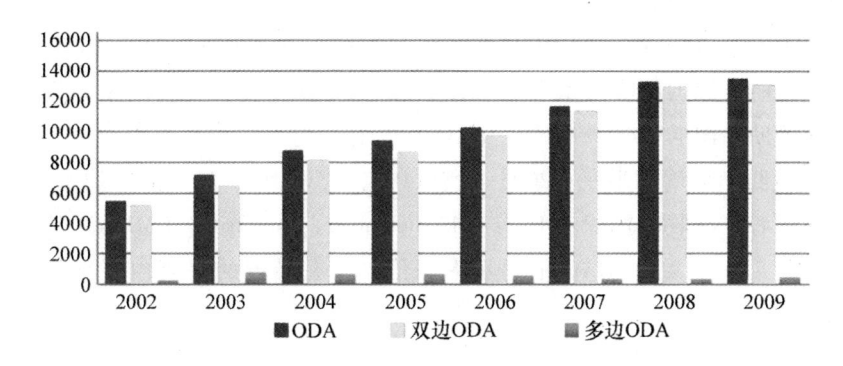

达到了 0.7% 的目标），但是还有一些成员国相差较远。

图 1　欧盟 ODA 额及分配（2002—2009 年）（百万美元）

数据来源：OECD 数据库，http://www.oecd.org/document。

（二）对外援助分配

欧盟的对外援助分为双边援助和多边援助。因为欧盟自身也是成员国基金的多边机构接受者，所以其绝大部分资金都用于双边援助，大约占 93%，而对其他多边机构的分配在过去的 20 多年中基本维持在 7%。近年来，这一比例还有所下降。

1. 双边援助

根据图 1 所示，欧盟双边 ODA 总额在过去的 8 年中稳定增长。2009 年双边 ODA 总量为 130.21 亿美元。2009 年双边 ODA 占 ODA 总额的 96.9%，这一比例在 2005 年以前基本维持在 93%，2006 年以后逐渐上升。

（1）地域分配

欧盟的 ODA 大约在 145 个国家（2005 年）进行分配，是 DAC 成员中分布最广的，这尽管能使其援助覆盖极其广阔的范围，但是为增强与成员国的互补性，欧盟有必要对接受其 ODA 的国家的数量进行缩减。

按照受援国的地理位置划分，非洲是受益于欧盟援助最大的区域，2008—2009 年非洲平均接受了欧盟 65.97 亿美元的援助，占欧盟 ODA 总额的 51.06%，远远高出 DAC 平均水平 33.7%，其中大部分援助用于撒哈拉以南的非洲国家。北非和欧洲两个地区得到欧共体的资助都远高于 DAC 平均水平（高于平均水平三倍）。对亚洲的 ODA 2002—2009 年基本维持在 20% 的水平。对美洲的资助在过去三年中约为 10%。对大洋洲的 ODA 每年都是 1%，与 DAC 平均水平相当。

按照受援国的收入水平划分，2009 年欧盟对最不发达国家的援助占其援助总额的 30.2%，高于 DAC 23% 的平均水平。对低收入国家的援助则低于平均水平——2005 年为 14%，低于 DAC 20% 的平均水平。相反，对中高收入国家（Upper Middle-Income Countries, UMICs）的援助高达 12%，高于 DAC 平均水平四倍，并在最近的 5 年内基本保持稳定。

（2）部门分配

近年来，欧盟加强了其具有比较优势部门的援助，减少了对其他领域的援助，以此最大限度地发挥与各成员国在援助领域的互补性。目前，其主要的援助部门为民主治理、社会基础设施和服务、经济基础设施、性别平等以及人道主义援助和食品安全。

民主治理主要由欧盟领导层强烈的政治意愿推动。为了强化民主治理和受援国的主事权，欧盟对非加太国家分配援助时主要采取两步行动：其一，在项目之初基于欧盟的分配模型进行初始分配；其二，当受援国解决了协议中的民主治理问题时，可以得到高达初始分配 35% 的额外"奖励付款"。

在双边 ODA 中，社会基础设施和服务占欧盟援助的最大比例。欧洲议会建议 35% 的 ODA 应当提供给社会部门。2000 年到 2005 年，欧盟对这一领域的援助从占所有援助的 26% 显著上升到 42%，远高于 DAC 的平均水平（34%）。

经济基础设施也是欧共体具有比较优势的领域。2005 年到 2009 年，欧盟对该部门的援助达到双边援助的 15%，稍高于 DAC 平均水平。

性别平等是欧盟发展合作的五个共同原则之一。欧盟于 2004 年 4 月发布了《改善性别平等和发展合作》（Promoting Gender Equality and Development Co-operation）的规定，设立了性别平等在 ODA 总额中占 35% 的重要目标。

人道主义援助同样是欧共体资助的优先项目，大约占双边 ODA 的

11%，近期食品援助改由人道主义援助总署（ECHO）负责（之前由欧洲援助管理）。

2. 多边援助

欧盟的多边援助额仅占ODA总额的7%，其中约有三分之二提供给联合国机构，另外三分之一提供给世界银行。欧盟的功能更像多边援助者而非双边援助者，它与其他多边组织的关系更像合作伙伴或合约机制而非捐助者。

欧盟多边援助的50%用于信托基金（Trust Funds），并且特别用于大型灾难（比如海啸、战争等）的救助。欧盟对国际组织（联合国系统和世界银行）的援助往往有特定的目标，因而并不注入它们的核心基金当中。

3. 债务减免

欧盟委员会是重债穷国倡议（HIPC）的支持者，在过去10年中欧盟委员会在债务减免方面共支出16亿欧元，其中6.8亿用于欧盟的贷款减免，9.34亿用于HIPC信托基金。但债务减免不是欧盟援助的重要部分，相对于DAC总体22%的平均水平来说，欧盟"与债务有关的行动"在其ODA中不占重要地位。

（三）对外援助工具

欧盟发展合作工具随着发展合作新构想和新计划的出现而不断变化。2007年欧盟发展合作工具由原先的35个统一为更容易管理的10个，表1总结了新工具以及其替代的原有工具，其中也包含预算外的欧洲发展基金。

欧洲发展基金（EDF）和发展合作工具（DCI）是欧盟的发展合作的主要金融工具，包含了ODA支出总额的绝大部分，但创建和管理EDF及DCI的方式并不相同。EDF是多年基金，主要向非加太（ACP）地区发展中国家及海外国家或领土（Overseas Countries and Territories, OCT）提供支持，由欧盟预算外的成员国自愿捐助组成。DCI直接由欧共体预算拨款，并且主要对亚洲和拉丁美洲以及中亚、中东和南非地区的项目提供发展基金，由外部关系总署（RELEX）管理，由欧洲援助执行，具有一套与EDF不同的规章制度。近期改革的结果是，两个机

◆ 第二篇 主要发达国家发展援助政策与管理

制都运用相同的财政和管理程序。

表1　　　　欧盟10个发展合作工具（2007—2013年）

工具	用途	代替的工具	金额（百万欧元）	占比预测值（%）
第10个EDF	资助ACP和OCT	第9个EDF	22682（2008—2013年）	32
DCI	资助亚洲，拉丁美洲；一些独联体国家；南非；五个主题预算系统	ALA，一些TACIS，10个主题系统[a]	16897	24
人道主义援助	对人道主义危机的即时应对	基本没有改变	5613	8
稳定工具（Instrument for Stability, IfS）	危机应对和准备，全球和跨区域边境挑战	快速反应机制（Rapid Reaction Mechanism, RRM）	2062	3
欧洲民主与人权工具（European Instrument for Democracy and Human Rights, EIDHR）	为了民主、法治和人权	前EIDHR规则	1103	2
加入前工具（Instrument for Pre-Accession, IPA）	资助6个巴尔干半岛的国家以及土耳其	PHARE, ISPA, SAPARD, CARDS, 土耳其加入前基金[b]	11468	16
欧洲邻近地区与合作伙伴工具（European Neighborhood and Partnership Instrument, ENPI）	资助17个地中海国家，东欧，高加索地区，俄罗斯和中东	MEDA的主要部分[c]和一些TACIS	11181	16
宏观经济协助（Macro-economic assistance）	大体不变，在个别情况下使用，以满足特殊财务要求。（从2002年起主要用于西巴尔干地区和新谢克尔）	不变	未列入计划	—
与工业化国家的合作工具（Instrument for Co-operation with Industrialized Countries, ICI）	中等大小的合作和交换项目	前ICI规则	172	—

续表

工具	用途	代替的工具	金额（百万欧元）	占比预测值（%）
核安全合作工具（Instrument for Nuclear Safety Co-operation，INSC）	为核安全	部分 TACIS 规则	平均每年 75	1

注：a. 亚洲和拉丁美洲（Asia and Latin America，ALA）；独联体国家技术支持（Technical Assistance for the Commonwealth of Independent States，TACIS）。

b. 直到 2000 年对所有中欧、东欧国家的工具，用于提高管理能力和发展社会和经济（PHARE）；加入前国家的结构化政策工具（ISPA）；特殊农业辅助和乡村发展计划（SAPARD）；巴尔干半岛的重建、稳定和发展援助（CARDS）。

c. 地中海发展协助计划（MEDA）。与工业化国家的合作工具以及核安全合作工具主要是非 ODA 外部援助，其他工具主要为 ODA。

资料来源：European Community Development Assistance Committee Peer Review (2007)。

三 欧盟对外援助组织与管理

目前欧盟对外援助组织的形式和方向起源于历史上的援助活动，从成员国早期的殖民活动到欧洲睦邻政策（European Neighbourhood Policy）的建立，再到欧盟的扩张，层级作用造成了欧盟援助机构的冗余和低效。近年来，欧盟委员会一直致力于对其组织机构进行改革。

（一）对外援助的组织机构

1. 欧盟的机构

欧盟发展合作的主要机构有：发展与非加太国家关系总署（Directorate-General for Development and Relations with African, Caribbean and Pacific States，DEV）；外部关系总署（Directorate-General for External Relations，RELEX）；欧洲援助合作办公室（Directorate-General for EuropeAid Cooperation Office，欧洲援助）；人道主义援助总署（Directorate-General for Humanitarian Aid，ECHO）。

DEV 负责制定发展合作政策，协调欧盟委员会与欧洲发展基金（European Development Fund，EDF）对所有国家（主要是 ACP 国家中的 78 个国家）的援助，同时负责管理与非洲联盟（Africa Union）区域经济集团以及海外国家和领土（OCT）项目。

RELEX负责制定外部关系政策，包括外交政策和安全、发展、人道主义援助、贸易的政策，并负责协调与国际组织以及超过120个海外代表团的关系。

欧洲援助是欧共体发展合作（人道主义援助除外）的专业技术管理中心，实施由一般预算以及EDF提供资金的对外援助，并管理援助计划的所有阶段（包括设计、财政决定、实施、监督和评估）。

ECHO提供紧急救助并帮助遭受自然灾害的难民及欧盟以外遭受武装冲突的难民。

总体来讲，欧盟总的政策和关键战略由位于布鲁塞尔的欧盟总部、各成员国委员会和欧洲议会负责制定；发展政策的制定和实施主要由DEV、RELEX和EuropeAid在2001年的跨服务协议（Inter-Service Agreement）框架下进行；实施的责任则基本下放给基层的代表团。欧洲援助与这些代表团密切合作，共同为援助的实施提供便利。

除了上述的关键机构外，还有一些"附加"机构在对外援助工作中发挥重要的作用。这些机构包括贸易总署（DG Trade）、扩大总署（DG Enlargement）、经济和金融事务总署（DG Economic and Financial Affairs）以及位于卢森堡的欧洲发展银行（European Investment Bank，EIB）、欧盟统计局（Eurostat）和审计院（Court of Auditors），它们分别负责欧盟的商业政策、欧洲国家融入欧盟、金融协助、贷款、收集数据以及审计账目、评议预算等工作。

2. 非政府组织

在发展合作领域，欧共体还直接与数量众多的发展导向的非政府组织（Non-governmental Organisations，NGOs）合作。合作领域主要分为两类，分别为政策对话、援助宣传以及援助项目的实施。第一类合作主要由欧洲非政府组织的统一团体和网络维持，它们代表了数百个欧洲非政府组织，常常就发展合作问题为欧盟委员会的方案提供不同的观点。第二类合作由欧盟委员会的基金推动，涉及上百个欧洲和发展中国家的非政府组织，主题通常为欧洲发展教育行动和发展中国家的发展计划。

3. 与成员国的分工

"互补性"是保证欧盟委员会和成员国各机构工作价值最大化的组

织原则，这要求欧盟委员会与成员国间在发展合作领域进行职能划分并实施协调合作。欧盟援助机构的交叉领域为欧盟委员会和成员国的合作提供了空间，据此可以引入更有效的共同发展基金，以更好的方式应用共同的人力及金融资源来管理这一基金。

（二）对外援助管理

在《欧洲发展共识》的指导下，欧共体致力于对其对外援助的管理方法进行调整和改革。具体的措施包括改革内部组织机构，编写CSPs和区域战略文件，下放决策权力，采用结果导向型监督系统以及采用更先进的人员管理方式。

1. 改革组织机构

欧盟对其发展合作的组织机构进行了多方面改革，其中最重要的改革是2001年欧洲援助的创设，欧洲援助负责按欧盟指令开展欧洲层面的发展援助工作。在欧盟发展援助中，欧洲援助的职责能否很好地履行，是影响外地代表团工作效果的重要因素。

2. 规范发展援助战略和项目的编制

欧盟发展合作战略及项目编制的流程主要包括：首先，欧洲联盟条约（European Union Treaty）（第177条）为欧盟发展合作提供了坚实的基础。其次，《欧洲发展共识》（第一章）中的阶段性远景对欧洲发展合作的构想与实施进行了更清晰的描述。再次，《欧洲发展共识》进一步明确了发展合作的主题或区域战略。最后，国家代表与受援国及总部共同协作，推出各受援国的CSPs，并制定特定的项目或实施计划。2006年理事会通过了一份《CSPs共同框架》（Common Framework for Country Strategy Papers），指导各国制定CSPs。

为提高欧盟发展合作项目计划编制的质量，2001年欧盟引入"跨服务质量支持小组"（Inter-Service Quality Support Group）将质量控制元素融入编制过程中。2005年欧洲援助还创设了新的操作质量支持指导（Directorate for Operations Quality Support），并建立了一个政府质量支持小组（Office Quality Support Group）。

3. 下放对外援助项目管理权

外部关系总署（RELEX）改革的一个重要方面是管理权对外地代表团下放。2000 年权力下放在"管理和决策应在最接近事件发生的地点进行，而不应当在布鲁塞尔声明"的指导下开始，而后欧盟委员会做出了重大努力。尤其是 2004 年，欧盟委员会将 RELEX 由一个集权性的机构转变为实质权力分散在 81 个外地代表团的机构。表 2 是欧盟对外援助项目执行的流程，可以看到项目的实施主要都由代表团主导。在流程层面，欧盟委员会管理、融资决策及总体承诺由布鲁塞尔负责；个别委托、投标、签约和支付都由当地代表团来负责。在内容层面，布鲁塞尔负责编制总体和主题项目并提供质量支持。代表团参与项目设计、可行性评估，以及项目的实施评价。

表 2　　　　　　　　　欧盟对外援助项目执行流程

项目执行阶段	阶段主要内容	主要执行机构
计划阶段	根据政策和受援国需求设定战略性发展目标	DEV 或 RELEX
设计阶段	将发展目标转化为可行的计划及项目提议	代表团
通过阶段	通过提议，形成最后的决议	欧洲援助
实施阶段	实际执行决议	代表团
评估阶段	对已经实施的项目进行评估和反馈	欧洲援助

资料来源：European Community Development Assistance Committee Peer Review (2007)。

4. 实施结果导向型监督系统

21 世纪以后，由欧洲援助管理的一个结果导向的监督系统（Result-Oriented Monitoring System）开始实施，其使用独立的专家系统阶段性评估外地计划和项目。该系统的数据评级显示近年来欧盟发展援助项目的相关性、效率、效力、影响和可持续性等各方面总体上呈现有规律的进步。同时，欧盟越来越多地使用审查工具来评价发展援助项目的表现。目前常规的审查内容是对发展援助项目进行 3 "Es"（Project Efficiency，Economy and Effectiveness，即项目效率、经济和有效性）的评估。

5. 使用新系统进行人员管理

2002 年 DAC 同行评议对人力资源的重视推动了外部服务（External Service）改革并促进了代表团统一人员政策的应用，包括职业发展、职位选择和技能培训。总部的发展援助官员及专家由 RELEX 负责招聘，地方人员则由代表团在 RELEX 的授权下进行招聘。权力下放使发展援助机构有充分的动机将其最优秀的官员安排在基层，第一线人员正在逐渐成为系统内的决策的重要参与者。

四 欧盟对外援助的有效性评价

欧盟在援助有效性方面所做的努力分为两个部分，第一部分是其自身实施《巴黎宣言》，提高援助的质量；第二部分是鼓励其成员国落实《巴黎宣言》，并领导它们提高援助的有效性。

欧盟在《巴黎宣言》中有 5 个承诺，本文根据这 5 个承诺来评估欧盟援助的有效性。

1. 主事权

欧盟基本支持受援国的主事权，也支持贫困削弱战略（Poverty Reduction Strategies, PRSs）的发展，但是事实证明一国主事权的大小取决于受援国现行政府在这方面的能力和决心。有些国家政府积极承担责任，获得主事权，当地代表团则给予强烈的支持。但是在另外一些地区，欧共体的援助主要是进行援助项目的管理，并没有帮助加强当地政府的主事权。另外，许多布鲁塞尔决定的项目几乎没有参考受援国的计划或优先顺序。

2. 联盟

联盟是欧盟委员会最具优势，并且对受援国影响最大的领域之一。欧盟委员会为此做出了大量的努力。首先，CSPs 的建立是欧盟委员会向联盟领域发展的重要基础，CSPs 是代表团在总部的支持下，在考虑当地需要、机遇和实际情况后制定出的一国发展战略。欧盟委员会在《巴黎宣言》2006 年的调查中报告了其在 33 个国家的活动，如表 3 所示。由于援助的流向大部分与国家优先顺序相关，因此"援助符合国家优先顺序"占到了总援助的 81%，接近 2010 年 85% 的目标。同时，欧盟对一国的大部分援助都列在 CSPs 中，这样援助的可预测性在项目周期开始就有所保证。

表3 欧盟委员会的援助有效性（基于33个国家的活动） （%）

	各指标（3—7是联盟，9—10是协调）	实际值	2010年目标
3	援助符合国家优先顺序	81	85
4	通过协调支持增强能力	35	50
5a	国家公共财政管理系统的使用	40	—
5b	国家采购系统的使用	41	—
7	援助是更可预测的	65	85
9	共同安排和程序的使用	50	66
10a	联合任务	33	40
10b	联合国家分析工作	45	66

资料来源：European Community Development Assistance Committee Peer Review (2007).

其次，欧盟有意在其发展援助中增加预算支持，预算支持既是达到"主事权"和"联盟"目标的重要部分，又是提升援助有效性及提高援助交付的关键。预算支持在一些国家已经编入发展援助项目，包括（1）贫困削减战略；（2）稳定导向的宏观经济政策；（3）提高公共财政管理的项目。欧盟委员会也为其工作人员制定了《预算支持指导》(2006)；目前又更新了2003年的《部门支持指导》。2003—2005年，预算支持的使用在 ACP 国家超过40%，近年来继续增加，欧盟委员会希望该比例达到50%。

3. 协调

协调欧盟与成员国间的援助是欧盟委员会具有优势的领域，能够大大提升欧盟援助的有效性。欧盟委员会目前在这方面的努力包括联合项目和职能划分。

联合项目分为两个阶段，第一阶段欧盟委员会与成员国在 CSPs 框架下应用共同格式，第二阶段与受援国建立联合战略，最终目的是建立共同融资体系，统一对外援助。但是目前联合项目仍然处于早期阶段。

相对而言职能划分则更为重要。为了更好地划分职能，欧盟委员会已创建了一些有用的工具，比如《欧盟援助者地图》（EU Donor Atlas），其中展示了成员国活动的重叠部分和空隙部分。而且，欧盟已经起草了援助机构间职能划分的行为准则（Code of Conduct），该准则基于《巴黎宣言》就如何开展职能划分做出了一系列明确的指导。

4. 结果导向型管理

欧盟委员会一直在加强对结果导向型管理的重视，包括对所有项目进行期中和期末项目评估，建立结果导向型监督系统，运用统一的方法评估不同的项目。代表团也设立了年度管理计划（Annual Management Plans），包括设立年度目标以及各项活动的各项指标。

5. 共同责任机制

共同责任是《巴黎宣言》中界定最少的领域之一。与其他援助机构一样，虽然欧盟支持这个概念，但是对共同责任机制贡献较少。

参考文献：

OECD/DAC, European Community Development Assistance Committee Peer Review (2007).

OECD/DAC, European Community Development Assistance Committee Peer Review (2002).

OECD/DAC, The Story of Official Development Assistance.

欧盟官方网站，http://europa.eu/index_en.htm。

OECD 发展援助委员会网站，http://www.oecd.org/dac。

OECD 数据库，http://www.oecd.org/document/33/0,2340,en_2649_34447_36661793_1_1_1_1,00.html#dac。

周弘：《对外援助与国际关系》，中国社会科学出版社 2002 年版。

单宁：《"欧盟对外援助"的国际政治学研究综述》，《高校社科动态》2006 年第 5 期。

王玉萍：《金融危机背景下的欧盟对外发展援助》，《世界经济》2010 年 4 月。

王玉萍：《欧盟对外发展援助的原动力》，《烟台大学学报》（哲学社会科学版）2006 年 8 月。

王玉萍：《欧盟对外发展援助政策和共同外交与安全政策关系探析》，《当代世界与社会主义》2006 年第 2 期。

刘晓平：《欧盟对外援助之人权导向对非洲的影响》，《世界经济与政治论坛》

◆ 第二篇 主要发达国家发展援助政策与管理

2009 年第 3 期。

孙同全、潘忠：《国际发展援助中各关系方的行为研究》，《国际经济合作》2010 年第 10 期。

韩国官方发展援助及其管理体系*

黄梅波　谢琪

摘要：战后国际社会对韩国的发展援助，为韩国实现国内经济增长发挥了重要作用。1995年韩国开始从受援国向援助国转变，逐渐建立了一套结构完整、分工明确的援助管理体系，其援助的有效性和透明度不断提高，并主动接受经合组织发展援助委员会的监督和审查。韩国希望借助自身发展经验，突出其发展援助特点，建立在援助领域的独特性，提高韩国在国际事务中的影响力。

关键词：韩国发展援助　KOICA　EDCF　援助有效性

外国发展援助为韩国减少贫困和促进国内增长发挥了重要作用。据统计，二战后韩国共获得了127亿美元援款。1995年，韩国从世界银行贷款列表中除名，标志着韩国结束了受援国的角色。

为实现"走向国际化的韩国"（Global Korea）的目标，近年来，韩国政府积极参与国际事务，逐年增加对外援助金额，努力提升在国际援助体系中的作用。2006年韩国表示希望加入经济合作与发展组织（OECD）发展援助委员会（DAC）。2008年9月DAC审查小组在首尔举行"韩国发展合作圆桌会议"，对韩国官方发展援助进行了特别评估。2009年11月26日，韩国外交通商部宣布加入DAC组织，成为该委员会的第24名成员，也是亚洲继日本之后第二个加盟国。此后，韩国参加了2010年9月联合国千年发展目标会议，并于2011年成功举办了第

---

* 原载于《国际经济合作》2013年第1期，第66—71页。

四届援助有效性高级别会议。韩国得到了西方援助阵营的承认和接纳，国际角色完全由受援国转变为援助国。

一　韩国对外援助的历史及动机

韩国对外援助的历史可追溯到 19 世纪 60 年代。韩国对外首次援助是 1963 年在美国国际开发总署（USAID）支持下提供对外培训。70—80 年代韩国对外援助的形式以技术培训为主。1987 年，韩国设立经济发展合作基金（EDCF），负责向发展中国家提供发展项目的优惠贷款。1991 年，成立韩国国际合作局（KOICA），负责实施无偿援助项目。90 年代早期韩国政府决定逐步扩大对外援助规模。

作为一个曾经的受援国，韩国将其发展援助的目标确定为与国际社会共同减少贫困、促进可持续发展、解决全球性问题并履行国际协定，如联合国千年发展目标。

迄今为止，韩国还没有制定发展援助法。韩国 2006 年成立了国际发展合作委员会（CIDC），其后发布了一系列援助综合规划，包括《2008—2010 年中期官方发展援助战略》《ODA 综合改进计划》《年度援助计划》等，但这些规划相互独立，不存在内在的联系，也不构成发展援助的整体规划。因此，韩国迫切需要根据国际发展援助的发展趋势制定一部发展援助的总法规，明确发展援助的目标和动机，并在此基础上确定韩国对外援助的政策及策略。

二　韩国对外援助的规模及资金分配

（一）援助规模

进入 21 世纪以来，韩国 ODA 规模稳步提高。2001 年韩国 ODA 总额为 2.65 亿美元，ODA 在国民总收入（GNI）中的比重为 0.06%。2005 年，由于韩国对伊朗、阿富汗、国际开发协会（IDA）以及非洲发展银行（AFDB）的捐赠大幅上升，其 ODA 迅速增加为 7.52 亿美元（ODA/GNI 为 0.1%）。2011 年韩国 ODA 总额更达到 13.21 亿美元，占 GNI 的比重上升到 0.12%（参见表 1）。然而，作为一个新兴援助国，韩国ODA占GNI的比重仍远远低于发展援助委员会的平均水平。2011年DAC国家的ODA/GNI平均值为0.31%。即使与非DAC国家相比，韩国ODA占GNI的比重也处于较末端的位置（参见表2）。

表1 　　　韩国官方发展援助净支出（2001—2011年）　　　（百万美元）

	2001	2002	2003	2004	2005	2006	2007	2008	2009	2010	2011
ODA	264.7	278.8	365.9	423.3	752.3	455.3	696.1	802.3	816	1173.8	1321.3
双边援助	171.5	206.8	245.1	330.8	463.3	376.1	490.5	539.2	581.1	900.6	970.4
多边援助	93.1	72	120.7	92.6	289	79.2	205.6	263.1	234.9	273.1	350.9
ODA/GNI（%）	0.06	0.05	0.06	0.06	0.1	0.05	0.07	0.09	0.1	0.12	0.12

资料来源：International Development Statistics Online Database（OECD）.

表2 　　　韩国和部分非DAC国家ODA净流出（2011年）

国家	ODA（百万美元）	ODA/GNI（%）
冰岛	904.08	0.52
斯洛伐克	86.87	0.09
匈牙利	140.06	0.11
捷克	256.03	0.13
波兰	417.16	0.08
土耳其	1319.6	0.17
韩国	1321.3	0.12

资料来源：International Development Statistics Online Database（OECD）.

韩国政府近年来努力提高ODA在GNI中的比重，并将此目标列为其长期发展方案《2030年展望》的50个主要发展任务之一，其明确提出到2015年要将其ODA占GNI的比例提高到0.25%（约为30亿美元）。韩国发展援助的规模并未计入北半岛朝鲜的援助。

（二）援助渠道

韩国对外援助以双边援助为主，双边援助与多边援助的比例基本保持在 7∶3。由于 2005 年韩国对大型国际发展银行的大规模认捐，多边援助无论规模还是比例都达到新世纪来的最高水平。2005 年，韩国双边援助和多边援助比例分别为 62%、38%。2011 年，韩国双边援助在 ODA 中的比重为 73%，多边援助的比重为 27%。

韩国多边捐助对象主要包括 IDA（28.96%）、联合国机构（28.34%）、一些区域开发银行（24.35%），以及其他多边组织和机构。

（三）援助方式

韩国 ODA 的一个特点是赠款比例较低，政府贷款比例过高。

进入 21 世纪以来，韩国赠款在 ODA 中的比重有所上升，从 2001 年的 29.25% 上升到 2007 年最高值的 68.19%，随后基本保持在 60% 左右。2010 年韩国赠款在 ODA 中的比重为 61.49%，但与 DAC 成员相比仍属较低水平，DAC 成员赠款在 ODA 中的比重平均为 80% 以上（参见表 3）。DAC 成员中，只有日本和葡萄牙 ODA 的赠款比例比韩国低，分别为 52.8%、62.5%，而加拿大、爱尔兰、卢森堡、新西兰和希腊的对外援助均为 100% 赠款。

表 3　　韩国和 DAC 成员 ODA 中赠款比重（2001—2010 年）　　（%）

	2001	2002	2003	2004	2005	2006	2007	2008	2009	2010
韩国	29.25	30.51	56.15	60.96	65.90	64.52	68.19	63.71	59.59	61.49
DAC	81.28	83.13	84.54	85.86	89.84	89.67	88.16	87.31	85.23	84.57

资料来源：International Development Statistics Online Database（OECD）.

韩国对外援助的主要方式是政府优惠贷款，韩国认为有效利用国外优惠贷款对经济发展起促进作用，而受援国政府使用贷款会比使用赠款更为谨慎。2006 年，韩国向最不发达国家（LDCs）提供的援助中赠款仅为 40%；而对低中等收入国家（LMICs）的援助中赠款比例为 74%；对中上等收入国家（UMICs）的援助中赠款达 100%。一般来说，考虑到债务可持续性问题，对 LDCs 的赠款比例应是最高的，韩国的做法却完全与 DAC 国家的一般做法相悖。尽管贷款在适合的情境下可以成为促进受援国经济发展的有效工具,但是 DAC 国家坚持认为,在全球致力于减少债务、保证债务可持续性的背景下,韩国应跟紧全球发展的步伐,提高官方发展援助中赠款的比例。

(四) 国别分布

由于地理方面的因素和自身发展的经验,韩国发展援助的主要受益地区一直是亚太地区。2010 年韩国援助前十大受援国有 9 个在亚洲,最大的受援国为越南,ODA 流入为 0.6 亿美元(参见表 4)。近年来,韩国国内趋向于认同应增加对非洲、拉美地区的援助份额。2006 年 3 月,韩国发布《非洲发展倡议》,决定加大对非洲的援助份额。扩大援助覆盖面可扩大韩国对外援助的影响,但把有限的援助数量分配到更多国家,每个国家只能进行小型的、独立的项目,总体上说,这种援助方式对当地发展的影响是有限的。

表 4　　　　　韩国 ODA 最大的受援国 (2010 年)　　　(百万美元)

名次	国家	受援金额
1	越南	60
2	印度尼西亚	27
3	安哥拉	27
4	柬埔寨	26
5	菲律宾	25
6	蒙古	25
7	斯里兰卡	23
8	土耳其	19
9	老挝	18
10	阿富汗	14

资料来源:OECD, Development Cooperation Report 2011: 50th Anniversiry Edition, p.170.

(五) 部门分布

韩国对外援助主要集中在经济基础设施方面,2010 年经济基础设施建设占 ODA 的 49%,其次为教育、保健和人口 (23%),其他社会基础设施（15%）。人道主义援助仅占官方发展援助的2%。

一般来说，为提高援助效率，援助国多是根据自身的比较优势将对外援助集中在少数几个部门领域。韩国政府为了提高援助的部门集中度，确定了7个重点援助的部门：教育、保健、政府、农村发展、信息和通信技术、工业和能源以及环境和性别。但是这些优先援助的部门仍显过于宽泛。

三　韩国对外援助管理体系

韩国对外援助管理体系可分为决策机构和执行机构两部分。前者包括国际发展合作委员会（CIDC）、韩国企划财政部（MOSF）以及韩国外交通商部（MOFAT），MOFAT包括韩国国际合作局（KOICA）及经济发展合作基金（EDCF）。从实际操作来看，韩国对外援助管理属于两级四机构的模式。从双边援助来看，MOFAT及其执行机构KOICA通过赠款方式负责韩国一半的双边发展援助，另一半由MOSF及其执行机构——进出口银行（Eixmbank）下属的EDCF通过优惠贷款方式负责；对于多边援助，MOFAT负责向联合国机构认捐，而MOSF负责向国际发展银行认捐。此外，韩国还有三十多个相关机构、部门利用自身经费对外提供小额的技术合作援助项目。

（一）决策机构

1. 国际发展合作委员会（CIDC）

为提高援助体系的集中性并加强各部委的协调，2006年2月韩国成立了CIDC及其工作委员会，由总理直接领导，成员包括相关各部的部长及民间社会代表。CIDC的主要职能是确定韩国发展援助的目标和战略。到目前为止，CIDC已通过了一系列援助综合规划，包括《2008—2010年中期官方发展援助战略》《ODA综合改进计划》《年度援助计划》以及《2008—2010年国别援助中期统一战略》等。这些规划为韩国长期援助规划以及援外部门间的协调打下了良好的基础，但是如前所述，这些规划更像几个独立规划的汇总，还需要提升为韩国总体战略规划，才能发挥更大的效用。

2. 韩国企划财政部（MOSF）

MOSF 负责制定全国发展援助的年度预算和财政管理规划，其下属发展合作司负责制定双边优惠贷款政策。该部下属的国际金融机构司则负责与多边开发银行沟通、政策制定以及认捐。在 MOSF 监管下，Eximbank 负责管理 EDCF 贷款。

3. 韩国外交通商部（MOFAT）

韩国 MOFAT 主要负责制定韩国长短期的双边援助战略以及多边援助中向联合国机构的认捐，同时其是与 OECD/DAC 联系的主要机构。2007 年 8 月，MOFAT 将部内相关各司局合并，设立了相对独立的发展合作局（Bureau for Development Cooperation）。这次部门内部的改革使韩国得以更有效地应对发展援助所面临的挑战，较大地提高了其援助能力。

（二）执行机构

1. 韩国国际合作局（KOICA）

KOICA 在 MOFAT 的监管下，执行韩国的赠款和技术合作项目。负责项目的可行性分析、政策对话、与受援国进行协调、项目设计和执行以及派遣专家和志愿者到海外。在具体的项目选择中，首先受援国向 KOICA 提交申请，之后 KOICA 收集相关资料并确定可行的项目。KOICA 一般是根据受援国的减贫计划、韩国的相对优势以及项目与韩国《中期官方发展援助战略》《国别援助战略》等规划的吻合程度进行项目选择。

2. 经济发展合作基金（EDCF）

作为韩国发展援助优惠贷款部分的 EDCF，由韩国进出口银行管理。EDCF 负责向经过 MOSF 审批的伙伴国（受援国）提供项目或是设备贷款。EDCF 负责对项目可行性和贷款申请人进行评价，由 MOSF 决定具体贷款金额、条件、期限等基本条款，之后 EDCF 再与受援国就贷款项目的具体事项进行商量。

（三）监督和评估机构

韩国对外援助的监督和评估由其执行机构 KOICA 和 EDCF 负责，

两者的运行机制类似。1998 年 KOICA 建立了援助评估办公室，2006 年制定了项目评估细则。一般由项目执行组自行完成项目中期和完成时的评估报告，评估办公室则在项目完成 6 个月或 3 年后对项目进行再次评估。对 EDCF 贷款完成的项目也是先由项目管理方在完工时进行评估，项目完工 2—3 年后则由评估处进行再次评估。评估处是为评估援助项目专门建立的机构，其成员或者为项目非相关人员或者为非 EDCF 成员。2008 年，韩国政府决定建立一套统一评估的准则，为所有相关组织和机构使用。该准则遵循国际上的最佳实践原则，建立起韩国独立的、完整的评估体制。

四　韩国对外援助的有效性

韩国政府承诺提高援助有效性，并积极参与国际上提高援助有效性的行动。韩国政府分别于 2005 年和 2008 年签署了《关于援助有效性的巴黎宣言》（PD）和《阿克拉行动议程》（AAA），并接受了 DAC 于 2006 年、2008 年以及 2011 年对其援助的有效性调查（参见表 5）。

表 5　　韩国对外援助有效性指标

指标	指标值				2010年的目标	所有援助国平均值			
	2005年	2007年	2010 年			2005年	2007年	2010 年	
	32 国	32 国	32 国	所有国		32 国	32 国	32 国	所有国
3. 与国家优先考虑一致的援助	11%	34%	46%	38%	85%	—	—	—	—
4. 通过协调增强能力建设	74%	79%	11%	43%	50%	50%	88%	28%	59%
5a. 国家公共财政管理系统的使用	45%	10%	0%	10%	26%	33%	10%	0%	6%
5b. 国家采购系统的使用	0%	5%	37%	36%	—	0%	6%	8%	14%
6. 避免类似项目的执行机构	0	11	4	11	0	0	1.4	0.3	0.4
7. 援助的可预测性	11%	19%	32%	20%	56%	—	—	—	—
8. 援助无附带条件	—	21%	47%	44%	—	—	6%	61%	57%

续表

指标	指标值				2010年的目标	所有援助国平均值			
	2005年	2007年	2010年			2005年	2007年	2010年	
	32国	32国	32国	所有国		32国	32国	32国	所有国
9. 使用统一的安排或程序	0%	1%	42%	29%	66%	0%	0%	18%	15%
10a. 联合任务	0%	15%	8%	5%	40%	—	—	—	—
10b. 援助国间的联合分析	—	0%	50%	50%	66%	—	—	—	—

注：2006、2008年有32个签署PD的受援国接受有效性援助调查，2011年有78个受援国接受援助有效性调查。指标值为赋予权重后的数值。

资料来源：Aid Effectiveness 2005-10: Progress in Implementing the Paris Declaration, p.184.

（一）所有权和同盟

韩国政府决定与受援国开展更广泛的联系和对话，与受援国共同对《中期ODA战略》和《国别援助战略》（Country Assistance Strategies, CASs）进行更深入的讨论。通过将CASs与受援国优先发展项目联系、追求共同所有权以及与受援国国家战略计划保持一致以加强双方的联系机制。

在衡量援助有效性的几个指标中，指标3衡量援助国是否按照受援国优先事项的顺序分配援助资金，韩国在三次调查中援助有效性在逐渐提高。2011年的调查中该指标为46%，但仍低于2010年的目标值85%。指标4为通过援助合作增强受援国能力建设，韩国完成情况的两次调查结果（74%、79%）远远高于最后一次（11%）。韩国在国家公共财政管理系统的使用（指标5a）和国家采购系统的使用（指标5b）上，表现均高于同年DAC的平均水平（除2007年的指标5b外）。韩国援助的可预测性（指标7）较低。

（二）限制性援助比例

限制性援助历来是衡量援助国对一致性政策和援助有效性承诺的一个指标。大量文献证实限制性援助会提高商品、服务以及相应活动15%—30%的成本，在降低援助效率方面这个数字还是保守的，因为它并没有包括限制性援助的间接成本，如加上间接成本，对于受援国来说,限制性援助的交易成本会进一步上升。此外,限制性援助往往与商业利益相关联,而且其可能不与受援国的需要和优先发展战略一致。因此,DAC 国家鼓励逐渐降低对外援助中限制性援助的比例。DAC 国家中,爱尔兰、卢森堡、挪威、瑞典以及英国已完全放弃限制性援助,瑞士、德国、丹麦、日本、澳大利亚、比利时、加拿大、新西兰、芬兰等仍保持一小部分的限制性援助,但均在 10% 以下。韩国在 24 个 DAC 国家中,限制性援助的比例是最高的,为 50%,美国、意大利为 28%,法国、荷兰为 14%。

韩国政府意识到这一问题,在其发布的《降低限制性援助路线图》(Roadmap to Untying) 报告中,韩国政府承诺,到 2015 年,将限制性援助比例降低至 25%。韩国在向降低限制性援助迈进的过程中,需要在政府层面、企业界以及公众层面说明非限制性援助的好处,以及把企业推向援款采购竞争的重要性。政府应使公众明白,长期来看非限制性援助能够提高韩国企业的竞争力并带来更大的市场。

(三) 协调

在对外援助工作方面,韩国需要与其他援助国开展更广泛、更深入的联系和合作。指标 9 为使用统一的安排或程序,66% 的援助应以以方案为基础的方式提供。但是,韩国与该项指标还存在较大的距离。韩国在联合任务(指标 10a)上的成绩也有很大的进步空间,而在援助国建立的联合分析方面,近两次的调查结果较 2006 年有很大进步。

五 韩国国际援助角色的变化及其面临的挑战

作为新兴援助国,韩国曾面临保持国际援助的独立性、独特性和加入 DAC 国际援助俱乐部、接受西方发达国家的援助原则和规范的两种选择,韩国选择了后者。但是相对于成熟的 DAC 国家,韩国对外援助的总额并不大,外援在 GNI 中的比重仍处于较低水平,双边援助和贷款比例过高,援助部门不够集中从而无法体现出韩国的比较优势,援助有效性还有待进一步提高等,这些方面均显示了韩国作为新兴援助国的特点。在国际援助舞台上,韩国对外援助的发展仍面临挑战。

（一）明确国际发展援助的目的

在经济强劲增长、国际经济地位不断提高的背景之下，韩国希望像日本一样在全球领域中成为一个重要的参与者。韩国政府一方面认为对外援助应遵循人道主义目标，但是另一方面，随着近年来国际市场及能源安全竞争日趋激烈，韩国逐步开始通过援助来满足其国家利益，这从韩国的发展援助的主要受援国为相对富裕的石油生产国而非最贫困国家可看出。韩国甚至提出明确的"资源外交"政策，用以指导其在非洲以及独联体国家的资源竞争。此外，韩国在安全问题上（例如，来自朝鲜的威胁）对美国的依赖，使其在各种问题上不得不考虑与美国保持一致。从过去几年韩国加大对阿富汗等国的设施援建可以看出，在确定援外地区和援助方式时，韩国首要考虑的是国家利益而非受援国的需要。韩国国内强烈要求政府"更灵活"地利用援助，增强其在能源、资源、贸易和投资领域的影响。

（二）建立国际发展援助政策框架

尽管已有五十年的对外援助历史，韩国加入DAC后，仍面临尽快明确其对外援助总的框架和战略的压力。面对这一挑战，韩国力求其发展援助原则既要保持韩国发展援助的独立性，又要与DAC发展目标相一致。

首先，关注减少贫困和可持续发展，把重点放在最不发达国家的贫困和疾病问题上，尤其是在非洲。韩国国内已认同，应在其比较优势基础上、利用自身发展经验来开展对外援助，并形成自身特点，因此其项目运行和援助目标应满足使援助项目在减少贫困和促进可持续方面能获得最佳利用。

其次，作为DAC的新成员，韩国在政策和意识协调方面可以成为传统援助国与受援国联系的桥梁。传统援助国已建立了完整的、全面的发展援助框架，但是它们在理解发展中国家长期经济增长和减少贫困操作方案上相对有限。韩国可以根据自身经验，将传统援助国的援助更好地应用到受援国的发展需求中。

再次，韩国战略援助目标既要能指导国内援助机构的援助行为，又要能与其他援助国保持一致。韩国国内发展援助的执行机构,如 KOI-CA、EDCF 以及各个部门,应协调其发展援助目的使之与受援国发展优先权相一致。另外,韩国也要致力于使其援助目标与 DAC 的总体目标相一致。

(三) 突出对外援助特点、加强国际援助协调

国际援助中,援助国在援助领域的竞争异常激烈。每个援助国都希望保持自身特点,以便在国际援助舞台上脱颖而出。但是,据统计,一个受援国平均接受 30 个援助国的援助,而不同国家在援助方面有不同的发展方向,比如美国的"转型发展"(Transformational Development)强调政府机构的变革,日本则强调与非洲发展合作中"基础广泛的经济增长以及多样化"。与韩国一样,许多新兴援助国曾经也是受援国,它们利用自身经验总结了一些独特的发展方案,而这些方案可能与传统援助国的做法并不一致。因此当它们按照自身的经验进行对外援助时,与国际惯例的协调性相应地降低了。PD 和 AAA 等援助有效性的国际规则强调援助国的协调并鼓励多边援助。

韩国希望借鉴其发展经验,指导当下对发展中国家的援助活动,进而提高其在国际上的影响力。因此,其对外援助集中于韩国具有核心竞争优势的几个部门,以此形成韩国对外援助的特性,以区别于其他 DAC 国家。韩国 2004 年实施的"经验分享计划"就是利用其发展经验的较好实例。该项目帮助受援国借鉴韩国发展经验,制定和实施经济政策,反映了韩国对其发展模式的自信。有研究指出,韩国利用自身优势突出援助特色的同时,应注重加强与其他援助国的协调,以使国际发展援助发挥最大的效果。

参考文献:

International Solidarity Committee/ ODA Monitoring Team, Reality of Aid 2008 Country Report: Republic of Korea, Asia Pacific Network, 2008.

Jin-Wook Choi, From a Recipient to a Donor State: Achievements and Challenges of Korea's ODA, International Review of Public Administration, 2011 (3).

International Development Statistics Online Database (OECD).

OECD Development Cooperation Directorate, Development Cooperation of the Republic of Korea, 2008.

KOICA, Understanding Korean ODA System, 2011.

Hong-min Chun, Elijan N. Munyi, Heejin Lee, South Korea as an Emerging Donor: Challenges and Changes on its Entering OECD/DAC, Journal of International Development, 2010, 11.

毛小菁:《韩国官方发展援助:执行状况及相关问题》,《国际经济合作》2008年第11期。

第三篇

发达国家发展援助效果分析

联合国千年发展目标及发达国家承诺的履行[*]

黄梅波　陈燕鸿

摘要：为推进联合国千年发展目标的实现，发达国家在增加官方发展援助、改善发展中国家贸易条件、债务减免以及增加基本药物和技术的提供等方面曾做出承诺。本文重点分析发达国家总体对千年发展目标的承诺履行情况，并分析了承诺履行的国别特征，以及现实与目标的差距。本文得出结论：在当前的国际经济形势下，发达国家若不加倍努力，其所承诺的大部分目标将不能按期实现。

关键词：千年发展目标、发达国家、承诺、履行

2000年举行的联合国千年峰会上，世界各国领导人通过了《联合国千年宣言》，决心在2015年以前实现绝对贫困人口减半等8项千年发展目标。如今，时间已经过半，执行情况却不尽如人意，发达国家对发展中国家的承诺大部分兑现的程度很低。2008年是千年发展目标的中期审评年，9月25日联合国千年发展目标高级别会议在纽约召开，150多个国家的代表出席会议，其中包括约90个国家的元首或政府首脑。本次会议的主要内容是审议各国"千年发展目标"的进展情况，评估差距，同时敦促发达国家加大力度，以确保其能按期兑现相关承诺。

本次会议的召开引起了世人的广泛关注，同时也使人们对以下问题产生了疑惑："千年发展目标"的内容是什么？发达国家总体对千年发

---

[*] 原载于《国际经济合作》2008年第12期，第39—44页。

展目标有何承诺,到目前为止,其承诺履行情况如何?各国的履行情况有何不同?到2015年,发达国家能否履行其承诺?这正是本文希望回答的问题。

一 联合国千年发展目标

人类发展是全世界人民共同关注的重要话题。但人类贫困特别是长期贫困以及由此产生的饥饿、文盲、流行性疾病、环境退化、对妇女的歧视等却构成了人类发展的全球性挑战。改善所有人的生活,特别是那些受到上述问题严重困扰的国家和人群——重债穷国,最不发达国家和转轨国家,处于战乱之中的国家和人群,贫困人口,弱势人群如妇女、儿童、病人等就成为世界各国在保持自身经济社会发展过程中需要承担的国际义务。

人类发展所面临的全球性挑战需要通过全球行动和国际合作来实现。2000年9月,在联合国千年首脑会议上,189个国家共同签署了《联合国千年宣言》[①],联合国"千年发展目标"由此产生,并成为面向190多个国家和地区的活动框架和全球议程的核心。它以2015年为最后期限,包括8个方面的内容(见表1):消灭极端贫穷和饥饿;普及小学教育;促进男女平等,并赋予妇女权利;降低儿童死亡率;改善孕产妇保健;与艾滋病毒/艾滋病、疟疾和其他疾病做斗争;确保环境的可持续能力;全球合作促进发展(全球合作伙伴关系)。前7个目标是发展中国家应承担的自身经济社会发展的主要责任;第8个目标是发达国家要承担的帮助不发达国家的责任。

表1 联合国千年发展目标

目标1	消灭极端贫穷和饥饿 1. 1990—2015年,将每日收入低于1美元的人口比例减半。 2. 为含妇女和青年人在内的所有人提供充分的、有收益的、体面的就业机会。 3. 1990—2015年,将挨饿的人口比例减半。

---

① 《联合国千年宣言》,http://www.un.org/chinese/ga/55/res/a55r2.htm。

续表

目标 2	普及小学教育 确保到 2015 年，任何地方的儿童，不论男女，都能完成全部小学教育课程。
目标 3	促进男女平等，并赋予妇女权利 争取到 2015 年在小学和中学教育中消除两性差距，最迟到 2015 年消除各级教育中的性别差距。
目标 4	降低儿童死亡率 1990—2015 年，将 5 岁以下儿童的死亡率降低三分之二。
目标 5	改善孕产妇保健 1. 1990—2015 年，将孕产妇死亡率降低四分之三。 2. 到 2015 年，普及生殖保健服务。
目标 6	与艾滋病毒/艾滋病、疟疾和其他疾病做斗争 1. 到 2015 年，制止并开始扭转艾滋病毒/艾滋病的蔓延。 2. 到 2010 年，向所有需要者普遍提供艾滋病毒/艾滋病治疗。 3. 到 2015 年，制止并开始扭转疟疾和其他疾病的发病率。
目标 7	确保环境的可持续能力 1. 将可持续发展原则纳入国家政策和计划，扭转环境资源的流失。 2. 减少生物多样性损失。到 2010 年，大幅降低折损速度。 3. 到 2015 年，将无法持续获得安全饮用水和基础卫生设施的人口比例减半。 4. 到 2020 年，显著改善至少 1 亿贫民窟居民的生活。
目标 8	全球合作促进发展（全球合作伙伴关系） 1. 进一步发展开放的、遵循规则的、可预测的、非歧视性的贸易和金融体制。 2. 特别关注最不发达国家、内陆发展中国家和小型发展中岛国的特殊需要。 3. 全面处理发展中国家的债务问题，以便其能长期持续承受债务。 4. 与制药公司合作，为发展中国家提供买得起的基本药品。 5. 与私营部门合作，普及新技术，特别是信息和通信技术的好处。

资料来源：《联合国千年发展目标报告（2008）》，http://www.un.org/chinese/millenniumgoals/MDG_ Report_ 2008_ CHINESE. pdf.

二 发达国家的总体承诺及其履行

为了在规定的时限内达成千年发展目标，发达国家先后多次在国际性会议上做出了具体承诺，希望通过建立新的"全球合作伙伴关系"，切实增加官方发展援助（ODA）、改善发展中国家贸易条件，推进债务减免，增加基本药物和技术的提供，以援助发展中国家实现其他 7 项目标。具体承诺包括：到 2010 年，每年 ODA 总额达到国民总收入（GNI）的 0.7%；加倍援助非洲；加大对最不发达国家（LDCs）的援助力度；增加对发展中国家的贸易援助；增加发展中国家免关税进入发达国家市场的机会；到2013年，取消高收入国家的农业补贴；兑现按照重债穷国倡议（HIPC）、多边债务减免倡议（MDRI）所给予的承诺等。但是，从2000年到预计千年发展目标基本实现的2015年，时间已经过去了一半。发达国家践诺状况总体来说并不让人满意。

（一）官方发展援助（ODA）方面的承诺及履行

目前，全世界ODA总额的90%由经济合作发展组织（OECD）发展援助委员会（DAC）成员提供。为了实现千年发展目标，DAC国家曾做出以下承诺：到2010年，每年ODA总额达到国民总收入（GNI）的0.7%；加倍援助非洲；加大对最不发达国家的援助力度。

1. 到2010年，每年ODA总额达到国民总收入（GNI）的0.7%

《联合国千年宣言》呼吁工业化国家"提供更为慷慨的发展援助，特别是提供给那些真正努力将其资源用于减贫的国家"。2002年的蒙特雷（Monterrey）发展筹资问题会议和可持续发展世界首脑会议（约翰内斯堡首脑会议）重申了这一倡议，当时世界各国领导人承诺做出切实的努力，实现将ODA总额占国民总收入的0.7%的目标[①]，并呼吁相关国家和机构提高援助实效。在2005年格伦伊格尔斯（Gleneagles）首脑会议上，G8领导人同意把每年的ODA拨款额由2004年的800亿美元增加到2010年1300亿美元以上（以2004年的价格和汇率计算）。2007年海利根达姆（Heilgendamm）和2008年北海道G8首脑会议都重申了这一承诺。世界最大的ODA提供者——欧盟15国（2004年前加入欧盟的国家）的ODA在全世界占比为60%左右。欧盟15国设定共同的ODA目标，即到2010年使援助额达到GNI的0.56%，到2015年达到GNI的0.7%。欧盟12个新成员国的具体目标是，到2010年ODA总额达到GNI的0.17%，到2015年达到0.33%。

但是，随着全球经济发展速度的放缓，履行2010年承诺已经成为一项更为严峻的挑战。2005年全世界ODA总额为1071亿美元，2006年降为1066亿美元。到2007年进一步降为1037亿美元，占发达国家

---

① 0.7%这一目标最初是在1970年通过的一项联合国大会决议中确定的。

GNI 之和的 0.28%。在校准价格并调整汇率之后，2007 年的 ODA 实际价值比 2006 年减少了 8.4%。① 图 1 显示，若要达到 2010 年的预定目标，总体 ODA 的增长率需加倍。即便是欧盟 15 国，ODA/GNI 若要在 2010 年达到 0.56%、2015 年达到 0.7% 的共同目标，也需要取得更快的进展。2007 年，欧盟 15 国 ODA 在 GNI 中的占比仅为 0.4%。②

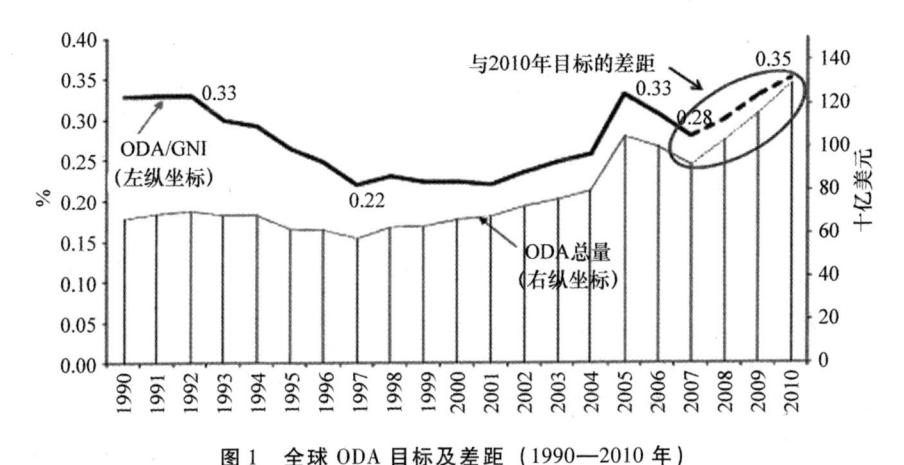

图 1 全球 ODA 目标及差距（1990—2010 年）
资料来源：OECD，http：//www.oecd.org/dataoecd/27/55/40381862.pdf.

2. 加倍援助非洲

2002 年，G8 领导人在加拿大卡纳纳斯基斯（Kananaskis）召开的峰会上宣布了非洲行动计划。该计划建议，把一半或超过一半的新的发展援助投入到非洲。2004 年，ODA 总额 800 亿美元中有 250 亿美元投向了非洲地区。在 2005 年格伦伊格尔斯 G8 峰会上，G8 和其他捐助国作出了"新的非洲"承诺，要在 2010 年之前将分配给非洲的官方发展援助每年增加 250 亿美元，使流入非洲的援助比 2004 年增加一倍以上（达到 500 亿美元以上）。在 2007 年 6 月于德国海利根达姆召开的 G8 峰会上，帮助非洲发展成了会议的一个关键重点。

---

① 《联合国千年发展目标差距报告（2008）》，http：//www.un.org/chinese/millenniumgoals/gap08/1_1.html。
② 联合国网站，http：//www.un.org/chinese/millenniumgoals/gap08/1_1.html。

但是，按照当前趋势，若要实现对非洲援助增加一倍（按美元不变价格计算，从 2004 年的 250 亿美元至迟于 2010 年增加到 500 亿美元）的承诺，2008 年至 2010 年对非洲官方发展援助每年需要增加 73 亿美元（按现行价格）。① 但迄今仅有大约 40 亿美元的增加额编入了援助国支出计划。②

3. 加大对最不发达国家的援助力度

2001 年 DAC 各国根据《布鲁塞尔行动纲领》③ 的要求对最不发达国家做出了具体承诺，确定了援助国向这些国家提供占国民总收入 0.15% 到 0.2% 的援助的目标。但是直到 2006 年，仅有 8 个④ DAC 国家履行了《布鲁塞尔行动纲领》此方面的承诺。2006 年所有 DAC 国家对最不发达国家的援助总和仅为 294 亿美元（占 GNI 的 0.09%），若 2010 年援助额要达到 GNI 的 0.16%，必须要将这一数字增加到 620 亿美元。⑤

（二）贸易方面的承诺及履行

千年发展目标"目标 8"中所包含的贸易方面的目标主要包括进一步发展开放的、遵循规则的、可预测的、非歧视性的贸易和金融体制；特别关注最不发达国家、内陆发展中国家和小型发展中岛国的特殊需要等。

《联合国千年宣言》通过一年后，以"发展"为主题的"多哈回合"贸易谈判启动。在 2005 年 12 月在中国香港举行的第六次 WTO 部长级会议通过的《部长级宣言》⑥ 中，发达成员和部分发展中成员承诺在 2008 年之前向最不发达国家所有产品提供免关税⑦、免配额的市场

---

① 联合国网站，http://www.un.org/chinese/millenniumgoals/2008highlevel/bkgd0.shtml。
② 联合国网站，http://www.un.org/chinese/millenniumgoals/gap08/1_1.html。
③ 联合国网站，http://www.un-documents.net/ac191-11.htm。
④ 比利时、丹麦、爱尔兰、卢森堡、荷兰、挪威、瑞典和英国已经达到或者超过该目标。
⑤ DAC 成员国国民总收入之和的 0.16%。
⑥ 世界贸易组织网站，http://www.wto.org/English/thewto_e/minist_e/min05_e/final_text_e.htm。
⑦ 发达国家确立了（不计军火和石油贸易）将免税待遇扩大到占关税细目 97% 的具体目标。

准入；发达国家承诺将在 2013 年全面取消所有形式农产品出口补贴并降低农产品的国内支持；一些援助国政府承诺增加其官方发展援助的贸易援助额。然而，时至今日，多哈回合仍未结束，成为贸易领域最大的执行差距，也可能是千年发展目标"目标 8"范围内最大的执行差距。

1. 放宽市场准入、取消农业补贴

作为 2005 年香港《部长级宣言》的最大成果，各国就"对最不发达成员适用免关税、免配额的市场准入"达成一致，同时，宣言规定，若发达成员认为在 2008 年前全面市场准入有困难，则允许其仅对 97%的关税细目进行开放。但从实际情况看，到目前为止，最不发达国家免关税进入发达国家市场的机会仅得到了有限增加。如果不计军火和石油，最不发达国家仅有 79%[1]的出口商品免关税进入发达国家市场。此外，表 2 显示，1996—2006 年 10 年间，最不发达国家先前曾享有的优惠准入地位也受到弱化。

表 2　　发展中国家和最不发达国家出口产品的平均关税

（1996 年与 2006 年）　　　　　　　　（%）

项目 年份	出口农产品的平均关税		出口纺织品的平均关税		出口布料的平均关税	
	发展中国家	最不发达国家	发展中国家	最不发达国家	发展中国家	最不发达国家
1996	10.5	4.0	7.3	4.5	11.4	8.1
2006	8.6	2.8	5.2	3.2	8.4	6.4

数据来源：联合国网站，http://www.un.org/chinese/millenniumgoals/gap08/2_1.html。

此外，在取消高收入国家的农业补贴方面的收效也并不尽如人意。从 1990 年到 2006 年，OECD 国家中扭曲贸易的农业补贴额仅有少量下降。1990 年，OECD 国家的农业补贴额为 4360 亿美元，2003 年为 3870 亿美元，2006 年为 3550 亿美元（以 2005 年价格计算），几乎是官方发展援助的 4 倍。[2]

2. 增加贸易援助

根据 WTO 总理事会的定义，贸易援助指旨在支持受援国的贸易政

---

[1] 联合国网站，http://www.un.org/chinese/millenniumgoals/gap08/2_1.html。
[2] 联合国网站，http://www.un.org/chinese/millenniumgoals/gap08/1_1.html。

策和法规、贸易发展、与贸易有关的基础设施、生产能力建设以及贸易调整成本而提供的援助。

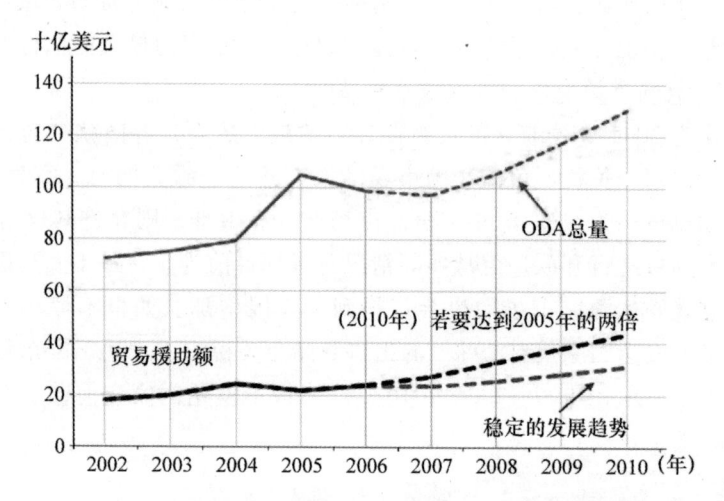

图 2　DAC 国家贸易援助发展趋势（模拟）（2002—2010 年）

资料来源：世界贸易组织，http://tcbdb.wto.org/publish/OECD%20Global%20monitoring.pdf。

贸易援助被认为是帮助发展中国家培养其出口能力的主要途径。如果以 2005 年不变价格计算，WTO 的资料表明，DAC 国家的贸易援助在 2004 年之前一直在上升，但是在 2004 年达到顶峰之后有所下降（图 2）。根据联合国的数据，在部门间可予分配的官方发展援助中，贸易援助所占份额已经从 2002 年的 35% 降至 2006 年的 30%。[①]

（三）债务减免承诺及履行

债务减免承诺主要包括按照重债穷国倡议（HIPC）及多边债务减免倡议（MDRI）给予的承诺。

重债穷国倡议由国际货币基金组织（IMF）和世界银行（WB）于 1996 年提出并实施。它是针对重债穷国而制定的债务减免机制，普遍为西方国家所采用。为推进联合国千年发展目标实施进程，2005 年，

---

① 联合国网站，http://www.un.org/chinese/millenniumgoals/gap08/2_1.html。

联合国千年发展目标及发达国家承诺的履行

国际货币基金组织、世界银行和非洲发展银行在重债穷国倡议的基础上进行了补充，提出了多边债务减免倡议，拟对已经完成重债穷国倡议减债程序的申请国给予"全面、彻底"的免债。2007年3月，美洲开发银行参加了多边债务减免倡议，并决定向拉丁美洲和加勒比的5个重债穷国提供类似的债务减免。

到目前为止，有41个国家符合或者可能符合重债穷国倡议规定的债务减免条件，2008年6月底，这些国家中有33个达到了重债穷国倡议的"决定点"①，并且得到了债务减免。33个国家中有23个进一步达到了"完成点"②。这意味着，这23个国家的债权人将"不可变更地"兑现在决定点上所承诺的全部债务减免，并且它们还将受益于多边债务减免倡议所提供的债务减免。根据联合国的数据，33个到达决定点的重债穷国将根据重债穷国倡议，获得总额为482亿美元（2006年底净现值）的债务减免。而多边债务减免倡议已承诺为全部重债穷国额外减免268亿美元的债务，其中已经为23个达到完成点的国家足额减免212亿美元。所有形式的债务减免（重债穷国倡议、多边债务减免倡议、传统债务减免和其他"自愿的"双边债务减免）将使33个达到决定点的国家的债务持有量从1050亿美元减至90亿美元（2006年净现值），减免额超过90%。③ 总的来说，债务减免为大幅削减33个达到决定点的重债穷国的外债偿付义务做出了重要贡献。

然而还有许多问题亟待解决。第一，并非所有受债务困扰的国家都获得了债务减免，而且各国偿债支出负担的实际减轻程度也轻重不一，因此，在许多重债穷国，持续承受债务能力仍然是一个严

---

① "决定点"（Decision Point）是HIPC中的一个术语，它是指申请国作出了改革保证，具备了可追踪的稳定的宏观经济记录，较好地实施了《临时减贫战略》，债权人承诺减免其债务，该国就达到了债务减免的决定点，但这种承诺是可以逆转的。

② 达到"完成点"（Completion Point）后才能真正实现免债。为在HIPC框架下获得全面的和不可逆转的减债，减债申请国还必须具有执行IMF和IDA（国际开发协会）的有关援助项目的良好实施记录，较好地实施了在达到决定点时做出的各项减贫改革计划，这一过程被规定为至少一年。

③ 联合国网站，http://www.un.org/millenniumgoals/pdf/MDG%20Gap%20Task%20Force%20Report%202008.pdf。

重的问题。第二，有的债务减免在某种程度上挤掉了新流入的官方发展援助。例如，得到世界银行根据多边债务减免倡议给予债务减免的国家，从国际开发协会（IDA）获得的分配额却相应地减少了。为了避免这种情况再出现，2007年，援助者承诺为国际开发协会额外充资251亿美元。

另外，在千年发展目标"目标8""增加基本药物和技术的提供"方面，各国并没有确定有关"必需药品"和"技术"的全球伙伴关系的具体数字目标。虽然个别国家在增加提供防治艾滋病毒/艾滋病、结核病和疟疾的必需药品和治疗方面取得进展，信息和通信技术在发展中国家迅速扩散，但是，发展中国家仍缺乏获得必需药品的途径，发达国家和发展中国家之间的数字鸿沟正在不断加宽。

三 发达国家各国的承诺履行情况及其差距

从上面的论述可以发现，从总体上看，发达国家对千年发展目标的承诺履行情况并不能令人满意。具体到不同的国家，其承诺的履行及其可实现的程度并不相同。

（一）官方发展援助

从表3可看出，DAC各国履行ODA承诺的进程悬殊。目前，已达到或者超过联合国设定的占国民总收入0.7%这一具体目标的国家只有丹麦、卢森堡、荷兰、挪威和瑞典。2007年，美国的ODA/GNI的比例为0.16%，日本的这一比例也仅为0.17%。

若要达到2010年的预计援助水平，大多数DAC成员国需要增加其2008—2010年的官方发展援助预算，在未来三年内将目前的增长率提高1倍多。从数额上来看，2008—2010年，ODA净流入额需要每年平均增长近180亿美元（以2008年7月的汇率计算）。OECD最近对DAC成员国的ODA支出意向进行了调查，结果显示，它们承诺在2010年前提供500亿美元的ODA追加额，到目前仅有210亿美元已经支付或者已经列入规划，有近300亿美元尚待列入援助预算方案。

根据表3，最需要加大投入的依次是希腊、意大利、葡萄牙、西班牙，它们"需比06年增长"的比例都超过100%。此外，需要特别关注的是澳大利亚、日本、新西兰、美国，这几个国家所设定的"2010年目标"都低于0.37%。即便是达到这一目标，这些国家要在2015年达到联合国"0.7%"也并非易事。

表3　　　　　　　　DAC 国家 ODA 净值及差距

项目及国家	2006年ODA		2007年ODA			2010年目标及差距		
	总量（百万美元）	GNI占比（%）	总量（百万美元）	比06年增长（%）	GNI占比（%）	总量（百万美元）	需增量（百万美元）	需比06年增长（%）
奥地利	2123	0.30	2145	1.0	0.51	1796	297	20
澳大利亚	1498	0.47	1613	7.6	0.36	2913	790	37
比利时	1978	0.50	1756	-11.2	0.70	3025	1047	53
加拿大	3684	0.29	3585	-2.7	0.30	4162	478	13
丹麦	2236	0.80	2302	2.9	0.80	2423	187	8
芬兰	834	0.40	880	5.5	0.51	1183	348	42
法国	10601	0.47	8918	-15.9	0.51	12519	1919	18
德国	10435	0.36	11048	5.9	0.51	16355	5920	57
希腊	424	0.17	446	5.3	0.51	1402	978	231
爱尔兰	1022	0.54	1068	4.6	0.60	1294	273	27
意大利	3641	0.20	3509	-3.6	0.51	10163	6522	179
日本	11187	0.25	7824*	-30.1	0.21	10092	-1095	-10
卢森堡	291	0.84	325	11.7	1.00	376	85	29
荷兰	5452	0.81	5621	3.1	0.80	5962	510	9
新西兰	259	0.27	268	3.7	0.33	344	85	33
挪威	2954	0.89	3349	13.4	1.00	3661	707	24
葡萄牙	396	0.21	359	-9.4	0.51	1031	635	160
西班牙	3814	0.32	5103	33.8	0.59	7920	4107	108
瑞典	3955	1.02	3853	-2.6	1.00	4331	376	10
瑞士	1646	0.39	1596	-3.0	0.40	1828	181	11
英国	12459	0.51	8839	-29.1	0.56	14856	2397	19

续表

项目及国家	2006年ODA		2007年ODA			2010年目标及差距		
	总量（百万美元）	GNI占比（%）	总量（百万美元）	比06年增长（%）	GNI占比（%）	总量（百万美元）	需增量（百万美元）	需比06年增长（%）
美国	23532	0.18	21197**	-9.9	0.17	24705	1171	5
DAC总体	104421	0.31	95605***	-8.4	0.35	132341	27920	27

注：2007年、2010年的总量（或需增量）均已换算为2006年价格；"2010年目标及差距"的"GNI占比（%）"是指OECD秘书处根据各国在公开场合声明要达到的目标，其中，新西兰承诺的目标为：2007—2008年达到0.30%，2009—2010年达到0.32%，2010—2011年达到0.35%，此处把2010年的目标确定为0.33%；美国没有相关趋势数据，表中数据来自于OECD秘书处估计；本表所使用的2008—2010年GDP增长率预测来自于《OECD经济展望》（2007年）之表1。

* 当年的ODA/GNI占比为0.17%。

** 当年的ODA/GNI占比为0.16%。

*** 若按2007年价格，该数值为103654.54。

资料来源：根据OECD《发展合作报告》（2007）相关数据整理。

在DAC各国的双边ODA中，流向非洲和最不发达国家的比例大小不一（图3）。2007年DAC ODA总净值为1036.55亿美元，其中双边ODA为716.67亿美元，占ODA总净值接近70%。在"对非援助/双边

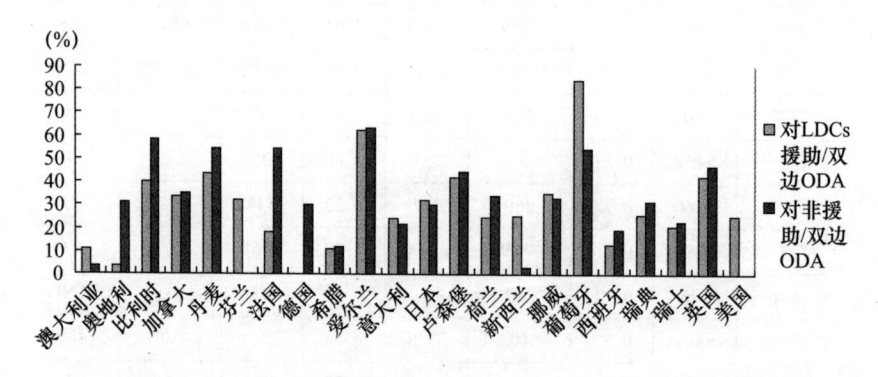

图3 DAC各国对非洲、最不发达国家的双边ODA（2007年）

注：芬兰、美国对非援助数据缺失，德国对LDCs数据缺失。

资料来源：根据OECD相关数据计算，http://www.oecd.org/document/11/0,3343,en_2649_34485_1894347_1_1_1_1,00.html。

ODA"方面,高于40%的有比利时、丹麦、法国、爱尔兰、卢森堡、葡萄牙、英国。不足20%的有澳大利亚、希腊、新西兰、西班牙。就"对LDCs援助/双边ODA"来说,比例最高的是葡萄牙(84.24%),40%以上的有比利时、丹麦、爱尔兰、卢森堡、葡萄牙、英国;不足20%的有澳大利亚、奥地利、法国、希腊、西班牙。

(二) 贸易援助

在部门间可予分配的官方发展援助中,贸易援助所占份额在2002年至2005年间的平均值如图4。全球平均水平为34%,其中,多边组织的贸易援助比例较高,而大部分DAC国家远远低于这一水平。

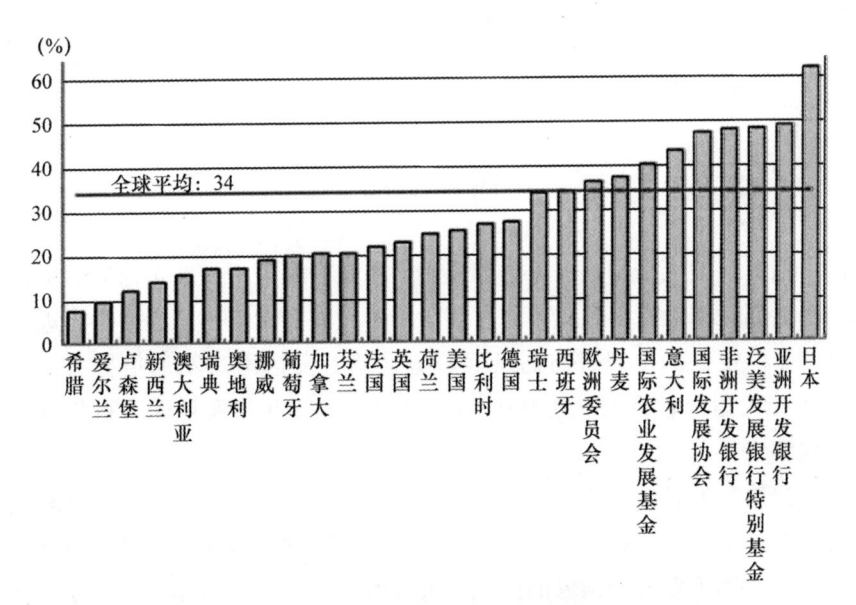

图4 部门间可予分配的ODA中,贸易援助所占份额
(2002—2005年的平均值)

资料来源:世界贸易组织,http://tcbdb.wto.org/publish/OECD%20Global%20monitoring.pdf。

(三) 债务减免

在双边ODA总额中,双边债务减免占比最高的是奥地利

(71.82%)，超过15%的有奥地利、比利时、法国、德国、意大利、日本；不足1%的有澳大利亚、加拿大、葡萄牙、美国（图5）。

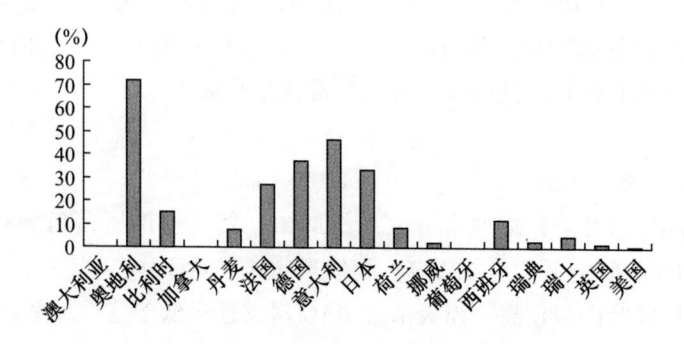

图5　部分DAC国家双边债务减免额占双边ODA之比

资料来源：根据OECD相关数据计算，http://www.oecd.org/document/11/0,3343,en_2649_34485_1894347_1_1_1_1,00.html。

四　小结

综上，不论是发达国家总体分析，还是国别分析，发达国家的承诺相当大部分都没有得到履行，这使得千年发展目标下一阶段的执行进程充满不确定性。按照目前的发展趋势，倘若发达国家不加倍努力，到2015年发达国家将难以兑现其承诺，"联合国千年发展目标"也将难以如期实现。

当前的世界经济形势不容乐观。美国次贷危机逐渐演变为金融危机，全球金融持续动荡，世界经济发展明显放缓。能源和粮食价格冲击进一步加剧了发展中国家的困境。世界银行行长佐利克表示："今年已有1亿人重新陷入贫困，这个数字还将增长。"[1] 所有这些，都对发达国家兑现千年发展目标的有关承诺形成了严峻的挑战，也为"千年发展目标"的实现笼罩了一层阴影。

联合国的千年发展目标高级别会议正是在这种形势下召开的，为敦

---

[1] 参见《国际金融报》，http://intl.ce.cn/sjjj/qy/200810/14/t20081014_17055093.shtml。

促发达国家履行承诺，会议要求大部分发达国家在加大官方发展援助的同时，重点增加对非洲及最不发达国家的援助；提高市场准入水平，真正消除对本国的农业补贴，切实加大贸易援助力度；同时，继续推进各种形式的债务减免。从现在开始，发达国家只有秉持团结协作的精神，克服困难，切实有效地兑现其承诺，才有可能帮助最不发达国家和地区实现联合国千年发展目标，推动世界各国共同繁荣与进步。

参考文献：

《联合国千年宣言》，http：//www.un.org/chinese/ga/55/res/a55r2.htm。

《联合国千年发展目标差距报告（2008）》，http：//www.un.org/chinese/millenniumgoals/gap08/1_1.html。

联合国网站，http：//www.un.org/chinese。

世界贸易组织网站，http：//www.wto.org/English。

八国集团对非援助效果及对策
——基于遵约率角度的分析*

黄梅波　胡建梅

摘要：对非援助是八国集团峰会的主要议题之一，历次峰会在该领域做出了较多承诺。深入探讨八国集团对非援助承诺的执行情况，对外援助对受援国的实际影响，以及对非援助效果对八国集团合法性的影响，对提高八国集团对非援助效果意义重大。为此，可从建立合适的援外监管机制、改善对非援助总量与结构、制定合理的良政水平要求、加强对外援助政策的协调等四个方面着手。

关键词：八国集团　非洲　援助效果　遵约率

发展援助是八国集团峰会的重要议题之一，对外援助尤其是官方发展援助（Official Development Assistance，ODA）对于促进非洲国家发展、解决全球经济失衡以及应对其他全球性问题具有重要意义。因此，分析八国集团对外援助效果，深入探讨其成败得失，商议问题解决之道，不仅可以提高八国集团对外援助效果，而且也是提高八国集团合法性的重要途径。八国集团对非援助效果的提高，需要摒弃传统的管理理念和治理模式，探索全新的对非援助模式。时至今日，八国集团在多大程度上履行了其对非援助承诺，是否遵约对捐助国与受援国有何影响，以及如何提高八国集团对非援助效果是本文关注的重点问题。

---

*　原载于《世界经济与政治论坛》2010年第4期，第163—172页。

一 八国集团对非援助发展历程

(一) 八国集团对非援助历史回顾

二战后,国际援助与国际贸易、国际投资一起构成了国际经济关系的三大支柱,形成制度化、经常性、大规模的国际体系。[①] 对外援助是八国集团自成立之初就开始关注的领域。

从峰会议题看,在1975年法国朗布依埃召开的第一次峰会上,参会的6个国家就注意到发展中国家在世界经济中的作用,之后历次峰会发展中国家问题常出现在峰会议题中。1977年七国集团峰会开始讨论南北关系问题,1981年蒙特贝罗峰会首次提出对发展中国家的援助。冷战期间七国集团峰会主要关注东西关系问题,1988年多伦多峰会制定了对最贫穷发展中国家减免债务的《多伦多宣言》。1991年伦敦峰会确立了建立全球伙伴关系计划,1996年重点关注南北经济关系问题。20世纪末,非洲各国面临严重的债务危机、恐怖主义、与发达国家的数字鸿沟、流行病肆虐等问题,严重阻碍了发达国家倡导的全球化进程,因此自1997年起,八国集团峰会成立了专门的对非工作组,并在2001年热那亚峰会上确定了首脑的非洲事务私人代表制度,确定由较高级别官员专门负责八国集团的对非事务,显示出八国集团对非洲发展的重视程度。

从历次峰会对非援助承诺看,早期对非援助承诺主要蕴含在八国集团对发展中国家的援助承诺内。早在1978年八国集团峰会时,与会各国就承诺要加强对发展中国家能源领域的援助。1981年七国集团首脑决定维持并不断提高对发展中国家的ODA水平,增强与发展中国家的联系。1982年发展援助开始作为独立议题出现在八国集团峰会宣言中。1985年八国集团峰会首次作出对非援助承诺,即继续八国集团对非洲国家的紧急粮食援助,加强与非洲国家在长期粮食政策领域的合作,消除非洲大陆普遍存在的贫困现象。之后历届峰会基

[①] 林晓光:《国际政治经济关系:以国际援助为视点》,《世界经济研究》2002年第5期。

本都有援助非洲的承诺,包括对非技术援助、粮食援助、司法及人权领域的援助和债务减免。2000年9月联合国确立千年发展目标,对非发展援助正式成为八国集团的中心议题。2001年热那亚峰会,八国集团承诺为23个发展中国家减免530亿美元的债务;2004年佐治亚海岛峰会承诺为27个国家减免310亿美元的债务;2005年格伦伊戈尔斯峰会承诺2010年对非援助将在2004年基础上增加250亿美元,同时减免非洲和拉美37个国家共计550亿美元的债务,其中非洲18国占400亿美元,为历年之最;2007年八国集团重申2005年对非援助承诺,并重申当时正在进行的总额达600亿美元的多边债务减免;2008年洞爷湖峰会再次重申格伦伊戈尔斯峰会的对非援助承诺,并承诺向非洲有关国家提供100亿美元以上的农业援助;2009年拉奎拉峰会八国集团承诺在今后五年内为穷国提供总额达200亿美元的农业和粮食安全援助。

(二) 八国集团对非援助承诺及其执行

八国集团对非援助承诺是指八国集团会议文档中规定的,由各国领导人公开表示、一致同意、将要实现的具体目标、许诺或保证,成员国将采取必要行动以实现既定目标。[①] 承诺必须是独立的、具体的、面向未来的。自1996年起,加拿大多伦多八国集团研究中心开始研究历届峰会八国集团承诺的履行情况,自2002年起,开始总结两届峰会期间的承诺执行情况。

据八国集团研究中心统计,20世纪八国集团每年对非援助承诺数较少,1997年数量最多为10个。进入21世纪后,八国集团对非援助承诺数显著提高,2002年可以说是八国集团的非洲年,对非援助承诺数达到107个,2005年、2007年都在40个左右。[②]

---

① Kokotsis. Background on Compliance Assessments. 2004, http://www.g8.utoronto.ca/evaluations/methodology/g7c2.htm.

② 根据 G8 Research Group, All G7/8 Commitments, 1975 – 2009, www.g8.utoronto.ca 整理。

八国集团研究中心对历次峰会遵约情况的数量化分析表明,① 整体来看,各国的承诺履行情况并不好。具体到八国集团对非援助承诺的履行情况。八国集团研究中心对 2000 年、2002 年 ODA 遵约率的评分等级分别为 C 和 B。② 若按百分制计,这两年的得分在 64—66 分、74—76 分之间,虽及格但仍有较大上升空间。对八国集团 2008 年洞爷湖峰会对非 ODA 遵约情况的分析发现,洞爷湖峰会到拉奎拉峰会期间,八国集团在该问题上的遵约情况不容乐观,平均得分仅 0.44,其中 6 个成员国履行了对非 ODA 承诺,2 个成员国和 EU 未能履行其承诺。③ 2010 年 3 月,八国集团拉奎拉峰会中期执行报告④显示,八国集团仍未全部兑现格伦伊戈尔斯峰会的援非承诺,该阶段的总体执行情况比前一阶段更差,平均得分仅 -0.11。

八国集团遵约率受多种因素影响,如成员国实力、不同时期的国家利益焦点、国家偏好等。其中,国家偏好既受国内政治力量和利益集团的影响,也与民选领导人的意愿及个人作风有关。

二 八国集团对非援助效果分析

虽然援助非洲早已成为八国集团的中心议题之一,对非援助的承诺数量也呈现逐年增加趋势,但总体来看八国集团对非援助承诺的遵守情

---

① 对遵约进行数量化衡量的奠基之作是 George Von Furstenberg 和 Joseph Daniels 的 The Meaning and Reliability of Economic Summit Undertakings, 1975 - 1989. Ella Kokotsis 和 John Kirton 在他们的文章 National Compliance with Environmental Regimes: The Case of the G7, 1988—1995 中使用了这一方法,将遵约情况分为三个等级,完全遵守或接近完全遵守得分为 +1;完全失效或接近完全失效得分为 -1;未能执行或正在执行过程中得分为 0。1996—2008 年八国集团峰会期末遵约率的具体情况可参见 G8 Research Group, 2009 L'Aquila G8 Summit Interim Compliance Report, 11 July 2009 to 22 February 2010, 2010 - 3 - 22: 7。

② G8 Research Group, G8 Performance Assessments by Issue, 1996 - 2004, http: //www.g8.utoronto.ca/evaluations/assessments.htm. 根据"贝恩—普特南"评估法,将首脑峰会的表现领导力、效率、团结性、持久性、可接受性、一致性六个标准分为 A、B、C、D、F 五层,其中前四层中又分为三个小等,因此共有 13 个等级。

③ 6 个完全遵约成员包括加拿大、德国、日本、俄罗斯、英国、美国,而法国、意大利和 EU 未能遵约。

④ G8 Research Group. 2009 L'Aquila G8 Summit Interim Compliance Report. www.g8.utoronto.ca.

况不容乐观,这从援助供给方角度显示出八国集团对非援助效果欠佳。八国集团对非援助的实际效果需从对非洲经济社会的影响以及对八国集团的影响两方面展开。

(一) 八国集团对非援助的实际效果

对外援助虽常伴随着政治、经济、军事、人道主义等多重目的,但促进受援国经济增长、提高受援国社会福利水平应是对外援助的主要目的。

理论界对于对外援助对受援国经济社会的影响并没有达成一致看法,一些学者认为对外援助对受援国经济是无效的,甚至是有害的,而另一派观点认为对外援助对受援国经济发展有显著的促进作用,认为对外援助能够改善受援国政策环境、解决受援国储蓄和外汇双缺口问题、有利于受援国经济结构调整。

从非洲情况看,外国援助在一定程度上提高了非洲国家的福利水平。20世纪70年代初到80年代中期,南部非洲人均GNI与世界的平均水平相差不多,但自80年代中后期以来,两者差距越来越大,2002年南部非洲人均GNI还不足世界平均值的一半。造成这一现象的原因与90年代的"援助疲劳"不无关系,该时期主要援助国对外援助的绝对量和相对量都明显下降。而进入21世纪后,八国集团对非援助开始摆脱20世纪90年代的"援助疲劳",南部非洲人均GNI与世界人均GNI的差距开始缩小。与此同时,对外援助降低了非洲国家对外债的依赖性。20世纪90年代,撒哈拉以南非洲地区外债占GNI的比例处于较高水平的60%—80%,进入21世纪后,这一比例呈现逐年下降的趋势,2006年下降到只有25%。八国集团对非援助一方面为非洲国家经济发展提供了必要资金,减少了其在国际市场的借贷;另一方面,八国集团对非援助提高了该地区自身经济增长能力,减少了其资金缺口及对外部资金的依赖性。但是我们也应该看到,作为非洲主要外部资金来源之一的外援长期以来呈现不稳定、不平衡、具有约束性的特点。[①]

---

① 安春英:《非洲经济增长与减贫发展的悖论——兼论非洲从贫困化增长到益贫式增长范式的转变》,《西亚非洲》2010年第3期。

虽然八国集团对非援助提高了非洲国家的福利水平，但对八国集团发展援助的非议仍然存在，主要体现在八国集团对非援助承诺的履行上，目前争议最多的是八国集团2005年格伦伊戈尔斯峰会作出的援非承诺的履行情况。该承诺旨在到2010年实现对非援助目标而非马上兑现，当时一些国际组织领导人就对八国集团是否能真正履行其承诺表示过担忧，① 目前情况表明这些担忧是合理的。非洲国家已在多个场合呼吁八国集团切实履行对非援助承诺，如2008年7月非洲国家与八国集团领导人对话、2009年12月哥本哈根联合国气候大会等。国际社会也对八国集团对非援助承诺的履行情况给予了高度关注，世界银行行长佐利克、联合国秘书长潘基文、国际货币基金组织等均在不同时间不同场合呼吁西方国家尽快兑现对非援助承诺。

（二）对非援助效果对八国集团的影响

对非援助效果对八国集团的影响主要体现在八国集团作为国际组织的合法性方面，对这一问题的理解可以从如下两个角度展开，即八国集团作为全球治理中心的地位和对外援助的国际公共物品性质。

从八国集团全球治理中心的地位角度看，对非援助效果对八国集团的合法性有着重要影响。国际机制的合法性与其全球政治经济治理的成效紧密相关，且在很大程度上取决于非主导国家或贫弱国家在国际机制的共同利益分配过程中所能获得的份额。② 因此，维持八国集团的合法性需要确保非洲受援国能够切实从八国集团对非援助中获得好处，需要切实提高八国集团对非援助效果。

从对外援助作为国际公共物品的角度看，对非援助作为八国集团提供的一种国际公共物品，要求具备较好成效，以维持并提高八国集团的合法性。这是因为，国际组织合法性要求中的利益需求主要体现为国际组织提供国际公共物品的绩效或有效性。若国际组织不能有效提供国际公共物品，将对其合法性造成严重的负面影响，并将进一步危及该组织

---

① 如时任联合国秘书长安南、"呼吁反贫困行动全球联盟"负责人库米·奈杜等。见新浪新闻，八国集团2010年对非洲援助将增加至500亿美元，http://news.sina.com.cn/w/2005-07-10/02196394420s.shtml。

② 门洪华：《论国际机制的合法性》，《国际政治研究》2002年第1期。

的存在与发展。因此，八国集团能否有效提供对外援助，遵守其对非援助承诺，是影响其作为国际制度合法性的重要因素。

三 提高八国集团对非援助效果的政策建议

八国集团对非援助效果对非洲受援国和集团都有较大影响，八国集团对非援助效果的提高可从以下几个方面展开。

（一）建立合适的援外监管机制

对八国集团援助非洲的最大诟病是其承诺的执行力度较差，这一点在本文第一部分也有所体现。其实早在1977年伦敦峰会时，各国领导人就意识到应加大对已达成援助承诺的执行力度。峰会制度化程度的加强和峰会进程内体制框架的不断完善在一定程度上促进了八国集团承诺的履行。

2007年海利根达姆峰会的一项主要进展即确保八国集团实现对核心问题的承诺，加强八国集团的制度化监督机制，激励八国集团履行承诺，为此可借鉴OECD/DAC、世界银行、联合国等国际机构的经验，而且八国集团成员数目少，比其他机构更容易协调和统一立场。[①] 监管机制的建立将显著提高八国集团的援助效果，同时这一机制也应具备较高的兼容性，能将新兴援助国如中国等纳入其中，从而更好地发挥对外援助全球公共物品的职能。监管机制的建立需要做好资金和人力资源的准备，以便能切实履行八国集团对非援助承诺；为HIPC倡议和MDRI倡议提供资金，保证国际开发协会和非洲发展基金的安全；提高援助质量，实现《关于援助有效性的巴黎宣言》目标等。

（二）改善对非援助总量与结构

援助效率与援助总量与结构都有密切关系。从总量看，对外援助存在边际报酬递减规律，援助量与援助效果呈现倒U曲线关系，适度援助可提高援助效果，援助过多则会影响援助效果的发挥。为提高援助效

---

① 张海冰：《八国集团框架下的对非援助》，《社会科学》2009年第7期。

率，援助分配须与受援国某种经济指标如 GDP 成比例。最佳援助量应占受援国 GDP 的 20%—30%，而非洲国家普遍存在援助额过多现象，已超出最优援助量 19% 的临界值甚至更多。① 此时就出现一个理论与现实脱节的两难问题：一方面，理论研究表明非洲国家接受的援助额超过了理论值；另一方面，非洲国家又对 G8 未能完全履行其对非援助承诺多有抱怨。对此我们的理解是，理论研究是从总量角度展开的，未分析援助资金在各领域的分配情况，相比于其他投资领域，对基础设施的投资能带来更大社会收益。当然，理论研究为现实问题提出警示，即对外援助应考虑受援国的接受与吸纳能力，避免援助资金的浪费，同时也要避免由于受援国接受援助过多而无法最终偿还的问题。②

改进援助结构可明显提高援助有效性。从援助资金的接受主体看，援助结构是指针对国家的援助和针对项目的援助两种；从援助资金的使用领域看，包括经济、教育、卫生、社会、国防安全等各领域。每个受援国政府对不同类型援助资金的期望不同，花费在不同援助方式上的精力也有所差异，从而导致援助效果的不同。因此，八国集团对非援助应充分了解各受援国实际情况，制定合理的国家—项目结构与援助资金分配领域结构。同时，不同援助形式效果本身存在较大差异，各受援国接受的援助资金在构成比例上也不是一成不变的，因此，有必要分析不同援助方式对处于不同状态的国家的实际影响，在此基础上确定合适的援助方式，提高援助效率。

（三）制定合理的良政水平要求

西方国家从自身利益出发，往往将非洲国家实行民主化和经济改革作为提供援助的前提条件，这与 20 世纪 90 年代以来流行于非洲的"良政"概念密切相关。2005 年联合国非洲经济委员会发表的"为非洲良政而努力"的非洲治理报告从民主转型、政治包容、群众呼声、责任

---

① Jensen, P. S., Paldam, M. Can the two new aid-growth models be replicated? Public Choice, 2006, 127: 147-175.

② 根据 OECD 的定义，ODA 是指官方机构为促进发展中国家的经济发展和福利改善，向发展中国家提供的赠予或赠予成分（GE, Grant Element）不少于 25% 的贷款。我们这里也认为对外援助中的一部分也是需要受援国偿还的。

心和经济管理等方面界定了良政。良政已成为目前全球发展领域的主要议题之一，八国集团在推动良政发展过程中起着主导作用。2000年7月，七国集团财长会议将"基于表现的分配制度"引入多边开发银行业务，以提高受援资金使用的有效性。2007年5月八国集团财长会议通过了"非洲优良金融治理"行动计划，以支持非洲国家为提高公共金融管理能力和效率作出的努力。2007年海利根达姆进程强调良政的必要性，认为对非洲来说，要想在全球化进程中取得更大进展，必须实行良政，呼吁国际社会在对非援助上达成良治共识。①

显然，良好施政能显著提高发展援助的总体效能。但是，良政要求带来受援国家选择上的两难困境：对受援国较高的良政要求将使援助资金集中在几个已取得较好援助效果的国家，但这些国家往往并不是最需要援助资金的；若从资金需求角度出发，援助资金将被用于管理较差、效率较低而且可能不会产生任何援助效果的国家，这又破坏了力图使援助发挥最大作用的援助国的积极性。对外援助中良政水平要求具有的倒U曲线效应促使八国集团重点研究如何对不成功的政权或治理水平较差的国家提供援助，这是提高八国集团援助有效性的重要议题。从目前对外援助的发展形势看，基于受援国绩效指标的选择性援助正在增加。

（四）加强集团内对外援助政策协调力度

各国的对外援助政策与他国对外援助政策有着紧密联系，各成员国各自为政的对外援助政策是造成八国集团对非援助效果不佳的原因之一。美国对外援助具有典型政治援助特点，而西欧国家则以经济开发型援助为主，而北欧则是人道主义援助的典型代表，日本ODA集投资、贸易和开发三位于一体，但带有政治安全因素。对外援助宗旨的差异造成各成员国在援助资金的地理分配、部门分配上缺乏协调，影响了援助效果的发挥。

虽然千年发展目标差距问题工作组2008年的报告指出，加强援助

---

① ［加］约翰·柯顿：《强化全球治理：八国集团、中国与海利根达姆进程》，《国际观察》2008年第4期。

协调的最佳做法还未产生深远影响，① 但就目前情况而言，八国集团在对非援助的多个领域展开协调工作，可提高对非援助的遵约率，增强对非援助有效性。同时，为体现发展援助的发展特性，应减少双边援助而增加多边援助，以更加集中、一致的方式使用援助资金。鉴于八国集团在各种多边援助组织中的重要地位，协调集团内部对外援助政策，必将影响多边援助组织援外政策的制定与实施，从而使发展援助真正发挥应有作用。其实早在 20 世纪 50 年代末，发达国家就已开始对外援助政策的协调工作。1959 年末，美、英、法、联邦德国四国首脑举行会议，一致同意成立专门的开发援助机构，以避免重复援助，提高援助效率。1961 年 1 月西方国家成立的专门协调 ODA 的机构发展援助集团及其继任者发展援助委员会在协调对外援助政策领域做出较多贡献。

为提高八国集团对非援助的有效性，还需加强与其他国际组织以及新兴援助国家的合作。八国集团历来在世界银行、国际货币基金组织、经合组织等援外政策的制定与执行中发挥着重要作用，2000 年八国集团峰会承诺为提高 ODA 的有效性，将对最不发达国家的援助放在 OECD 框架下进行，并建立了一个公平的负担分担机制，加强与 OECD 其他成员国的合作。八国集团研究中心的相关研究表明，发展中五国的加入改善了八国集团遵约率，新兴援助国如中国、巴西等在对非援助领域与八国集团展开激烈竞争，八国集团对非援助效果的提高不能忽视新兴力量的出现。

四　结论

国际社会对待对外援助的态度已从孤立做法向提高援助效率方向转变。2002 年联合国发展筹资蒙特雷会议最早提出援助有效性问题，2004 年和 2007 年又分别在马拉喀什和河内召开了有关援助效率的国际圆桌会议，2003 年、2005 年和 2008 年分别在罗马、巴黎和阿克拉举行了有关援助效率的高级论坛。这些国际会议本身及其宣言都对国际发展

---

① 《联合国千年发展目标差距报告（2008）》，http://www.un.org/chinese/millennium-goals/gap08/18.html。

援助产生了重大影响,为改善援助供给、提高援助管理方法确立了框架。援助数量的增加和援助质量的提高也是实现国际社会千年发展目标的要求。因此,八国集团提高对非援助效果不仅顺应了国际社会的要求,而且也是提高其组织有效性的重要途径。

后 记

《发达国家的国际发展援助》是我和我的研究团队近年来对发达国家发展援助政策与管理问题进行研究和探讨的成果的阶段性汇总。所有内容均已经在《国际经济合作》及其他期刊发表，但具体文字在书稿编辑过程中又经过了进一步的校对和修正，会与期刊上发表的论文有细微的不同。朱丹丹在厦门大学攻读博士学位、在中国社会科学院世界经济与政治研究所从事博士后研究以及在四川农业大学经济学院工作期间参与了本书的编写及后期的编辑工作。

本书主要对发达援助国发展援助政策与管理进行的研究。全书在对发达国家发展援助管理体系总体框架和主要问题（如组织机构设立问题、评估政策、创新融资机制、知识合作等）进行研究的基础上，具体讨论了经济合作与发展组织（OECD）发展援助委员会（DAC）援助额排名前五的援助国美国、德国、英国、法国、日本，援助额占GNI比重最高的挪威、瑞典，以及多边援助方欧盟，DAC的新成员国韩国的发展援助及其管理问题，通过对这些国家发展援助的研究把握发达国家发展援助政策与管理的总体特点及发展趋势。最后本书还对发达国家发展援助的效果问题进行了分析。

发达国家各国的发展援助政策与管理虽然各不相同，但总的来说，它们基本遵循相同的原则，且通过OECD/DAC对各国的援助进行规范和协调。虽然发达国家发展援助的原则及做法受到很多受援国的批评，其援助效果也并不理想，但是其长期以来建立的援助管理体系相对规范，在援助的法律与政策、组织与管理、监督与评估等也值得新兴市场国家特别是中国在发展援助管理方面借鉴和汲取，因此对发达国家发展援助政策与管理的研究对于把握国际援助体系的发展方向，对新兴市场

◆ 后 记

国家以及中国发展援助管理的规范和改革具有较强的理论与实践意义。

本书为 2016 年度国家社会科学基金重大项目"中国国际援助和开发合作体系创新研究"（16ZDA037）阶段性成果。

黄梅波